国家出版基金项目
NATIONAL PUBLICATION FOUNDATION

陈云

CHENYUN

经济实践

JINGJI SHIJIAN

与思想研究

YU SIXIANG YANJIU

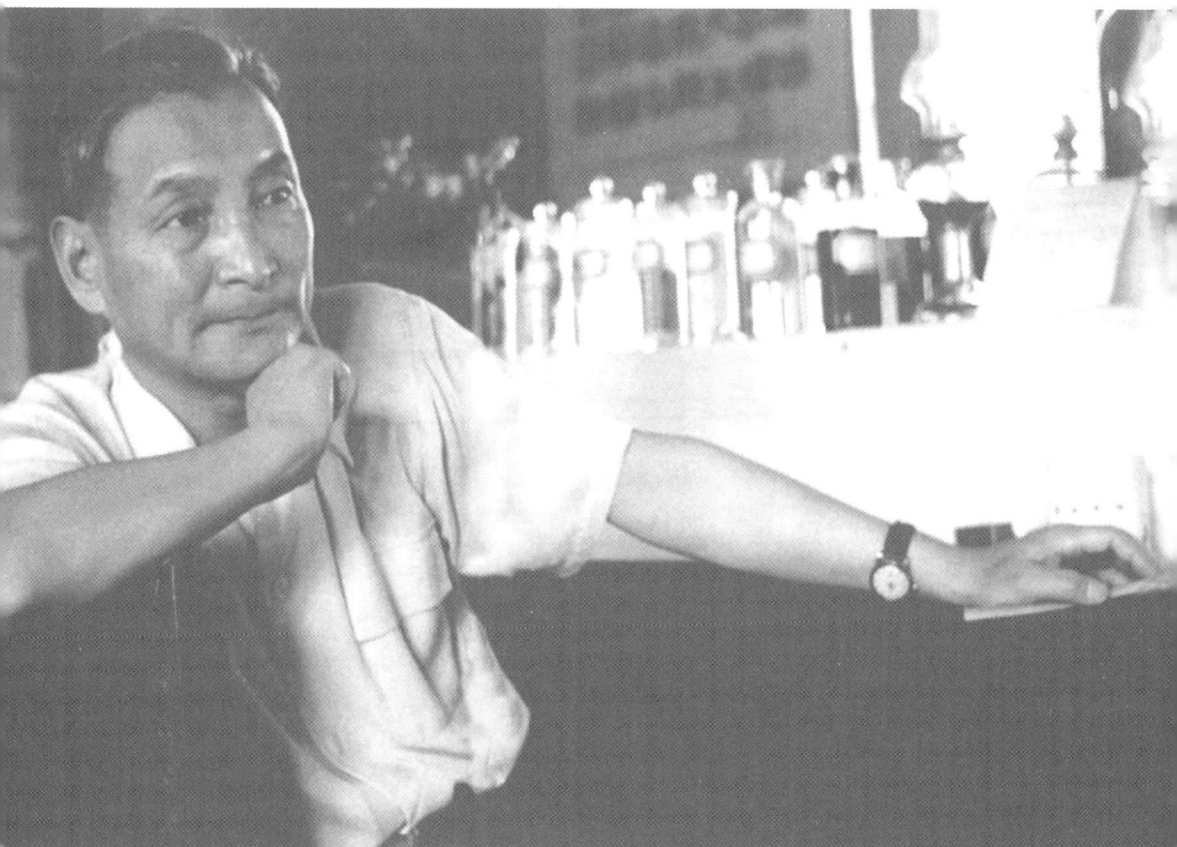

朱佳木 / 著

东北财经大学出版社
Dongbei University of Finance & Economics Press

大连

图书在版编目（CIP）数据

陈云经济实践与思想研究 / 朱佳木著 . 一大连：东北财经大学出版社，2023.10
ISBN 978-7-5654-4863-8

Ⅰ . 陈… Ⅱ . 朱… Ⅲ . 陈云（1905—1995）-经济思想-研究 Ⅳ . F092.7

中国国家版本馆 CIP 数据核字（2023）第 113331 号

东北财经大学出版社出版发行

大连市黑石礁尖山街 217 号 邮政编码 116025
网 址：http：//www. dufep. cn
读者信箱：dufep @ dufe. edu. cn
大连图腾彩色印刷有限公司印刷

幅面尺寸：170mm×250mm 字数：252 千字 印张：18.5 插页：1
2023 年 10 月第 1 版 2023 年 10 月第 1 次印刷
责任编辑：李 季 吉 扬 责任校对：郭海雷
封面设计：冀贵收 版式设计：原 皓
定价：68.00 元

自　序

2019年夏天我受中国社会科学院高培勇副院长邀请，前往大连出席由中国社会科学院财经战略研究院和东北财经大学联合主办的"财经战略年会2019：新中国财经理论与实践70年"，就陈云的经济思想作主旨演讲。会议期间，东北财经大学出版社国际合作部李季主任向我约稿，希望我编写出版一本关于陈云经济实践与思想方面的书。

我的专业不是经济学，对经济方面的知识只能说是一知半解，但由于在陈云同志身边工作过，受到过他的耳提面命和思想熏陶，加之后来自己也有过一段从事经济工作的实践，特别是又用9年时间主持编写了《陈云年谱》，并且长期从事他的生平与思想的研究，所以，从思想方法和历史学角度的确写过一些有关他经济实践与思想方面的文章。这些文章累积起来，至今也有10多万字了。既然东北财经大学出版社有此美意，我想这毕竟是宣传陈云同志作为中国社会主义经济建设开创者和奠基人之一所作的贡献，以及他的经济思想及其现实意义的好机会，故不揣浅陋地答应了下来。

为尽可能全面反映陈云同志的经济实践与思想，我从有关陈云生平与思想研究的上百篇文章中选出13篇，其中有关他经济实践的有6篇，有关他经济思想的有7篇。另外，为了有助于读者更多地了解陈云经济实践与思想的历史背景和思想源流，我又从过去的文章中选出8篇，作为本书的第一部分。

陈云同志不同于专门从事经济理论研究的学者，也不同于只参与或只负责经济决策而不负责组织实施的领导人。他是全国经济工作的主持者，又是党中央领导集体的决策成员，还是一位具有钻研精神、重视理论学习、善于总结经验的领导人。他要时刻面对经济生活中不断出现的新问题，认真弄清实际情况，提出相应政策方案，并在党中央批准后组织实施。在领导经济工作中，他善于运用辩证唯物主义和历史唯物主义理论分析问题、解决问题和总结经验，并总能把经验提升到理论的高度。正因为如此，他的经济实践用财经战线一些老同志的话说，叫作"大错没犯过，小错也不多"；而他的经济思想则不仅没有局限于当时所处的环境，而且具有相当的普遍性和很强的生命力，为我们党和国家的经济建设留下了宝贵的精神财富。

我在2004年写的《陈云经济思想的现实意义》一文中曾说过："同所有伟大人物的思想一样，陈云的经济思想也不能不受他所处的那个时代的局限。因此，他在计划经济条件下所作出的关于计划工作的许多论述，无疑已经不再适用于当前我国社会主义市场经济条件下的经济工作。但是，陈云经济思想中基本的核心的内容，也同许多伟大人物的思想一样，是超越时代的。"由于他始终坚持实事求是的思想路线，尊重客观经济规律，"因此，他的经济思想并非限于解决计划经济的问题，而是更多地体现于对我国基本国情的深刻把握，体现于对社会主义现代化建设的全面理解，体现于对宏观经济运行规律的科学认识。""只要基本国情没有改变，只要我们进行的是社会主义现代化建设，只要经济运行中还存在宏观与微观的关系，陈云在计划经济时期所形成的那些反映我国基本国情和客观经济规律的思想，对于社会主义市场经济体制下从事的经济工作，就不会过时。"现在，我仍然持这个看法。

习近平总书记在纪念陈云同志诞辰110周年座谈会上的讲话对陈云在我国革命、建设、改革各个历史时期建立的功勋作出了高度评价，对他在社会主义经济建设方面的贡献尤其给予了充分肯定。他指出："陈云同志为确立社会主义基本经济制度、建立独立的比较完整的工业体系和国民经济体系做了大量卓有成效的工作，为探索我国社会主义建设道路作出了杰出贡献。""在大规模经济建设时期，陈云同志积极探索社会主义经济规律，创造性地提出建设规模要同国力相适应、在社会主义经济中要有市场调节为补充等重要思想。""在改革开放和社会主义现代化建设新时期，陈云同志为我们党开创中国特色社会主义道路作出了卓越贡献。""他提出，在社会主义经济中要有意识地发挥和扩大市场调节作用，支持探索符合实际、充满活力的社会主义经济新体制。"他强调："陈云同志为新中国的建立、为社会主义基本经济制度和政治制度的确立、为改革开放和社会主义现代化建设建立的功勋，党和人民将永远铭记。"

我衷心希望本书能有助于读者了解陈云在社会主义建设和改革中的贡献，并起到与有志于陈云研究的读者之间交流研究心得的作用；同时，我也真诚希望得到读者的批评指正，以促进我对陈云生平与思想研究的进一步深化。

东北财经大学出版社的李季同志和中国社会科学院当代中国研究所的邱霞同志，对本书的编辑和出版给予了大力帮助，在此谨表谢忱。

朱佳木

2023 年 1 月

作者简介

朱佳木，男，籍贯江苏南通，1946年6月出生于黑龙江佳木斯。中共党员，研究员，博士生导师。曾先后任胡乔木、陈云秘书，中共中央文献研究室室务委员，中央党史研究室副主任，中国社会科学院副院长兼当代中国研究所所长。现任中华人民共和国国史学会会长、中国社会科学院"陈云与当代中国"研究中心理事长、中国社会科学院大学特聘课程主讲教授、中央社会主义学院特聘教授。党的十四大、十五大代表，政协第十、第十一、第十二届全国委员会委员。代表著作有《陈云年谱》及其修订本、《我所知道的十一届三中全会》、《中国工业化与中国当代史》、《论陈云》、《当代中国史理论问题十二讲》、《中国特色社会主义纵横谈》、《改革开放与中国当代史》、《历史经验总结与中国当代史》、《再论陈云》、《社会主义的初级阶段与初级阶段的社会主义》等。

本书作者任陈云秘书时与陈云合影

目　录

陈云在中南海怀仁堂出席一届全国人大

一次会议时签到（1954年9月16日）

陈云其人其事①

一

　　陈云同志进入党的中央委员会是1930年，从那时起直到1987年由于年龄原因退出，历经7届中央委员会，时间长达57年；他自1931年开始担任临时中央政治局委员，1932年担任临时中央政治局常委，1934年当选中央政治局委员和常委，直到1992年在中顾委主任岗位上离职休养，中间除10年"文化大革命"和2年徘徊外，担任中央高层领导的时间近50年，这在党的历史上是极其少见的。但同时，陈云同志由于坚持原则而屡遭冷遇，甚至被长时间排除在中央决策层之外，这在党的历史上也是十分少见的。

　　早在延安时期，陈云同志兼任中央组织部部长，由于坚决贯彻毛泽东同志的意图，从国统区、敌占区大批招收知识分子，在1942年底开始的审干工作中受到中央反内奸斗争专门委员会负责人康生的责难。康生认为中组部的干部工作右了，放进来了大量坏人，并由此搞起了一个所谓"抢救失足者运动"。从那时起，陈云同志先是养病，一年后调任西北局委员、西北财经办事处副主任兼政治部主任，实际上离开了中组部部长的职位。

　　全国解放前夕，陈云同志由东北解放区回到中央主持全国财经工作。1950年10月，他成为以毛泽东同志为首的五人中央书记处的正式成员，在1956年党的八大上当选党中央政治局常委、副主席。但自1958年初反

① 本文是作者在接受紫光阁杂志社记者访谈记录基础上经详细修改整理而成的，曾在《紫光阁》2005年第7、8两期上连载。收入本书时，作者作了一些修改。

"反冒进"开始，他被批评为"距离右派只有50米远"，实际上被剥夺了经济工作的决策权。1962年"七千人大会"之后，鉴于"大跃进"加上自然灾害造成的严重后果，在刘少奇、周恩来、邓小平同志的努力下和毛泽东同志的同意下，中央决定恢复财经领导小组，请陈云同志出任组长。但当他为了较快地恢复农业生产力而提出"分田到户"的建议后，再次受到毛泽东同志的严厉批评，从此"靠边站"，并在"文化大革命"开始后被当成"右倾机会主义"的代表人物，除名义上的中央委员外，不再担任任何职务。

林彪事件之后，陈云同志1972年由"战备疏散地"江西回到北京，被安排在国务院业务组，协助周总理考虑经济特别是外贸方面的方针政策问题。1975年，他又当选为全国人大常委会副委员长，但没有分管具体工作。直到1978年底，他在党的十一届三中全会上重新当选中共中央政治局委员、政治局常务委员、中央委员会副主席，兼任中纪委第一书记。

从以上过程不难看出，陈云同志在政治生涯中不仅有起落，而且是几起几落。但无论身处顺境还是逆境，他从无怨言，也从不消沉，每当遭受不公正对待后被重新起用，都像过去的事情没有发生过一样，愉快地接受新的任务，一如既往地为党和国家努力工作。我认为他之所以能做到这一点，最根本的原因在于他有着为共产主义崇高理想而奋斗的坚定信念以及一切服从党和人民需要的无产阶级的坚强党性。他在晚年喜欢书写的一个条幅是："个人名利淡如水，党的事业重如山。"这可以说是他心境的真实写照。

二

陈云同志的一个显著风格是，凡事要么不做，要做就把它搞清楚，做到底。他说话从来是有根有据、扎实可靠，没把握的话、应景的话、迎合的话、违心的话他不讲。他做决定也一向是建立在调查研究的基础之上，而且是反复考虑，慎之又慎，不靠想当然、"拍脑袋"。正因为如此，毛泽东同志曾对陈云同志领导经济工作有过很高的评价。例如，他1959年觉察到"大跃进"出现问题后，对一位省委负责同志说："国乱思良将，家贫思贤妻。陈云同志对经济工作是比较有研究的，让陈云同志来主管计划工作、财经工作比较好。"[1]他还说过：在"1959年粮、棉、钢、煤的数字问题上，正确的就是陈云一个人。"[2]1962年，他在"七千人大会"上讲到他自己对社会主义建设还有许多问题不懂得之后又说："别人比我懂，少奇同志比我懂，恩来同志比我懂，小平同志比我懂。陈云同志，特别是他，懂得较多。"[3]历史事实反复证明，毛泽东同志对陈云同志的这些评价是很中肯的。

陈云同志的经济思想是一个完整的体系，是由一系列观点有机组成的。这些观点虽然大部分形成于计划经济时期，但由于他尊重实际，尊重客观规律，尊重群众和专家，因此，他的经济思想更多地体现于对我国基本国情的深刻把握，体现于对社会主义现代化建设的全面理解，体现于对宏观经济运行规律的科学认识。其中最核心的内容，我认为是综合平衡和按比例发展的观点，以及计划与市场相结合的观点。如果用通俗的语言来表达，可以概括为八个字："量力而行，活而不乱。"

我国是在经济十分落后的条件下搞社会主义建设的，因此，无论是党的中央领导层，还是党的各级干部，乃至广大群众，要求改变落后面貌的心情都很迫切。1956年的冒进是在这种背景下发生的，1958年的"大跃进"是在这种背景下发生的，粉碎"四人帮"后的"洋跃进"也是在这种背景下发生的。尤其是粉碎"四人帮"后，大家都想大干快上，把被"文

① 中共中央文献研究室. 陈云传：下[M]. 北京：中央文献出版社,2005：1176.
② 中共中央文献研究室. 毛泽东传(1949—1976)：下[M]. 北京：中央文献出版社,2003：940.
③ 中共中央文献研究室. 毛泽东传(1949—1976)：下[M]. 北京：中央文献出版社,2003：1203.

化大革命"耽误的时间抢回来。在这种情况下,人们很容易犯急性病,很容易片面强调速度、产量、产值,而忽略客观可能性,忽略经济规律,忽略全面、协调、可持续的发展。面对这种情况,陈云同志总是强调国民经济做到"按比例发展就是最快的速度"①。"要有计划按比例地稳步前进,这样做,才是最快的速度。否则,造成种种紧张和失控,难免出现反复,结果反而会慢,'欲速则不达'。"②早在资本主义工商业社会主义改造之后,他就提出过在国家、集体经营和计划生产为主体的前提下要有个体经营、自由生产、自由市场为补充的思想;在粉碎"四人帮"后,他又率先提出在计划经济为主体的前提下要有市场经济为补充的思想。但是,当大家接受了这个思想,社会上出现了任凭价值规律起作用的倾向后,他又及时提醒大家要看到按价值规律生产的盲目性一面,强调要加强对经济的宏观控制,以及进行必要的国家干预。我认为,这些都是他对我国经济发展的独到见解。

三

陈云同志历来反对宣传他,更不允许在宣传上突出他。凡是宣传他的文章,只要报到他那里,毫无例外地都要被他"枪毙"。有人说,这是陈云同志谦虚。他说这不是谦虚,是实事求是。1982年初,为了配合当时党的思想作风的整顿,中央决定发表陈云同志在党的七大上的那篇发言,并冠以《要讲真话,不要讲面子》的标题。文章发表后,报纸上登了几篇学习体会。他一看到便对我说:"搞这个东西干什么?发表文章就行了嘛,为什么还要登学习体会!这样搞不好,告诉他们,不要再登这些东西了,明天就刹车。这种事我要说话,自己不说话,别人不好说。"他在审

---

① 陈云. 陈云文选:第三卷[M]. 北京:人民出版社,1995:248.
② 陈云. 陈云文选:第三卷[M]. 北京:人民出版社,1995:351.

阅党的十二大报告时，看到其中有一处提到他在党的八大上早就提出过关于社会主义经济体制的正确主张，可惜后来没有照着去做，便让我转告起草组同志，要把他的名字删掉。后来，起草组遵照他的意见，在报告中删去了这段话。

有一年，中央新闻纪录电影制片厂利用陈云同志在杭州休息期间，想为他拍些镜头，留作资料。但制片厂只拍了一次他在公园和游人交谈的镜头，他就不让拍了。他对我说，他历来不主张搞这些宣传个人的东西，没有电影镜头没关系，他今后死了，有一张照片就行了。遵义会议纪念馆为了恢复当年中央领导同志住过的旧址，来信问他是否在遵义会议旧址住过，还说打算把当年他担任政委、刘伯承同志担任司令员的警备司令部旧址内现在的单位迁出，辟为纪念室。他要我回信，让他们不要恢复司令部旧址，只要在遵义会议会址的说明词中写上他参加过会议、住在哪里就行了。

在我的印象里，还有一件事，很能说明陈云同志不图虚名的精神。那是在党的十二大前夕，有关部门的领导通过我向陈云同志请示，说现在许多代表都将简历中文化程度一栏按照现有文化水平作了相应修改，因此，他们考虑把陈云同志原来填写的高小毕业也改为相当大专，问他是否同意。陈云同志让我告诉他们：不要改，简历中的文化程度是指接受正规教育的程度，不是指实际水平，他只上过小学，只能写高小毕业。至于说实际水平，大家都清楚嘛。后来，在一次全国组织工作会议上，有人反映现在一些领导干部改自己的学历也是一股不正之风。陈云同志看到简报后，批示说工作成就与学历是两回事。

陈云同志十分注意摆正自己和其他领导同志的关系。他对我说过，新中国成立后，干部由供给制改为薪金制，有关部门鉴于他是当时中央书记处五个书记之一，把他的级别和毛泽东、刘少奇、周恩来、朱德同志一起定为一级。他知道后，给中央组织部的领导安子文打电话，说毛刘周朱是第一排的，他不能和他们放在一起，要求把他自己定为二级。20世纪60年代初，中国青年出版社编辑《红旗飘飘》丛书，组织撰写了当时中央政治局七位常委青少年时期的革命斗争故事。他收到关于他自己的那篇稿子，坚决不同意发，说他和毛刘周朱不能是一个规格。1983年，中央决定编辑出版《陈云文选》，在第一卷发行前，他听说宣传的规格和《邓小平文选》发行时一样，便让我转告中央宣传部领导，说他的书在宣传规格上要比小平同志的书略低一些，小平同志应当比他高一些。

四

陈云同志在很多人的印象里，似乎一向很冷静，不大流露感情。但我通过和他接触，发现他是一个十分重感情的人。这种感情，首先表现在他对老百姓日常生活困难的细微体察上，表现在他对革命烈士的深切怀念上，表现在他对同志（包括他的下属和身边工作人员）无微不至的关怀上。我在担任他秘书期间，亲眼看到他曾关心过诸如北京市民冬储大白菜、大龄未婚青年找对象、师范院校招生难、少年儿童看戏难等许多在一些人看来不值得中央领导人过问的"小事"，以至香港一家杂志送给了他一个绰号，叫"不管部长"。他经常提到烈士，1985年整党期间，我拿着他的党员登记表送给他签字。他指着入党介绍人一栏中的"恽雨棠"说："恽是被敌人杀害的。为了中国革命的胜利，前前后后牺牲了几千万人，绝不能让国家断送在我们手里。这些话，我在全国解放后经常讲。"

陈云同志对同志的政治生命特别关心。他在担任中央组织部部长时，曾提出要把组织部办成党员之家、干部之家。他说："做父母的爱护他们的子女是非常周到的，但是共产党爱护党员也并不下于父母爱护子女。"粉碎"四人帮"后，他自己头上"一贯右倾"的帽子还没摘掉，便开始为那些在"文化大革命"中，甚至"文化大革命"前遭受错误打击的同志伸张正义。他曾冒着风险，顶着压力，力主为"天安门事件"平反，让小平同志重新出来工作；向中央建议把所谓"彭黄张周反党集团"的二号人物黄克诚由山西接回北京治病；提出所谓薄一波等"六十一人叛徒案"，陶铸、王鹤寿"叛徒案"，以及一大批抗战开始后从国民党监狱中履行自首手续出狱的同志被定为叛徒的案件，都是冤假错案；指出彭德怀对党贡献很大，既然没有开除出党，他的骨灰应该放到八宝山革命公墓。

有一件事很能反映陈云同志对蒙冤受屈同志的深情厚谊，那就是他竭力促成中央对潘汉年一案的复查和平反。陈云同志对此案一直有怀疑，认为如果潘真的叛变投敌，他所知道的地下党组织都会被破坏，而实际上没有一个组织遭到破坏。党的十一届三中全会之后，陈云同志兼任中纪委第一书记，主持冤假错案的平反工作。1979年，他被检查出患有结肠癌。手术前，时任中央副秘书长兼中央办公厅主任的姚依林问他有什么交代，他没有说别的事，只就潘汉年案要重新审查一事给时任中央秘书长、中纪委第三书记的胡耀邦写了封短信。手术后，他又指示公安部整理了一份关于潘案处理过程的材料，然后给几位政治局常委写信，说公安部的"这些材料，并无潘投敌的确证。现在，所有与潘案有关的人都已平反。因此，提议中央对潘汉年一案正式予以复查。"中央接受了陈云同志的建议，对潘案进行了正式复查，并于1982年发出了《关于为潘汉年同志平反昭雪、恢复名誉的通知》。

五

陈云同志反复讲过，他在延安时，毛泽东同志多次提出让他学哲学。他利用养病时间，仔细研究过毛泽东同志起草的文件、电报，感到里面贯穿着一个基本的指导思想，就是实事求是。那么，怎样才能做到实事求是呢？他经过反复思考，得出了十五个字的体会，即"不唯上、不唯书、只唯实，交换、比较、反复"。很多同志说，陈云同志一生"没犯过大错，小错也很少"。我认为，这与他不仅发现了实事求是这个毛泽东思想的精髓，而且找到了做到实事求是的方法有很大关系。

从20世纪50年代中期开始，直到70年代末，陈云同志在一段很长的时间里，曾被认为是"右倾保守"的代表人物，甚至是"右倾机会主义分子"。对此，他不以为意，一笑了之。记得我去他那里工作，见他的第一面时，他就指着自己的鼻子说："我是一个老机会主义者。"可是，到了80年代中期，一些人又议论他"左"了，"保守"了，"僵化"了，境外敌对势力的舆论更把他骂成"左王"。这个话传到陈云同志耳朵里，他笑着说：好哇，能把我"一贯右倾"、"老右倾机会主义"的帽子摘掉，我很高兴啊！有一次，在说到这件事时，陈云同志以开玩笑的口吻问我，他到底是右了还是"左"了。我对他说："你没有右，也没有'左'，你还是站在原处，没有变地方。变地方的是那些说你右和'左'的人。当他们站在你的'左'边时，觉得你右了；当他们站在你的右边时，又觉得你'左'了。"

过去，当一些人指责陈云同志的思想"右"时，右的其实并不是陈云同志，而是由于党的指导思想上出现了"左"的偏差，在经济建设上追求高速度、高指标，在生产关系上急于向共产主义过渡，因此显得他"右"了。而当一些人议论他"左"了时，"左"的其实也不是他，倒是议论他"左"的人自己的思想右了。比如，过去批判他主张走单干的道路，就此，他在1982年一次中央政治局会议上这样讲过："说分田单干，我还没有发展到那个程度。我只是根据家乡调查的结果，觉得个人搞积极性高一点。"再比如，当社会上盛传党内分为"改革派"和"保守派"，并把他划入"保守派"时，他对此不屑一顾，照样讲他认为该讲的话。但在私下里，他对我说："要说改革，我是大改革派。搞加工订货、对资本家采取'定息'办法，这不是改革？"实际上，不仅在20世纪50年代私营工商业改造中，陈云同志提出了许多不同于苏联的做法，即使20世纪70年代末、80年代初进行的改革开放，一开始在很大程度上所依据的也正是他在1956年党的八大上所提出不同于苏联高度集中的计划经济模式的"三个主体、三个补充"的构想。

现在，陈云同志的思想不被有些人所理解，似乎不是"右倾保守"就是"'左'倾保守"，我感到其中一个很重要的原因在于，他通过自己总结的"十五字"方针，真正做到了实事求是。因此，当人们注意一种主要倾向时，他能注意到被掩盖着的另一种倾向；而当人们逐渐认识到这种倾向时，他又开始注意新的倾向性问题了。可见，实际情况不是他的思想"保守"了，而是他的思想总要比别人更超前一些，具有很强的前瞻性、预见性。这是他求真务实的表现，也是他求真务实的结果。

1959年4月，毛泽东同志就陈云同志向他当面表示当年钢铁生产指标难以完成一事，在党的八届七中全会的讲话中讲道："那个时候有人说陈云是右倾机会主义，并非马克思主义，而自己认为是十足的马克思主义。其实陈云的话是很正确的。"接着，他说，陈云同志"这个人是很勇敢的，犯错误勇敢，坚持真理也勇敢"[1]。这里说陈云同志犯的"错误"，显然是指他在反冒进中的所谓错误。事实已经证明，那时错误的并不是他。但毛泽东同志说陈云"坚持真理也勇敢"，则是确实的。在我即将离开陈云同志秘书岗位之前，他同我谈了一次话，说他一生一方面小心谨慎，一方面又很硬。他说："一九六二年七千人大会时，毛主席要我讲话，我不肯讲，在陕西组的会上讲了'交换、比较、反复'。一九七八年底的中央工作会议上，我也是顶的，讲了彭德怀的问题，超出了当时华国锋关于平反冤假错案不得超出'文化大革命'时期的界限。以后，审判'四人帮'，政治局开会讨论，许多同志主张给江青判死刑。我说不能杀，同'四人帮'的斗争终究是一次党内斗争。有人说，党内斗争也可以杀。我说党内斗争不能开杀戒，否则后代不好办。"

六

在党的十一届三中全会确立了思想路线和政治路线之后，我们党面临

---

① 中共中央文献研究室. 陈云年谱：下卷[M]. 修订本. 北京：中央文献出版社,2015:12.

的一个很大的问题是，由于十年"文化大革命"的干扰破坏，干部青黄不接的现象十分严重。对于这个问题，陈云同志比较早地注意到了，而且比较早地作为一个大的战略问题提了出来。1979年，他在主持新成立的国务院财经委员会第一次会议时就讲，要找一些40岁到50岁的干部到财经委工作。"培养这样的人，我看很有必要。"以后，他在那一年10月的省、自治区、直辖市第一书记座谈会上，又提出建立中央书记处并由年纪相对轻一些的同志组成的建议。1980年2月，中央书记处成立时，他进一步指出："书记处和全党的一个重要任务，是要在各级选择合格的年轻干部。"他说："从中央到县委，大部分人头发都已经白了。""现在我们主动地来选择人才，还有时间，再等下去，将来就没有时间了。党的交班和接班的问题，在国际共产主义运动中间，在我们中国党内，有过痛苦的教训，这一点，我不说大家也知道。"①接着，他又在那一年12月中央工作会议上提出了干部"四化"的方针。一开始，他讲的是年轻化、知识化、专业化、制度化，印文件时，经有的同志建议，前面加了一个"革命化"，成为"五化"。后来，经过反复推敲，去掉了"制度化"，还是"四化"。从此，这"四化"成为了我们党在历史新时期最基本的干部工作方针。

在考虑抓紧提拔中青年干部的同时，陈云同志考虑的另一个大问题是，"文化大革命"期间的"三种人"，许多也很年轻，也有知识，有专业，而且很会看风向，可以变得很快，如果不掌握政治标准，不严格考察历史表现，在大量提拔中青年干部的情况下，很有可能让这些人混进来。因此，他从一开始就强调，闹派性的骨干分子、打砸抢分子，一个也不能提拔。有的领导同志对此不以为然，说"文化大革命"中的那些事情要"俱往矣"，意思是事情已经过去了，就让它过去吧，不必再深究了。陈云同志听到后说，不是"俱往矣"，是"俱在矣"。他指出："对于这些

---

① 陈云. 陈云文选：第三卷[M]. 北京：人民出版社，1995：269.

人，不要只看他们现在一时表现好，现在这些人大概表现是'蛮好'，他要爬上来，现在只能表现好，因为老家伙还在。但是，到了气候适宜的时候，党内有什么风浪的时候，这些人就会变成为能量很大的兴风作浪的分子……当时闹派性的、'造反'的人很多，许多是随大流的，但里头的骨干分子不能提到领导岗位上来，一个也不能提拔，手不能软了。"①党的十二大前夕，陈云同志向我交代，他在大会发言中别的都不讲，就讲两句话，一句是必须成千上万地提拔中青年干部，不能只提拔几十个、几百个；另一句是"文化大革命"期间的"三种人"一个也不能提拔，已经提拔的，必须从领导班子中清除出去。那篇发言稿总共21个自然段，只有2 000多字，但当他在大会上发言时，却先后12次被掌声打断。可见，他的意见切中要害，充分反映了全党的意志。

七

有人也许会问，陈云同志的文化程度不高，可是在处理政治、经济领域中一系列重大问题上总能与真理站在一起，显示出极高的理论水平和哲学素养，他的"秘密武器"究竟是什么？我认为，他的"秘密武器"不是别的，就是勤奋好学。

陈云同志身世很苦，童年时父母便已故去，是舅父舅母把他带大的。他为了不给家里增加负担，高小毕业后便放弃了继续求学的念头，只身一人到大上海找了一份商务印书馆文具柜台学徒的工作。在学徒期间，除了繁重的劳动，他每天都要利用早晚时间读书、习字、念英语，看遍了店内的章回小说和少年丛书，还利用下班时间到商务印书馆办的图书学校学习，到共产党人办的上海通讯图书馆借书。他最初接触马克思主义，就是

① 陈云. 陈云文选：第三卷[M]. 北京：人民出版社，1995：301-302.

在那个通讯图书馆里。以后，他加入中国共产党，在革命队伍里只要一有机会就读书学习，因此无论是知识水平还是思想水平都提高很快。他从1926年21岁起，便不断在报纸刊物上化名发表文章。像他假托被红军俘虏的国民党军医所写的宣传红军长征的《随军西行见闻录》，1936年在巴黎《全民月刊》上发表后，又在莫斯科出版了单行本，以后又被收入国内的《外国记者西北印象记》一书，在国民党统治区反复再版，广为流传。看了这本书的人，谁也想不到它是一个只读过小学的人写出来的。

对于理论学习，陈云同志最看重的是对马克思主义哲学的学习。他常讲："在党内，在干部中，在青年中，提倡学哲学，有根本的意义。"他曾说过，在延安的时候，他以为自己过去犯错误是由于经验少。毛主席对他说，不是经验少，是思想方法不对头，并要他学点哲学，还派教员来帮助他学习。那时，中央组织部成立了一个学习小组，一共六个人，有他、李富春、陶铸、王鹤寿等，还有几位年轻干部做"后排议员"。学习方法是，规定每周看几十页书，然后讨论一次，研究学习中遇到的问题，各种意见都可以争论。他们从1938年开始学习，坚持了五年。先学哲学，再学《共产党宣言》，然后再学政治经济学等。

"文化大革命"中，陈云同志被"战备疏散"到江西南昌附近，别的东西没带多少，却带了三箱马列和毛泽东的著作。在近三年时间里，他每天上午去工厂"蹲点"，下午和晚上在住所读书。正是那段时间大量阅读马克思主义经典著作，使他得以对党内民主问题、计划与市场关系问题等重大理论和实际问题进行了深入的思考。他在1972年至1974年协助周恩来总理抓外贸工作时，提出要适应尼克松访华后我国与资本主义国家贸易上升的情况，首先在外贸领域中把国内计划经济的规矩变一变，要敢于利用资本主义信贷，"不要被那些老框框束缚住"；还提出出口商品定价要灵活，进口时可以利用国外的商品交易所，要利用国内丰富劳动力大搞进口棉花然后加工成棉布出口等一系列按照市场经济规律办事的措施。粉碎"四人帮"后，他更明确地提出了计划经济与市场经济相结合的思想，以及党内生活要正常化、要有民主气氛、实现生动活泼的政治局面的思想。这些思想的提出，都与他刻苦学习马列著作是分不开的。

八

陈云同志对自己的要求十分严格，有时近于苛刻的程度。他去外地，从不要当地领导同志到机场、车站迎送，也不允许他们陪同，用他的话说，叫作"不迎不送，不请不到"。有一次，他在外地休养，当地一位主要负责同志要看看他，人已到了住地，我只好进去请示，可他就是不见，那位同志在我那里坐了一会儿便回去了。他从不收礼，也不允许工作人员收礼。有一次，部队一位老同志从南方给他带来一箱水果，已经送到了中南海大门口，我知道，只要请示他，他肯定不同意收，只好赶到大门口去接待，经过反复解释，总算让人家把东西带了回去。他吃饭也很简单，可以称得上是名副其实的粗茶淡饭。有一年，他到外地，接待单位不知道他的饮食习惯，给他摆了一桌子菜。他一看，坚决不吃，坐在那里和我聊天，直到厨房重新做了他平时吃的一荤一素，才肯就餐。还有一年春节，我到他那里请示工作，正赶上他吃午饭。我看见桌上还是平时的两菜一汤，就说今天过节了，是不是多加几个菜。他说："不用加，我天天过节。"我知道，他指的是现在的生活和过去比，就和过节一样。

陈云同志对公家的东西看得很重，一点便宜都不占，也不让家属占。他从小喜欢听评弹，新中国成立后，为了养病，更是把听评弹录音当成了自己的主要业余爱好，并和评弹界建立了十分密切的关系。有一年，上海评弹团进京演出，让我请示可不可以到他家里演出一次。他说："可以见见他们，但不必听演出。我每天听录音不是很好吗？在这种事上（指设专场），还是要严肃一些。"有一次，他要我请上海人民广播电台的同志帮助录一段评弹，说完交给我两盒没有开封的空白磁带。我一下子没反应过来，他解释说，这是让他们录音的，这我才弄明白。还有一次，中国人民银行送来三枚新中国成立35周年的纪念币，每枚1元。他对我说，要给他们钱，否则他不要。我听他的夫人于若木同志及他的孩子讲，凡是他们陪他到外地休养，他都要求他们把陪同期间的工资退给单位，说那段时间他们没有做工作，不应当拿国家的工资，工资要由他来"开"。

陈云同志公私非常分明，但他对自己的东西，却看得很淡。那时，陈云同志发表了文章或出版了著作，凡是收到稿费，一律让负责行政工作的秘书缴党费。我知道后，劝他先存起来，将来捐赠给一些事业，可以起更大的作用。起初他不同意，认为国家已经给他发了工资，稿费是额外收入，不应当属于他。后来，经过几次做工作，他才接受了这个建议，并把钱先后捐赠给儿童福利基金会、北方曲艺学校筹建处等单位。但对于报刊或出版社支付给他的题字题词的稿费，他还是坚决不收，并原封不动退回。

2015年，习近平总书记在纪念陈云同志诞辰110周年座谈会上指出："在20世纪中国苦难而辉煌的历史进程中，涌现出一大批用特殊材料制成的优秀共产党人。陈云同志身上表现出来的坚定理想信念、坚强党性原则、求真务实作风、朴素公仆情怀、勤奋学习精神，永远值得我们学习。"[①]我认为，这是对陈云同志思想品德的一个十分准确的评价。陈云同志的优良作风，可以说为共产党员的先进性树立了光辉榜样，是值得我们永远学习的。

---

① 习近平. 在纪念陈云同志诞辰110周年座谈会上的讲话[N]. 人民日报,2015-06-13.

陈云为党和国家作出的多方面贡献①

一

一个人一生能对党和人民作出哪怕一个贡献，已经十分难能可贵，如果能作出多个贡献就更不容易了。而陈云在自己从事的几乎每一项工作中都有所建树，为党和人民作出了多方面贡献。这些贡献有物质层面的，也有精神层面的；有经济领域的，也有政治、党建乃至思想文化领域的。

1956年，毛泽东在推荐陈云担任党中央副主席时说："我看他这个人是个好人，他比较公道、能干，比较稳当，他看问题有眼光……不要看他和平得很，但他看问题很尖锐，能抓住要点。所以，我看陈云同志行。""他是工人阶级出身，不是说我们中央委员会里工人阶级成分少吗？我看不少，我们主席、副主席五个人里头就有一个。"②

1995年，陈云逝世，中共中央、全国人大常委会、国务院、全国政协、中央军委发布讣告，评价他是"伟大的无产阶级革命家、政治家，杰出的马克思主义者，中国社会主义经济建设的开创者和奠基人之一，党和国家久经考验的卓越领导人"③。"在国内外享有崇高威望，深受全党全军全国各族人民的尊敬和爱戴"④。

1995年6月，江泽民同志在纪念陈云同志诞辰90周年座谈会上指

---

①　本文发表于《中国井冈山干部学院学报》2020年第5期，原题为《略论陈云的历史贡献》。收入本书时，作者略作修改。

②　毛泽东. 毛泽东文集：第七卷[M]. 北京：人民出版社，1999：112.

③　新华社. 陈云同志伟大光辉的一生[N]. 人民日报，1995-04-17.

④　胡锦涛. 在陈云同志诞辰100周年纪念大会上的讲话[N]. 人民日报，2005-06-14.

出："在陈云同志的身上，我们看到党的老一代领导人的精湛的马克思主义理论修养和生机蓬勃的创造精神，看到中国共产党人对中国社会发展规律的深刻理解和把握，看到无产阶级勇往直前的革命精神和严格求实的科学态度的有机统一。""他对党、对人民的贡献是巨大的、多方面的。"①

2005年，胡锦涛同志在陈云同志诞辰100周年纪念大会上又指出："他长期领导全国财政经济工作的成功实践和取得的显著成就，给人们留下了难忘的印象。在经济建设的一些重大问题上，特别是在困难关头，人们总是希望听到陈云同志的意见，他也总是能够不负众望，洞悉全局，抓住要害，及时拿出解决问题的有效办法。"②

2015年，习近平总书记在纪念陈云同志诞辰110周年座谈会上进一步指出："在20世纪中国苦难而辉煌的历史进程中，涌现出一大批用特殊材料制成的优秀共产党人。陈云同志身上表现出来的坚定理想信念、坚强党性原则、求真务实作风、朴素公仆情怀、勤奋学习精神，永远值得我们学习。"③

在陈云身上有一些看似矛盾的地方，解析这些矛盾，恰恰有助于人们找到他之所以能够为党和人民作出多方面贡献的答案。

陈云在填写个人履历时，学历一栏永远填"高小毕业"，即使后来有人提议改为"相当大专"，他也坚持不改。然而，无论在领导能力还是在理论乃至文字上，他的水平都是有目共睹，被人们广为称道的。从这个矛盾中刚好可以看出，他是一个十分务实、低调的人，也是一个勤于自学、思考、动笔的人。

陈云出身贫苦，自幼营养不良、身体较弱，然而却活到90岁，堪称

---

① 江泽民. 在纪念陈云同志诞辰90周年座谈会上的讲话[N]. 人民日报,1995-06-14.
② 胡锦涛. 在陈云同志诞辰100周年纪念大会上的讲话[N]. 人民日报,2005-06-14.
③ 习近平. 在纪念陈云同志诞辰110周年座谈会上的讲话[N]. 人民日报,2015-06-13.

长寿。这个矛盾恰好说明，他的意志极为坚定，毅力和自控能力超乎常人。

陈云参加革命比建党初期的领导人要晚一些，而且，在八届十中全会到十一届三中全会前的16年里还一直遭受政治冷遇。然而，他在党中央领导岗位的时间，前后加起来却有近半个世纪，跨越了革命、建设、改革各个历史时期，既是以毛泽东同志为核心的党的第一代中央领导集体重要成员，也是以邓小平同志为核心的党的第二代中央领导集体重要成员，在我们党里可以说仅此一例。这个矛盾固然与他的长寿有关，但更主要的原因还在于他有无比忠诚、百折不挠的精神，也有不计个人名利、能上能下的高风亮节。

二

历史的关键时刻往往是历史的闪亮点，也是历史人物在政治上展示自己作为的舞台。陈云能成为我们党和国家的重要领导人，就是因为每当革命处在关键时刻，他都能作出恰当反应，出色完成历史赋予他的责任。

1931年4月，中央特科负责人顾顺章叛变，把党中央一下子置于极端危险之中。党的地下工作者截获情报后，由于一时间与中央特科联系不上，便找到时任江苏省委书记的陈云。陈云迅速报告了中央，并协助周恩来召集紧急会议，采取应变措施，连夜转移中央机关、销毁秘密文件，使敌人扑了空。由于他在行动中显示出非凡的机智和才华，中央决定由他担任整顿后的特科书记。在他的领导下，特科改变了工作方法，在保卫中央、消灭叛徒、沟通组织、筹集经费方面，发挥出显著作用。

中央红军在长征出发时的中央政治局常委有博古、周恩来、张闻天和陈云四人。由于广大干部对中央主要负责人在军事指挥上的错误越来越不满，高级干部普遍要求召开一次能从组织上解决问题的政治局会议。周恩来在进入遵义城后，就即将召开的中央会议性质问题征求张闻天和陈云的意见，陈云明确表示了赞成张闻天的应该召开政治局会议的主张。会上，陈云和多数同志一起，支持毛泽东的意见，不同意博古的报告。会后，他又和张闻天一起到部队传达会议精神，并为此写出了具有重要历史价值的《遵义会议传达提纲》。后来，他受中央派遣回上海恢复白区组织，并根据中共驻共产国际代表团指示前往苏联。在那里，他以亲历者身份，向共产国际翔实系统地汇报了长征和遵义会议情况，对苏共领导在此后中共党内斗争中支持毛泽东，产生了重要影响。

抗战胜利后，陈云被中央任命为东北局委员和北满分局书记，执行"控制东北"的战略任务。他从苏联与国民党政府签有把东北铁路沿线大城市移交后者的协议，以及我们党在东北没有根据地、缺少群众基础的实际情况出发，向中央提出北满工作应以广大乡村和中小城市为中心和迅速派部队前来、分散到铁路支线发动群众的建议，得到中央的同意，为后来制定"放手发动群众、建立巩固的东北根据地"的战略方针提供了重要支撑。在国民党采取"南攻北守、先南后北"的作战方针，集中兵力进攻我南满根据地的危急时刻，他又主动请缨，以南满分局书记和辽东军区政委的身份，成功领导了"坚持南满"的斗争，并因此而扭转了东北战场上敌攻我守的态势，为辽沈决战创造了有利条件。

在"四人帮"被粉碎，但"两个凡是"方针却严重阻碍党和国家继续前进的紧要时刻，陈云不顾当时中央主要负责人就不要触及"天安门事件"和邓小平出来工作等敏感问题的所谓"招呼"，在1977年3月中央工作会议上毅然提出这两个问题。他当时虽然只被保留中央委员的职务，但由于发言道出了广大干部群众的心声，加上他在党内的资格和威望，因此影响很大，当时的中央主要负责人不得不表态，"适当时机让邓小平同志出来工作"①。此后，邓小平恢复了工作，然而"两个凡是"方针仍在推

---

① 中共中央党史研究室.中国共产党历史:第二卷(1949—1978)下册[M].北京:中共党史出版社,2011:992.

行。于是，陈云在党的十一届三中全会前的中央工作会议上，又率先提出解决一系列历史遗留问题的意见，引起与会者广泛而热烈的响应，由此扭转了会议方向，并迫使当时的中央主要负责人就"两个凡是"问题作了自我批评。在邓小平的领导和其他老一辈革命家的支持下，全会结束了粉碎"四人帮"之后两年徘徊前进的局面，实现了新中国成立以来党的历史的伟大转折，开启了改革开放的历史新时期。

1989年春夏之交，北京发生了一场有计划有组织的反党反社会主义的政治风波，邓小平和中央政治局多数同志旗帜鲜明地反对这场政治风波，当时担任中央顾问委员会主任的陈云从休养地返回北京，召集中顾委常委会，明确提出"现在是关键时刻""要坚决拥护以邓小平同志为核心的中国共产党"①这一表态，对广大干部群众在中央发出两种声音、党和国家面临生死存亡的关头作出正确选择，发挥了别人难以替代的重要作用。

三

人们对陈云的印象一般聚焦在经济方面，他自己也说财经工作是他的"本行"，他是搞"吃饭穿衣"的。但他在从事经济工作前后，实际上有过很长时间从事党的组织、干部和纪律检查工作。从1937年起，他担任了7年中央书记处书记兼中央组织部部长，后来又从1978年起担任了9年中央政治局常委兼中央纪委第一书记，加在一起长达16年之久。他对党的建设作出的贡献，主要体现在这些年的工作上。

党中央到延安前，一直处于地下和流动的状态，没有也难以有全国统一的组织和干部工作。到延安后，中央和各根据地以及国统区的

---

① 陈云. 陈云文选：第三卷[M]. 北京：人民出版社，1995：368.

地下组织之间，逐渐建立了稳定的经常性的联系，中央组织部这才有了开展对干部政策的制定、对干部工作的指导和统一调配重要干部的条件。而那个时期，正是陈云担任中组部部长、负责全国党建的时期。据老同志的说法，中组部工作制度和作风的基础，基本就是在那个时期打下的。

陈云在中组部除了亲自抓有关制度、政策、规章、纪律的制定，干部的审查甄别，违纪党员的处分等项工作外，还先后发表了一系列讲话、报告、文章，论述做一名党员和干部的条件，以及党的组织建设和干部政策。他接手中组部时，全国党员只有4万人，而当他离任时已发展到50万人。那一期间，国统区地下组织也没有再遭受过大的破坏。这些成绩，与他的工作无疑是分不开的。

党的十一届三中全会后，干部队伍面临青黄不接的严重局面。那时，陈云虽然不分管干部工作，但他作为中央决策层的一员，感到这个问题关系党的前途命运，是当务之急，必须尽快解决。他提出，对拥护三中全会路线的年轻干部不能只是几十个几百个地选拔任用，而要放开手脚，成千上万地提拔培养；同时，对于"文化大革命"中的"三种人"，不能采取"俱往矣"的态度，而应记录在案，一个也不能提拔，已经提拔的必须从领导班子中清除。在他的反复呼吁下，这个意见终于被中央所接受。后来，他又提出干部队伍"四化"的方针和在各级领导班子中建立"第三梯队"、解决知识分子入党难的问题、改善中青年知识分子工作条件和生活条件等建议，也逐一被中央所采纳。所有这些，对我们党顺利实现干部队伍新老交替，保证国家各项事业持续健康发展，都发挥了至关重要的作用。

在陈云领导中央纪委时，正是我们党既面对党的民主集中制被"文化大革命"严重破坏、亟须恢复，又面对经济体制改革和对外开放给党的队伍带来新考验、亟须整顿的时期。针对这种复杂局面，陈云把整顿党风提高到党的建设前所未有的高度，鲜明指出：中央纪委的基本任务"就是要维护党规党法，整顿党风"①"执政党的党风问题是有关党的生死存亡的问题"②"党性原则和党的纪律不存在'松绑'的问题"③。针对一些干部放松对子女要求的现象，他提出党的高级干部要"在教育好子女的问题上，给全党带好头。决不允许他们依仗亲属关系，谋权谋利，成为特殊人物"。④针对当时中央要求北京党政军机关在实现党风和社会风气根本好转中做表率，提出："做表率首先从中央政治局、书记处和国务院的各位同志做起。"⑤针对改革开放初期南方沿海一带一些党员领导干部充当走私活动"保护伞"、使走私贩私成风的现象，他主张必须严厉打击，并得到邓小平的支持，由此掀起一场打击经济领域严重犯罪活动的斗争，遏制了这股歪风，保证了改革开放的健康发展。

四

陈云从15岁起就在上海的商务印书馆当学徒、站柜台、打算盘，在从事党的秘密工作后，又不时和钱庄、票号、银行打交道。这些经历使陈云对中国资本主义经济有了比较多的了解，为他后来领导经济工作做了一定铺垫。

陈云领导经济工作主要有以下几个阶段。第一，延安时期后期领导西北财经办事处；第二，解放战争时期领导东北财经委员会；第三，从新中国成立前夕到1954年领导中财委；第四，从1954年至1958年以国务院副总理和中央财经工作五人小组组长身份领导全国经济工作；第五，在1962年担任中央财经小组长，主持国民经济调整；第六，1979年

① 陈云. 陈云文选:第三卷[M]. 北京:人民出版社,1995:240.
② 陈云. 陈云文选:第三卷[M]. 北京:人民出版社,1995:273.
③ 陈云. 陈云文选:第三卷[M]. 北京:人民出版社,1995:275.
④ 陈云. 陈云文选:第三卷[M]. 北京:人民出版社,1995:352.
⑤ 陈云. 陈云文集:第三卷[M]. 北京:中央文献出版社,2005:543.

至 1980 年以国务院财经委员会主任身份，领导第二次国民经济调整。陈云对经济工作的贡献，主要就体现在以上几个阶段的工作中，特别是他在党中央领导下做的几件大事，即新中国初期的统一财经、稳定物价，"一五"计划的制订和实施，统购统销政策的提出和贯彻执行，对资本主义工商业的社会主义改造，对国民经济的两次调整。一些老同志说：实践证明，陈云在领导经济工作中，大错没犯过，小错也不多；凡是按照他的意见办时，建设事业的发展就顺利，反之，就遭受损失，甚至停滞倒退。

陈云不同于只负责经济决策而不负责组织实施的领导人，也不同于专门从事经济理论研究而不具体做经济工作的经济学家。他一方面要面对经济生活中不断出现的新问题，弄清实际情况，提出相应对策，并在得到中央批准后组织各有关部门实施；另一方面，他善于运用辩证唯物和历史唯物主义理论分析解决问题，注重在实践中随时总结经验，总能把经验上升到理论高度，因而形成了既属于毛泽东思想、邓小平理论的组成部分，又带有自己特色的经济思想。

陈云经济思想的内容十分丰富，概括起来，我认为主要是两句话八个字：稳中求进，活而不乱。

在陈云看来，搞建设必须建立在"稳"字的基础之上，只有"稳"，才有可能"进"。稳还是不稳，主要看物价，看民生，看人民生活必需品的供应。而要"稳"，必须做到财政收支、银行信贷、物资供求、外贸进出口，以及基建与民生、基建与生产等重大关系的综合平衡；使工业与农业、重工业与轻工业、重工业内部各门类，以及工业与交通运输业、经济建设与技术人才培养等重大关系按比例发展。他认为，在资金、物资、人才都短缺的情况下，综合平衡必然是紧张的平衡，但再紧张也绝不能弄到破裂的程度。他说："所谓综合平衡，就是按比例；按比例，就平衡了。"①因此，综合平衡要从制订计划时做起，而且要按短线（即今天说的短板）来平衡。这样，"表面上看来像慢，但实际上是快"②。因为"按比例发展是最快的速度"③，是"不再折腾条件下"④的发展速度。"搞建设，真正脚踏实地、按部就班地搞下去就快，急于求成反而慢。"⑤

陈云在经济建设上主张稳中求进，对体制改革同样主张稳中求进。他说："体制改革涉及范围相当广，广大干部还不很熟悉，在进行中还会出现一些难以预见的问题。因此，必须边实践，边探索，边总结经验……既要积极，又要稳妥。只要这样做了，这次改革就一定能够成功。"⑥

陈云强调"稳"，与他的思想方法有关，与他的工作担子也有关。他负责领导全国经济工作，必须对全国人民负责。毛主席在建设速度、农业恢复方法等问题上和陈云的看法有过分歧，但他认为陈云对经济有研究，提出的意见比较有把握。"大跃进"中党的八届七中全会上，毛泽东称赞陈云坚持对粮、棉、钢、煤四大指标的意见，认为"正确的就是陈云一个人"⑦。会后，他委托陈云落实1959年钢铁指标。庐山会议前夕，他在个别谈话中又表示：陈云同志提过先安排好市场再安排基建，有同志不赞成。"现在看来，陈云同志的意见是对的。"⑧他还说："国乱思良将，家贫思贤妻。陈云同志对经济工作是比较有研究的，让陈云同志来主管计划工作、财经工作比较好。"⑨在七千人大会上，当他讲到别的中央领导比他懂

① 陈云. 陈云文选：第三卷[M]. 北京：人民出版社，1995：211.
② 陈云. 陈云文选：第三卷[M]. 北京：人民出版社，1995：268.
③ 陈云. 陈云文选：第三卷[M]. 北京：人民出版社，1995：251.
④ 陈云. 陈云文选：第三卷[M]. 北京：人民出版社，1995：268.
⑤ 陈云. 陈云文选：第三卷[M]. 北京：人民出版社，1995：311.
⑥ 陈云. 陈云文选：第三卷[M]. 北京：人民出版社，1995：338.
⑦ 中共中央文献研究室. 毛泽东传（1949—1976）：下[M]. 北京：中央文献出版社，2003：940.
⑧ 中共中央文献研究室. 毛泽东传（1949—1976）：下[M]. 北京：中央文献出版社，2003：963.
⑨ 中共中央文献研究室. 陈云传：下[M]. 北京：中央文献出版社，2005：1176.

工业、商业时，着重说道："陈云同志，特别是他，懂得较多。"[1]

陈云在经济工作上的另一个主张是，要把经济搞活，不能搞死；同时，又要注意中国人口多、耕地少、底子薄的国情，不能把经济搞乱。他曾用鸟和笼子作为比喻，形象地阐述了这个思想。他说："鸟不能捏在手里，捏在手里会死，要让它飞，但只能让它在笼子里飞，没有笼子，它就飞跑了。如果说鸟是搞活经济的话，那末，笼子就是国家计划。当然，'笼子'大小要适当，该多大就多大。"可以跨省跨地区，还可以跨国跨洲，"但无论如何，总得有个'笼子'"[2]。他的这一比喻，生动而深刻地道出了宏观控制与市场经济之间关系的真谛，引起中外经济学界的广泛兴趣。

正是从上述思想出发，陈云在资本主义工商业社会主义改造刚刚完成、计划经济体制建立不久的1956年，就提出过一个体制改革的设想，即在所有制上，以国家和集体为主体，以个体为补充；在生产计划上，以国家计划生产为主体，以根据市场变化进行自由生产为补充；在市场管理上，以国家统一市场为主体，以自由市场为补充。这个"三个主体、三个补充"的设想，当年由于种种原因未能实行，却成为改革开放初期的指导方针，对"突破高度集中的计划经济体制的改革，产生过广泛而深入的影响"[3]。1979年初，他对这一思想作了进一步丰富和发展，他指出，无论苏联还是中国的计划工作，主要缺点是"只有'有计划按比例'这一条，没有在社会主义制度下还必须有市场调节这一条"[4]。他主张，"整个社会主义时期必须有两种经济：（1）计划经济部分（有计划按比例的部分）；（2）市场调节部分（即不作计划，只根据市场供求的变化进行生产，即带有盲目性调节

① 中共中央文献研究室. 毛泽东传(1949—1976)：下[M]. 北京：中央文献出版社,2003:1203.
② 陈云. 陈云文选：第三卷[M]. 北京：人民出版社,1995:320.
③ 江泽民. 在纪念陈云同志诞辰90周年座谈会上的讲话[N]. 人民日报,1995-06-14.
④ 陈云. 陈云文选：第三卷[M]. 北京：人民出版社,1995:245.

的部分）"①。他还提出，在经济体制改革中，"不一定计划经济部分愈增加，市场经济部分所占绝对数额就愈缩小，可能是都相应地增加"②。

随着经济的发展和改革的深入，我国计划经济体制早已转变为社会主义市场经济体制。但是，如果把计划理解为主要是指导性计划，把宏观控制理解为政府作用，那么，陈云关于计划与市场关系的思想，就仍然没有失去现实意义。例如，他提出在价格改革上不能完全取消财政补贴，工资与物价上涨挂钩要考虑到农民利益；企业承包要保证设备完好、生产安全，防止掠夺式地使用资源；在基本建设中，必须把处理污染问题放在设计的首要位置，真正做到"防害于先"③；特区不能发行单独的货币，要防止把金融搞乱；引进外资要考虑还款能力，引进设备的同时要买技术，买专利；搞来料来样加工，要注意保护"自己必须发展而且正在发展的东西，不要被外面进口的挤掉了"④；"对外开放不一定都是人家到我们这里来，我们也可以到人家那里去"⑤。这些意见都被实践证明是正确的，也被历届中央政府所采纳了，在改革开放中发挥了积极作用。

陈云经济思想和许多伟大人物的思想一样，不能不受到所处时代的局限。但他这一思想的核心内容，也同许多伟大人物的一样，是超越时代的。这些内容体现了对我国基本国情的深刻把握，对社会主义现代化建设的全面理解，对宏观经济运行规律的科学认识。只要我们的基本国情没变，我们进行的是社会主义现代化建设，经济运行中还存在宏观与微观的关系，这些思想就不会过时，相反，会在新的条件下继续发挥作用。

① 陈云. 陈云文选:第三卷[M]. 北京:人民出版社,1995:245.
② 陈云. 陈云文选:第三卷[M]. 北京:人民出版社,1995:247.
③ 陈云. 陈云文选:第三卷[M]. 北京:人民出版社,1995:263.
④ 陈云. 陈云文集:第三卷[M]. 北京:中央文献出版社,2005:536.
⑤ 陈云. 陈云文集:第三卷[M]. 北京:中央文献出版社,2005:537.

五

陈云考虑问题总是从大局着眼，常说"过去旧商人中，有一种头戴瓜皮帽、手拿水烟袋的人，他们是专门考虑战略问题的"①。他提倡干部要拿出时间，"'踱方步'，考虑战略性的问题"②。他这样要求别人，自己也是这么做的。他一生为党和国家的战略性问题殚精竭虑，贡献了全部聪明才智。

比如，大家都说要实事求是，但很少有人思考如何才能做到实事求是，而陈云就琢磨这个问题。他在延安时期按照毛主席的建议，认真学习了马克思主义哲学著作，还把毛主席起草的全部文件、电报通读一遍，最后得出结论，就是要实事求是。然后，继续思考怎样做才能实事求是，结果发现关键在于把"实事"看全面，并为此总结出了"不唯书、不唯上、只唯实，交换、比较、反复"十五个字的经验。他把这十五个字作为实现实事求是的方法，也把做到这十五个字同干部民主作风、党内统一思想认识相联系，对深化实事求是的思想路线，促进干部形成听取不同意见的习惯，具有重要启示意义。他的经济思想、党建思想在一定程度上可以说，正是他的这一思想方法的体现和展开。

再如，党的十一届三中全会后，党中央决定对新中国成立以来党的若干历史问题进行总结，其中一个最重要的问题就是如何确立毛泽东的历史地位。陈云经过考虑，建议在"历史决议"中增加回顾新中国成立前28年的历史。他的这个建议得到了邓小平的赞成，被党中央所采纳，为我们党在纠正毛泽东晚年错误的同时维护毛泽东历史地位、坚持和发展毛泽东思想，发挥了重要作用。

---

① 陈云.陈云文选：第三卷[M].北京：人民出版社,1995:377.
② 陈云.陈云文选：第三卷[M].北京：人民出版社,1995:377.

作为党的十一届三中全会后的中央政治局常委，陈云对党的意识形态工作、国家的文化建设同样十分关心，提出了许多产生深远影响的意见。例如，他主张，对认为社会主义不如资本主义，马克思主义不灵了的党员要批评教育，对其中做意识形态工作且经教育不改的人，要调动他们的工作；要加强宣传思想政治工作，经济工作和宣传工作搞不好都可能翻船；社会主义建设包括物质文明和精神文明两方面建设，不可能先进行物质文明建设再进行精神文明建设；帝国主义的侵略、渗透，过去主要是"武"的，后来"文""武"并用，现在"文"的突出出来，那种认为列宁的帝国主义论已经过时的观点，是完全错误的；利用宗教同我们争夺群众尤其是青年，是国内外阶级敌人的一贯伎俩，对此要高度重视。

陈云的一生与党史新中国史息息相关，同时他也是党史新中国史编研事业的热心参与者、支持者和指导者。20世纪80年代，他曾先后主持了对《伍豪事件的前前后后》这一历史文件的撰写和东北解放战争历史一书的编纂、对西路军历史问题的澄清，确认并说明了《遵义会议传达提纲》的真实性和产生过程，回答了中央党史部门提出的有关中央领导机关长征前后变动情况的问题，不仅使党史研究者搞清楚了许多过去长期没有搞清的历史，而且指出了党史研究应当采取的正确立场、观点和方法。

陈云还就整理古籍问题发表过谈话，并被中央书记处作为文件印发，使原本要撤销的古典文献专业得以保留，使"文化大革命"被迫停止工作的国务院古籍整理出版规划小组得以恢复，也使硕果仅存的古籍研究、整理队伍得以发展，为中华民族文化瑰宝的挖掘、保存和发扬光大作出了重要贡献。

陈云自幼喜爱听评弹，新中国成立后，他在养病期间重新拾起了这一爱好，边听边思考评弹如何适应时代不断发展等问题，并以"老听客"的身份发表了许多令评弹界心悦诚服的真知灼见。例如，评弹应当既严肃又活泼，思想教育要通过艺术手段实现；对传统曲目要在整理后保留、演出，对现代题材的新书要积极支持；评弹艺术要"出人出书走正路"，等等。这些意见在评弹界乃至文艺界广为传播，对繁荣发展社会主义文艺产生了积极的引导和推动作用。

陈云离开我们已有25年，但他对党和人民所作贡献的光芒并没有随着时间的流逝而式微。正如习近平总书记指出的："陈云同志为新中国的建立、为社会主义基本经济制度和政治制度的确立、为改革开放和社会主义现代化建设建立的功勋，党和人民将永远铭记。"①

---

① 习近平. 在纪念陈云同志诞辰110周年座谈会上的讲话[N]. 人民日报,2015-06-13.

商务印书馆是陈云革命生涯的起点①

1982年2月，当我刚接手陈云同志办公室负责工作不久，便收到商务印书馆请陈云同志为该馆成立85周年题词的信。那时，他还没有开始把写大字作为健身方法，所以，我把信送去后，他即用油性签字笔在全白便笺上写了几个小字。我原本以为他要写的是祝贺或勉励的话，没想到写的是："商务印书馆是我在那里当过学徒、店员，也进行过阶级斗争的地方。应该说商务印书馆在解放前是中国的一个很重要的文化教育事业单位。"②这句话看上去很直白很平实，但细想起来，却是恰如其分地点明了在商务印书馆的那段经历对他走上革命道路的意义。后来，通过听他回忆历史，以及再后来编撰他的年谱，阅读有关他生平的书籍，我对这句话有了更深的理解，感到他在商务印书馆当学徒、店员和进行阶级斗争的7年，对他的革命生涯确实有很大的影响。这种影响，起码体现在以下五个方面。

第一，比较早地接触和认识了资本主义社会。

1919年陈云进入商务印书馆时，那里已经成为当时中国规模最大的资本主义性质的文化企业，其总部所在地上海，更是当时资本主义工商业最为发达、现代化程度最高的城市。陈云同志从14岁起便开始在那里生活、工作，得以较早地了解了十里洋场的资本主义经营方式及劳资矛盾。加之他被分配在发行所，而且是在柜台工作，得以从少年时代就熟练掌握了相当于现代电脑的珠算技术，并学到许多商业知识。正是这一经历，为他后来从事党的特科工作时"开铺子做买卖"、边进行隐蔽斗争边给党赚

① 本文是作者在2019年11月20日"陈云与商务印书馆"学术研讨会上的讲话,刊载于《党的文献》2020年第3期。
② 中共中央文献研究室. 陈云年谱:下卷[M]. 修订本. 北京:中央文献出版社,2015:334.

取经费，提供了必要的经验；也为他后来成功领导陕甘宁边区、东北解放区乃至全国的财经工作，提出和坚持既要使用市场调节手段、允许个体工商业存在又要防止宏观失控等一系列正确主张，提供了最初的知识支撑。

陈云晚年常说："资本主义市场的交易所有两重性……利用交易所，可能有得有失，但必须得多失少。"[1]"外国资本家也是资本家……世界上没有一个愿做低于平均利益率买卖的资本家。"[2]"过去旧商人中，有一种头戴瓜皮帽、手拿水烟袋的，他们专门考虑'战略性问题'，比如什么货缺，应该什么时候进什么货。"[3]他听到有人主张国库券允许到银行贴现时，立即表示反对，说旧社会银行有这种业务，这样搞，"等于把收回的票子又放出去，增加货币流通量。"从上述这些话中，都不难看到他当年在商务印书馆那段经历的影子。

第二，练就了不怕艰难困苦的坚强意志。

陈云同志两岁丧父，四岁丧母，先天不足，后天失调，体质从小就弱。但他凭借顽强的意志，在后来的革命生涯中不仅战胜了一个又一个看似不可能战胜的困难，完成了一项又一项无比繁重艰巨的任务，而且让自己活到了90岁。这与他在商务印书馆的经历，也是不无关系的。

陈云当年小小年纪只身来到大上海，个子还没有柜台高。老板看他太矮，一开始还不想收他。但他硬是站在小板凳上接待顾客，终于被留了下来。我听他讲过，为了锻炼意志力，他每天早上总是第一个起床，为了不影响同宿舍的工友，便到楼顶晒台练习写毛笔字，冬天天气太冷，就往手上和墨汁上哈气。他十分节俭自律，尽管学徒第一年每月薪金只有三元，第二年才加两元，但仍能挤出钱来寄给养父。

古人说："艰难困苦，玉汝于成。"他后来在青浦领导武装暴动，尽管

---

① 陈云. 陈云文选：第三卷[M]. 北京：人民出版社，1995:222.

② 陈云. 陈云文选：第三卷[M]. 北京：人民出版社，1995:277.

③ 陈云. 陈云文选：第二卷[M]. 北京：人民出版社，1995:334.

失败，被敌人追捕，仍能坚持斗争；长征中，尽管有难以想象的艰难险阻，不仅能走下来，还能胜任红五军团中央代表和军委纵队政委等工作；中途受党中央派遣，只身一人由四川折返上海，尽管逆敌军追兵而行，仍能安全到达目的地；从"大跃进"直到"文化大革命"结束，尽管长达16年遭受政治冷遇，仍能泰然处之，并且时刻关心和考虑天下大事，想方设法为党和国家的长远利益建言献策。所有这些，无不源于他在商务印书馆磨练出的坚韧不拔的意志。

第三，养成了自学的习惯和尊重知识、尊重科学的品格。

陈云在履历中的学历一栏始终填写的是"高小毕业"，但只要了解他的生平事迹、阅读过他文选文集的人，无不为他高超的理论和文字水平所折服。这固然与他在革命过程中长期一贯地坚持结合实际自学，尤其是勤于和善于学习马克思主义经典著作有关，然而，他这种热爱读书学习的习惯，也是在商务印书馆那几年养成的。

商务印书馆不是学校，但却是近代中国成立最早、规模最大、影响最广的文化教育出版单位，不仅出版教科书和词典，还出版学术著作和国外文学、科学译著；不仅设有总务处、发行所、印刷厂，还设有编译所；不仅职工多数拥有较高文化水平，还有不少知名学者，特别是有一批最早接受马克思主义的知识分子。像陈独秀、沈雁冰、董亦湘、杨贤江等早期的共产党人，都曾在那里工作过。而且，商务印书馆还很重视职工教育，不仅设有图书馆，还办了业余教授英文、图书分类等课程的"上海图书学校"。这样的文化氛围，对于求知欲、上进心都很强烈的陈云来说，自然再合适不过。

20世纪80年代初的一天，陈云要我设法请楼适夷先生来一下。我经过了解，得知楼正在大百科全书出版社工作，于是派车把他接到陈云同志家里。原来，陈云是想请楼写一篇纪念应修人烈士诞辰100周年的文章。他对我说，应、楼等人在20年代办了一个宣传马克思主义和进步文化的上海通讯图书馆。他刚到商务印书馆时，比较多的是借阅馆内的少年丛书、章回小说和杂志，五卅运动前后，经同事介绍去了上海通讯图书馆，在那里开始接触到马克思主义和其他进步书籍，使他的思想发生了根本的变化。

陈云同志在与商务印书馆中的知识分子、经营管理人员接触过程中，对中国的知识分子、经营管理人员的才能、作用有了感性认识，使他逐渐形成尊重知识、尊重科学的品格。他后来之所以一贯重视专家的意见，之所以在延安中组部部长任上提出要和国民党抢知识分子，在领导东北解放区时提出技术员、技师、工程师、专家是管理近代企业必不可少的重要力量，在主持中财委工作时注意吸收非党民主人士参加工作，在领导公私合营时强调留用有真才实学、精明强干的资本家，在80年代建议提高中年知识分子的生活和工作待遇等等，追根溯源，我认为都可以追到他在商务印书馆的那段经历。

第四，初步显露并锻炼了组织和领导的才能。

1925年的五卅惨案触发了全国性的反帝爱国运动，工人阶级最集中的上海自然成为这一运动的核心地区。商务印书馆的广大低薪职工受到运动鼓舞，也酝酿筹建自己的工会。发行所的职工在全馆率先罢工，并一致推举陈云当发行职工会的委员长。那年陈云刚满20岁，由学徒升为店员也不过两三年，而发行所职工仅最初参加罢工的就有400多人，为什么会偏偏选他做工会主要负责人呢？陈云后来在自传中说，这是因为他平时克勤克俭求上进、为人品行影响好，所以在青年店员中是"有信仰与号召力的人"[1]。事实正是如此。记得80年代初，陈云在商务印书馆的工友孙诗圃、薛兆圣等人先后来京看望他，在私下和我聊天时，他们都谈到陈云那时很自律，很正派，很有头脑，很愿意帮助人，所以年纪虽小，在职工中的威信却很高。

---

① 中共中央文献研究室. 陈云传：上[M]. 北京：中央文献出版社，2005：31.

陈云成为罢工积极分子和骨干后，很快显示出他善于团结群众、组织工作、把握方向的能力。陈云当年的工友陈竹平回忆，陈云在发行所罢工前夕，组织了纠察队，让人将发行所大门及各部门办公室钥匙集中起来，将职工上下班记录卡拿走；罢工当天一早，又布置纠察队把守前后门，提前将饭厅布置成罢工大会会场，将油印的罢工宣言和对资方提出的条件发给每个到会的人，而且担任大会主席，成功主持了会议。所有事情，他办得都清清爽爽、有条不紊。随后，印刷所、总务处职工响应发行所罢工，成立了两所一处联合罢工执行委员会。在约 4 000 职工参加的通过复工条件的集会上，陈云再次担任了大会主席。当编译所职工也加入罢工行列、全馆成立了统一的罢工中央执行委员会后，陈云主要负责发行所职工的组织、宣传工作。他以"怀民"等笔名，在发行所职工会创办的《职工》等杂志上，先后发表了《职工在现社会的地位》《中国民族运动之过去与将来》等七八篇文章。从这些文章可以看出，他那时已具备了分析阶级斗争问题的能力。

由于陈云身处基层工会的领导岗位，他得以参加了随后举行的上海工人三次武装起义，陪同过共产党的特委领导人周恩来、赵世炎等视察地形，出席过上海总工会召开的各工会负责人联席会，领导过南京路上先施、永安等四大百货公司的罢工，还代表上海总工会前往新龙华与北伐军接过头。所有这些活动，锻炼和增强了他的组织才能，也考验了他作为一个领导者应具有的素质，为他后来逐步走上越来越重要的领导岗位奠定了初步基础。如果用什么词汇形容那段经历在他革命生涯中的地位，我想，最恰当不过的恐怕就是"初露锋芒"和"小试牛刀"了。

陈云同志在商务印书馆当过学徒、店员和从事过工人运动的经历，与他后来在党内的职位也有很大关系。他 27 岁担任全国总工会党团书记，43 岁当选全国总工会主席，这段经历无疑都是重要原因之一。毛主席在党的八大前夕提名他担任党中央副主席时，也特别提到他的这个经历。毛主席讲："他是工人阶级出身，不是说我们中央委员会里工人阶级成分少吗？我看不少，我们主席、副主席五个人里头就有一个。"①

第五，也是最重要的方面，树立了坚定的共产主义理想信念。

上海是中国工人运动的发祥地，商务印书馆是当年上海职工队伍最为庞大的机构之一，仅发行所就有五千余人，印刷所也有三四千人，而且具有工人运动的传统，也比较早地有了共产党的组织。1916年，商务印书馆的中文排字工人就组织过工会性质的"集成同志社"，领导过罢工；1925年成立的上海印刷工人联合会中的主力之一，也是商务印书馆的印刷工人。1921年底，商务印书馆便有了早期共产党人，1925年发展到五六十人。陈云自幼家境贫寒，家乡距离上海又近，很容易接受新思潮的影响；到商务印书馆后，身处这种革命氛围浓厚的环境，自然更会产生强烈的爱国主义情怀和社会主义倾向；一旦接触马克思主义，很快被这一科学理论所征服。正因为如此，他在五卅运动中迅速接近并决心加入了共产党。

陈云在自传中说，入党时是经过考虑的。这种考虑，从他的自传中看，主要集中在两点：一是个人利益与党的利益发生冲突时服从谁？二是三民主义和马克思主义哪个好？他写道："做店员的人，有家庭负担的人，常常在每个重要关头，个人利益与党的利益有冲突时，要不止一次的在脑筋中思想上发生矛盾，必须赖于革命理论与思想去克服个人利益的思想。""比如，当我在参加革命后资本家威胁我时，我想到吃饭问题会发生危害，但立即又想到：怕什么？手足健全的人到处去得，可以到黄埔军校，可以卖大饼油条，只要立志革命，不怕没饭吃，归根结底只有推翻现在社会制度以后，才大家有饭吃。"②他说这个话是有原因的。那时，他由于勤奋好学、业务熟练，提前一年就由学徒升为了店员，而且很是被发行所的主任和高级职员所看中。但罢工一起，他居然成了罢工领袖，完全出

---

① 毛泽东. 毛泽东文集：第七卷[M]. 北京：人民出版社，1999：112.
② 中共中央文献研究室. 陈云传：上[M]. 北京：中央文献出版社，2005：36-37.

乎他们的意料，所以受到了他们的警告。他在自传中还写道："当时入党时有个很重要的条件把三民主义看了，把列宁主义概论和马克思主义浅说都详细地看了，那时确了解了必须要改造社会，才能解放人类。这个思想对于我影响很大。"他写道："入党以后，自己觉得此身已非昔比，今后不是做'成家立业'的一套，而要专干革命。这个人生观上的改革，对于我以后有极大的帮助。"①可见，他入党后之所以能对党和工人阶级的事业始终忠贞不贰，对共产主义信仰始终坚定不移，与他入党时经过一番认真考虑是密切关联的。

20世纪80年代初，有人议论"共产主义遥遥无期"，他对我说："这个话是错误的，共产主义遥遥有期。"一字之差，清楚地反映了陈云非同寻常的政治坚定和理论清醒。那时，有人还借口便于吸引外资，主张让共产党改名。他听到后又对我说："党的名字表明了它的奋斗目标，改名字怎么能行！"在党的十二届二中全会前，他针对当时一些人出国访问，看见外国的摩天大楼、高速公路，就认为中国不如外国、社会主义不如资本主义、马克思主义不灵了的议论，要我在为他准备的大会发言稿中加上"社会主义万岁，共产党万岁"的口号。后来，他在那次发言最后用高昂的语气说道："资本主义必然要被共产主义所代替，这是无可改变的法则……我们可以充满信心，高呼：社会主义万岁！共产主义万岁！"②习近平总书记在2015年纪念陈云同志诞辰110周年座谈会讲话中指出："我们纪念陈云同志，就要学习他坚守信仰的精神。无论处于顺境还是逆境，陈云同志始终坚守对马克思主义、共产主义的信仰不动摇。"③当我们了解了陈云在商务印书馆参加革命和入党的过程，对这一评价便会理解得更加深刻。

"伟大出自平凡，平凡造就伟大。"陈云从商务印书馆一名普通学徒，

---

① 中共中央文献研究室. 陈云传：上[M]. 北京：中央文献出版社,2005:36.
② 陈云. 陈云文选：第三卷[M]. 北京：人民出版社,1995:332-333.
③ 习近平. 在纪念陈云同志诞辰110周年座谈会上的讲话[N]. 人民日报,2015-06-13.

最终成长为伟大的无产阶级革命家，党的两代中央集体的重要成员，中国社会主义经济建设的开创者和奠基人之一，生动而深刻地诠释了这一真理。我们今天纪念他，最重要的，就是通过回顾他在商务印书馆的革命实践活动，领悟和学习他的严于律己、认真负责、团结同志、刻苦自学、追求真理、敢于斗争的精神，像他那样端正品行、磨练意志、坚持学习、努力工作；是共产党员的，还要像他那样端正入党动机，不忘初心，纯洁党性、坚守信仰、献身革命。我想，这应当是对陈云同志最好的纪念。

陈云的西柏坡之行^①

　　陈云同志没有参加过党的七届二中全会，但却在全会前夕到过西柏坡，而且，这次西柏坡之行与全会作出的关于在夺取全国胜利后的新形势下，党的工作重心从乡村转到城市、城市工作以经济建设为中心的决定之间，有着密切关联。1996年4月，西柏坡纪念馆在陈云逝世一周年前夕，增加了有关他在西柏坡活动的内容，其中包括在陈列厅展出他的照片、描绘他向毛泽东等中央领导同志汇报工作的油画，以及在他当年住过的地方设立纪念牌等，不仅丰富了西柏坡纪念馆的展陈内容，也为历史补写了重要的一笔。

　　对陈云同志的西柏坡之行，要从抗战胜利说起。1945年8月15日日本投降后，蒋介石连续三次电邀毛泽东赴重庆谈判。8月23日，中共中央政治局扩大会议决定：为了争取和平民主，毛泽东、周恩来去重庆谈判；在此期间，由刘少奇代理中央主席职务，增补陈云、彭真为中央书记处候补书记。9月14日，驻东北苏军总司令的代表飞抵延安，向朱总司令转达苏方有关中国军队进入东北问题的通知。由于形势紧急，刘少奇连夜主持召开政治局会议，听取同机前来的东北先头部队负责人汇报，并于次日凌晨决定，由彭真、陈云等组成东北局，立即搭乘苏军这架返航飞机去东北。此后的4年时间，陈云同志一直战斗在东北，先后任北满分局书记、东北局副书记兼南满分局书记、东北财经委员会主任、沈阳特别市军管会主任等职，为开辟并巩固北满根据地，坚持南满并领导四保临江、扭转东北战局，负责接收沈阳并创造接管大城市的成功经验，主持东北解放区财

①　本文刊载于《百年潮》1998年第1期。收入本书时，作者又作了较多修改补充。

经工作并顺利统一和稳定全区经济，作出了重大贡献。

1949年1月31日，北平和平解放。第二天，陈云同志应平津前线总前委之邀，乘火车赶赴北平，于2月4日抵达，翌日同东北野战军领导人林彪、罗荣桓和华北人民政府领导人董必武、薄一波开会，商议东野南下后的后勤供应及关内外的铁路运输、东北币与人民币的比价等问题。2月6日，毛泽东由西柏坡致电东野领导人，请罗荣桓前去面谈，并说如陈云会议已毕，"则请偕罗同来一叙"①。随后，陈、罗一行分乘几辆中型吉普车前往中共中央所在地西柏坡，并于2月9日抵达。

陈云同志在西柏坡的活动，迄今没有发现直接的、完整的文字记载。但从陈云当年在东北局会议上的发言记录，1972年"批林整风"时的书面发言，以及他后来同我的一些谈话中，可以大致了解到他在西柏坡期间的主要情况。

关于陈云在西柏坡停留的时间，陈云当时身边的秘书和警卫员都记不清了，只记得住了一两天或两三天。但根据毛泽东2月10日凌晨发给林彪、聂荣臻、刘亚楼、谭政的电报判断，陈云是2月11日离开的。该电称："陈云、罗荣桓二同志本日在此谈话完毕，因路上溶雪不好走，本日在此休息一天，11日动身返平。"②电文上方还注明："周阅后发，明早再送刘、朱、任、陈云、罗荣桓。"可见，陈云在西柏坡一共住了两个晚上。

到西柏坡后，陈云同志分别向毛泽东、刘少奇、周恩来、朱德等人汇报了东北的情况和东北局的工作，并同他们彻夜长谈。这是他1945年离开延安三年多，第一次同中央书记处的领导们见面。毛主席一见到他，就握着他的手高兴地说："你四保临江啊！"③这是夸奖他在南满形势岌岌可危时，曾自告奋勇前往，与萧劲光等人一起，指挥部队粉碎了敌人的进攻，

① 中共中央文献研究室. 陈云年谱：上卷[M]. 修订本. 北京：中央文献出版社,2015:699.
② 黄瑶. 罗荣桓年谱[M]. 北京：人民出版社,2002:727.
③ 中共中央文献研究室. 陈云传：上[M]. 北京：中央文献出版社,2005:594.

不仅保住了南满根据地，而且使我军在东北战场上由战略防御转为战略进攻。当周恩来和他谈话问起粮食问题时，他回答说，东北野战军进关时带了30万吨粮食（相当于入关部队每人700多斤）。此外，考虑到北平、天津两市的粮食供应一时会有困难，还准备了20万吨进关支援，随要随运。周恩来听后非常满意。刘少奇在和他谈话中提出，东北要有重点地办供销合作社、生产合作社、消费合作社，速度不要太快，准备用5到10年时间。

在此之前，周恩来曾让时任中央财政经济部秘书长的薛暮桥前往北平，就人民币发行问题征求正在那里的陈云、董必武的意见。陈云认为，货币发行方针应当首先保证解放战争的需要，其次才是稳定物价。薛去西柏坡，向周恩来作了汇报，周表示同意陈的意见。当陈云同志到西柏坡后，周恩来在和他谈话时又提起货币发行问题，说现在一些搞财经工作的同志怕物价持续上涨，认为不能大量发行钞票。陈云回答说，现在还是要大量发行钞票，以扩大军队、支援战争，等全国解放后再来稳定物价。周听后说："这里面大有文章啊！"①

陈云同志在西柏坡期间还参加了一次中央书记处会议，聆听了毛泽东对形势的分析。毛泽东指出：今后像辽西（指辽沈）、淮海那样规模的大仗不会再有了，但像天津那样的仗和北平那样的解决方式还会有。东野占领武汉后可以分兵：一路继续向南，占领湖南两广；另一路折向西南，兼占云贵。在南方各地，解放军要先占城市，后占农村。我们党过去一直是乡村包围城市，工作重心在乡村。从现在起，开始由城市到乡村、由城市领导乡村的时期，工作重心将由乡村转到城市。

当时，解放战争即将取得最后胜利的形势已经明朗，建立新中国、工作重心由军事转移到经济建设的问题也已经提上了议事日程，并已酝酿成立一个名为中央财政经济委员会的新机构，负责领导全国经济工作。这个

---

① 中共中央文献研究室. 陈云传：上[M]. 北京：中央文献出版社，2005：594.

机构所面对的局面和要解决的问题，既不同于抗战时期各个边区的财经办事处，也不同于解放战争时期的中央财经部和各个解放区的财委。由谁挂帅，自然成为关键所在。周恩来向毛泽东推荐陈云，得到毛泽东的同意。毛泽东之所以提议陈云来西柏坡面叙，当然与此有关，不过，陈云今后回中央主持经济建设的事早就定了，周恩来于1948年5月给东北局的电报中，在答复关于全国总工会党内负责人的人选问题时就说过，全总执委人选拟以陈云担任主席，"陈云主要工作目前应主持东北的建设，在将来则是全国的工业建设，同时担任全总主席，可使新民主国家的工业与工运更好地结合起来"①。因此，这次在西柏坡，同陈云不会是原则地谈他将来回中央主持经济工作的事，而是具体通知他中央已决定成立中央财政经济委员会，并由他出任主任，要求他回东北后把工作交代一下，尽快来中央走马上任。关于这件事，周恩来在1949年5月5日为催促陈云尽快来中央报到的电报也说："二中全会前即决定陈云来中央主持财经工作。"②薄一波在《若干重大决策与事件的回顾》中的有关记述，也可作为旁证。他写道，在西柏坡时，毛泽东曾找他谈话，要他到中财委任副主任，协助陈云工作。他表示很愿意，说这样能多学习一些东西。

中央有才能的领导干部很多，为什么选择陈云同志挑这副担子呢？我想，这里起码有以下几个原因。首先，他在延安时期主持西北财经办事处，又在东北解放区主持财经委员会和接管沈阳的工作，显示出他有很高的理财能力和丰富的经济管理经验，为大家所认可。正如薄一波所说，陈云"1942年，主持的陕甘宁晋绥五省联防财经办事处，工作很出色。解放战争时期，他主持东北财经委员会的工作，顺利实现了东北全区财经工作的统一管理，较早地把经济稳定下来。党中央和毛主席任命他为中财委

———————————

① 中共中央文献研究室. 陈云年谱：上卷[M]. 修订本. 北京：中央文献出版社，2015：639.
② 中共中央文献研究室. 陈云传：上[M]. 北京：中央文献出版社，2005：597-598.

主任，是再合适不过了"①。其次，他在党内有很深的资历和很高的声望，深得中央领导层的信任和财经战线干部的拥护。再次，他早年曾在上海当过学徒，搞过工会，对城市尤其是像上海那样的资本主义大城市有较多的了解，有利于工作重心由农村转到城市后，做好城市和城市领导农村的工作。

据陈云当时的秘书余建亭回忆，陈云由西柏坡回到北平后稍事休息，即乘火车回东北。途中在天津停留了几天，会见了天津市军管会主任黄克诚、副主任黄敬，并参观了工厂和市容。回到沈阳的时间大约是十八九号，因为20日东北局常委会议的记录上，已有他的发言。几天后，在东北的中央委员前往西柏坡参加党的七届二中全会，陈云因刚从那里回来，又即将调往中央，故被留在沈阳主持东北局工作，未去参加这次具有历史意义的会议。

党的七届二中全会后，陈云除加紧组织制订东北全区1949年的经济计划外，又在沈阳以及他之前未去过的鞍山、大连、本溪、长春、吉林等十余个工业城市进行了工矿企业的调查。听了解历史的同志说，当时陈云主要是考虑调中央工作后，再来东北就不那么容易了，想利用还没离任的机会，多熟悉一下东北，特别是新解放城市的工业情况。由于这个原因，他耽搁了一些时间，未能及时去北平。周恩来为此连发了四封电报，催他尽快到中央工作。《周恩来年谱》记载了4月10日的一次："为中共中央起草致东北局电：陈云应速来中央。"《陈云年谱》记载了5月3日陈云给中央的电报，说周恩来4月30日电悉，他由于正向东北局作今年经济计划的报告，"今日起讨论，故五月十日前可到北平"②。5月13日，陈云参加完东北局对1949年计划草案的审议，终于由沈阳启程前往北平，开始了新的征程。

---

① 薄一波.若干重大决策与事件的回顾：上[M].北京：中共党史出版社，2008：72.
② 中共中央文献研究室.陈云年谱：上卷[M].修订本.北京：中央文献出版社，2015：722.

陈云的西柏坡之行过去鲜为人知，时间也很短，但我认为意义却很大。其意义不仅在于这是陈云作为中央书记处的候补书记，离开中央三年多之后，第一次与中央领导集体重逢；而且在于正是在这次西柏坡之行中，中央作出了关于把他立即调回中央、领导全国财经工作的决策，为落实后来党的七届二中全会的决定提供了重要的组织保证。正如薄一波所说："党中央和毛主席在决定建立统一的财经领导机构的过程中，最重要的一着是从东北调回陈云主持中财委。陈云是新中国财经工作的卓越领导人。"①陈云后来在谈起他主持中财委这件事时也曾说过："我从东北进关的时候，有些同志问我，进关以后怎么干？我说，安下地盘试一试。从一九四九年到一九五六年，我们党在经济战线上进行了三大'战役'：统一经济，稳定物价；统购统销；社会主义改造，从低级形式到最后完成。"②历史表明，他没有辜负党和人民的厚望。

1995年4月陈云逝世时发布的讣告，评价陈云同志是"中国社会主义经济建设的开创者和奠基人之一"。这"开创"和"奠基"的起点，不正是党中央在西柏坡把主持全国财经工作的重任交给了他吗？所以，从这个意义上说，陈云的西柏坡之行，时间虽短，影响深远。

---

① 薄一波. 若干重大决策与事件的回顾：上[M]. 北京：中共党史出版社，2008：72.
② 陈云. 陈云文选：第三卷[M]. 北京：人民出版社，1995：310.

陈云与阿尔希波夫交往的一段往事①

阿尔希波夫是中国人民的老朋友，他为新中国初期的经济建设作出过重大贡献，与中国老一代的许多领导人有着亲密关系，在中俄两国人民的友谊史上留下了不少令人难忘的佳话。今天，我只想利用这个机会，把我亲身经历的陈云同志晚年与他交往的一段往事，向在座的诸位朋友们做一个简要介绍，以此纪念他诞辰100周年。

1983年，我正担任陈云同志的秘书，年底的一天接到党中央分管外事工作的李先念主席的办公室打来的电话，说苏联部长会议第一副主席阿尔希波夫要于1984年5月访华，通过外交途径提出，希望在华期间能见见陈云同志，要我向陈云同志请示是否同意。我向陈云同志报告后，他立即表示要见，说阿尔希波夫在50年代是援助我国的苏联专家组组长、经济总顾问，对中国十分友好；指示我为他草拟一个会见讲话稿，并交代了讲话的要点。我理解，他同意会见阿尔希波夫，不仅仅是为了叙旧，更深的用意在于要抓住这次机遇，利用他与阿尔希波夫之间的特殊关系，向苏联当时的领导人传递一个善意的信息，以求早日打破两国关系长期以来形成的僵局。

在随后的日子里，陈云同志为准备他与阿尔希波夫之间的会面，倾注了大量心血。我甚至感到，他是在以急切而兴奋的心情期盼着这次会面。但正如中国一句谚语所说，"好事多磨"，在对这次会见进行准备的过程中，也出现了一些曲折，包括阿尔希波夫因故推迟访华。后来，阿尔希波

---

① 这是作者于2007年4月24日在中国俄罗斯友好协会纪念阿尔希波夫诞辰100周年大会上的发言，后刊载在《当代中国史研究》2007年第3期上，原标题为"追忆陈云同志与阿尔希波夫交往的一段往事"。收入本书时，作者又略作修改。

夫的行期被确定为1984年12月，就是说，从陈云同志得知阿尔希波夫要见他，到两人最终见面，中间相隔了长达一年时间。在这一年里，陈云同志反复修改他的讲话稿，直到会见前几天还在改，并送给当时党中央的政治局常委传阅。因此，陈云同志为了这次会见所做的准备工作，可以说足足用了一年时间。

1984年12月24日，陈云同志在他亲自指定的会见地点——中南海，亲切会见了阿尔希波夫。陪同会见的有50年代协助陈云同志分管经济工作的副总理、当时的中央顾问委员会副主任薄一波，有50年代负责对外贸易、当时分管经济工作的副总理姚依林。我那天也在现场，亲眼见到他们四位老人紧紧地长时间地拥抱在一起，眼睛里都充满了泪花。他们从50年代后期分手到这次重逢，中间相距近30年，双方都经历了太多的风风雨雨，怎么能不令人百感交集呢？这一感人的场面被前来采访的中央电视台记者拍摄下来，并于当晚在电视新闻中播出。在中苏关系尚未正常化的情况下，它的意义和作用可想而知。

当宾主落座寒暄之后，陈云同志拿出了事先准备好的讲话稿，郑重地对阿尔希波夫说："你是我们的老朋友了。""在五十年代制订和实施我国第一个五年计划过程中，我们彼此合作得很好。无论在革命战争时期还是在和平建设时期，苏联政府和人民给予我们的援助，中国政府和人民都没有忘记，也是不会忘记的。"他指出："中苏两国完全应该也完全可以友好相处。中苏关系正常化有利于两国人民的根本利益，也有利于世界人民的根本利益。"他强调，中苏两国要做到关系正常化，虽然需要排除障碍，但"这不等于说，中苏两大邻国在其他一些问题上就不能改善和发展关系"。他还意味深长地说："我想指出的一点是，中苏两国贸易和经济合作规模的扩大，在今天这个世界上并不是人人都感到高兴的。有人手里拿着先进的东西，自己不肯卖给我们，又不让别人卖给我们。"①那天参加会见的还有外交部分管对苏联东欧关系的钱其琛副部长和苏联驻华大使谢尔巴科夫，考虑到当时两国关系的实际状况，陈云同志的这篇讲话无疑是在代表中国的最高当局向苏方表明，中国绝不会打苏联，中苏双方完全可以在排除关系正常化障碍的同时，先在一些容易做的事情上，比如双边贸易和科技、文化交流方面，改善和发展关系。

我至今清楚地记得，那天在与阿尔希波夫会见之后，陈云同志的心情非常好，回到家中，主动拿起毛笔，为钱其琛副外长和我各写了一幅大字，上面书写着唐代诗人李商隐的诗句："桐花万里丹山路，雏凤清于老凤声。"我感到，他是如释重负，认为自己完成了一个期待已久的重要使命。

从那以后，中苏关系逐渐松动，直到1989年5月，邓小平同志会见来华访问的苏联最高苏维埃主席团主席、苏共中央总书记戈尔巴乔夫，标志两国关系开始正常化。那年10月1日，陈云同志出席在天安门举行的庆祝新中国成立40周年联欢晚会，再次会见了以苏中友协第一副主席身份来华的阿尔希波夫。1991年，改任俄罗斯俄中友协名誉主席的阿尔希波夫来华访问，又一次提出想见陈云同志。那时，我已不担任陈云同志秘书，但我知道他身体很虚弱，正在上海休养，极少会客。然而，当他得知阿尔希波夫想来看他，立即答应。就这样，阿尔希波夫一行在时任中国人民对外友好协会副会长的陈昊苏同志陪同下，由北京专程到上海会见了陈云同志。这是两位老人在1984年那次会面之后的第三次会面，也是他们的最后一次会面。

我追忆这段往事是为了说明，阿尔希波夫不仅在他壮年时期为中苏两国人民的友谊作出过突出贡献，而且在他步入老年后，又为恢复中苏、中

---

① 陈云. 陈云文选：第三卷[M]. 北京：人民出版社，1995：340-341.

俄两国人民的传统友谊作出过特殊贡献，可以说把自己的一生献给了中苏、中俄两国人民的友好事业。同时，我也是为了说明，陈云同志始终没有忘记阿尔希波夫这位中国人民的老朋友，一直把接待他作为中国人民对苏联和俄罗斯人民美好感情的表达。

据我所知，陈云同志只要一有机会，就要提起苏联人民在历史上给予中国革命和建设的帮助。1981年，中共中央在制定《关于建国以来党的若干历史问题的决议》时，他要求起草的同志在决议里写上苏联在我们党的建立、在抗日战争的胜利、在第一个五年计划的建设时，对于我们的援助，以此"说明中国共产党人是公正的"①。1983年，他在同我谈东北解放战争的历史时又指出，解放战争的第一个大战役之所以能在东北打响，首先是由于苏联红军出兵东北。"那时，苏联党对我们的力量估计不足，并有雅尔塔协定的约束，但他们还是尽力帮助我们的。"②1984年，他在听取关于沿海部分城市座谈会情况汇报时又说："苏联是社会主义国家，那时他们对我们的援助是真心诚意的。比方说，苏联造了两台机器，他们一台，我们一台。"③

现在，中俄两国建立了战略协作伙伴关系，去年和今年还互办了国家年活动，两国人民的传统友谊不断加强，友好关系正处于历史上最好的时期。面对这个来之不易的局面，我们不能忘记为之付出毕生精力的阿尔希波夫，不能忘记一切为之作出过贡献的人们。我们要向他们的精神学习，把中俄两国人民的友好事业不断推向前进！

---

① 陈云. 陈云文选：第三卷[M]. 北京：人民出版社，1995：286.
② 陈云. 陈云文选：第三卷[M]. 北京：人民出版社，1995：326-327.
③ 薄一波. 若干重大决策与事件的回顾：上[M]. 北京：中共中央党校出版社，1991：300.

陈云通读《列宁全集》留给我们的启示[1]

陈云同志酷爱学习、勤于读书，特别是热衷于读马列经典著作，这在党内党外早已闻名。但他通读过《列宁全集》，还做过大量批注，对这件事知道的人就没那么多了。

延安时期，陈云担任中央组织部部长，曾响应毛主席号召，在部内组织学习小组，攻读马恩列斯原著。他请教员列出书目，规定大家每天读若干页，每周讨论一次，前后坚持了五年，被中央机关评为模范学习小组。毛主席讲到干部要挤时间学习时，还以陈云为例，说"陈云同志有'挤'的经验，他有法子'挤'出时间来看书、来开会"[2]。

20世纪60年代初，陈云遭受政治冷遇。他没有抱怨，也没有消沉，而是利用这个机会集中精力读书学习。"文化大革命"中下放江西，他更是抓紧时间读书。回到北京后，他不仅自己坚持看书，还把夫人、孩子组织起来，成立"家庭学习小组"，直至党的十一届三中全会。后来他由于工作忙、年纪大，自己没时间看书了，又要求秘书抽时间学习哲学。正因为如此，习近平总书记在党中央纪念陈云同志诞辰110周年座谈会讲话中强调，陈云同志身上有五种永远值得我们学习的精神，其中就包括他"勤奋学习的精神"[3]。

"文化大革命"中下放江西，是1969年。那时因为战备，陈云被紧急疏散到南昌郊区，入住部队干部休养所，走的时候只带了被褥和换洗衣服，却带了三箱子书。从那时起直到1972年返回北京，他在那里生活了

---

① 此文刊载于《世界社会主义研究》2020年第10期。
② 中共中央文献研究室.陈云传：上[M].北京：中央文献出版社，2005：310.
③ 习近平.在纪念陈云同志诞辰110周年座谈会上的讲话[N].人民日报，2015-06-13(2).

两年零七个月，每天除上午到附近工厂"蹲点"外，下午和晚上都用来看书，主要是重读《马克思恩格斯选集》《资本论》《斯大林选集》《毛泽东选集》，再有就是通读《列宁全集》。

陈云通读的《列宁全集》，是中共中央马恩列斯著作编译局根据苏联俄文第四版翻译的，由人民出版社1958年出版发行。他没有从第1卷开始看，而是选择从载有1917年二月革命后《远方来信》的第23卷看起。在江西没有看完，回到北京后他继续看，中间只在1976年9月毛主席逝世至10月"四人帮"被粉碎这段时期，有将近50天暂停，随后终于在12月25日读完了载有列宁生前最后一篇文章《宁肯少些，但要好些》的第33卷。此后，他又抽时间读了专收书信和前33卷漏收著作的第35、36卷。

我在陈云同志那里工作时曾听他说过，他之所以从《远方来信》开始看《列宁全集》，主要是想了解十月革命成功后苏联都遇到了哪些问题，又是怎么解决的。他还对我说，1977年小平同志再次恢复工作后去看他，说起通读《列宁全集》的事。他告诉小平同志，粉碎"四人帮"后，他刚好读完列宁的最后一篇文章，小平同志听后说了一句："这也是一个胜利。"

陈云通读《列宁全集》是在一个十分特殊的年代，所以很少写批语，仅有的一些也是记录读某卷某文的时间，或对某文某个观点本身的评论，基本不直接联系当时国内的实际。但即便如此，我们仍能从中得到不少富有价值的启示。

启示之一：读书要像陈云那样按照计划，持之以恒。

韩愈说："业精于勤荒于嬉"。陈云通读《列宁全集》这种大部头著作，之所以能读下来，原因就在于他事先经过深思熟虑，订下计划，然后按计划坚持读，不轻易动摇，更不半途而废。正如他在延安时说："读书要与懒惰作斗争。要订出一个切实的读书计划，照着去办，坚持不懈。"①

　　仅从陈云在《列宁全集》第28卷上标注的几处读书时间，我们便可看出他每天读书的分量确实是很大的。例如，第19页下面注明的时间是1976年4月11日上午，而第80页下面注明的时间是同年4月13日。就是说，他在2天之内读了60页书，平均每天读30页，大约2万余字。

　　再如，第31卷第157页下面标注："76.7.30上午于北京医院。"由此可见，即使生病住院，他仍然在坚持读书。唯其如此，他才有可能在做其他事、看其他书的同时，最终按计划读完加起来共13卷400余万字的《列宁全集》。

　　启示之二：读书要像陈云那样认真细心，力求弄懂。

　　陈云在延安时期写的《学习是共产党员的责任》一文中说："要读就读懂，不要一知半解……一本书多读几次，逐渐增加参考书，逐渐加深理解，得益更多些。"②这种读书方法，从他读《列宁全集》的批注，可以看得很清楚。

　　例如，1976年6月12日他在第29卷《论第三国际的任务》文尾处旁批："这一篇是选集未选进去的好文章。"后来他在该卷目录的该文题目处又旁批："这篇（是）未选入选集的好文章。"像这种指出全集某篇文章很好却未收入选集的情况，在陈云批注中还有好几处，如说第30卷的《向意大利、法国和德国的共产党人致敬》《全俄苏维埃第七次代表大会》《为战胜邓尼金告乌克兰工农书》等。

　　再如，同日，他在第29卷的目录最后空白处有两个批注，上午12点半写道："不知什么原因，这卷中没有列入列宁1919年7月31日给高尔基的信"；过了15分钟又接着写了一行字："此刻查到是35卷中选来（过）的。"这表明，他看书的确很仔细，不仅发现第29卷按时间排列漏掉了这

① 陈云. 陈云文选：第一卷[M]. 北京：人民出版社,1995:189.
② 陈云. 陈云文选：第一卷[M]. 北京：人民出版社,1995:189.

封信，而且很快意识到有可能放进集中收入书信的第35卷，而且果然找到了。

从批注中还可以看出，陈云读《列宁全集》并非只读原文，而是一边读原文，一边查阅和对照历史资料，关注历史事件的进展。例如，他在第25卷《革命的一个根本问题》一文标题处旁批：（1917年）"八月卅一日九月五日彼得堡和莫斯科苏维埃中，布尔什维克已占多数。"再如，他在第28卷《在前米赫里逊工厂群众大会上的演说》题目处旁批："列宁在这次演讲后被刺"；在同卷《莫斯科党工作人员大会》一文处旁批："此时布列斯特条约已废除"；在同卷共产国际第一次代表大会《开幕词》的标题处旁批："30国52个代表。"第31卷《共产主义运动中的"左派"幼稚病》中有一段既讲到1908年又讲到1905年对沙皇议会的抵制，他在"但是当时"一句旁批："指1908年"；同卷《给德国和法国工人的信》中有一句"迪特曼和克里斯平等人总是动摇的"，他在这两个名字下面用红铅笔画了杠杠，旁边写道："曾经参加共产国际第二次代表大会"。他还在第33卷目录《向解放了的沿海区致贺》旁批："解放海参崴"；在同卷《论"双重"领导和法制》一文指出"大多数地方审查委员会在清党过程中有向个人和地方挟嫌报复的行为"处旁批："审查委员会是审查党员的"；在同卷《〈给CLARTÉ〉社》的书信中"我（指列宁——笔者注）由于生病"一句旁批："重病一年多"；又在同卷《在莫斯科苏维埃全会上演说》标题处旁批："列宁最后的演说。"

这样细致地读书，即使在马克思主义理论工作者中，恐怕也是不多见的。

启示之三：读书要像陈云那样结合实际，积极思考。

孔子说："学而不思则罔。"陈云读《列宁全集》的批注，虽然囿于当时政治环境而很少直接联系国内实际，但这并不等于说他读书是不带着实际问题的，批注是没有针对性的。相反，从他的批注中我们可以清楚看出，他读《列宁全集》是结合我国实际并力图找寻列宁当年是如何处理类似问题的，有哪些解决问题的经验，是有相当针对性的。

例如，第 27 卷有一篇列宁 1918 年在全俄中央执行委员会会议上的报告，论述为了恢复铁路运输，为了建设社会主义，在当时条件下必须实行国家资本主义，向资产阶级专家、工程师支付高额薪金，在革命政权领导下对企业采取一长制和泰罗制。对此，陈云在第 286 页、289 页、293 页分别作了如下批注："这就是资产阶级法权""当时列宁主张一长制，实际上是在那些组织中建立共产党的领袖（导）权""这是建立一长制的当时的客观条件"。联系到"四人帮"在"文化大革命"特别是"批林批孔"运动中歪曲毛主席关于"无产阶级专政的理论"，掀起批判"资产阶级法权"和"一长制"等狂潮，可以明显看出他批注时的思考，以及批注的针对性。

再如，第 28 卷《莫斯科党工作人员大会》一文论述当时现实力量对比促使资产阶级和知识分子中立，出现了利用他们建设社会主义的机会，陈云在旁批中写道："对于改造旧俄知识分子问题的看法。"把这个批注与"文化大革命"对知识分子的错误估计相联系，其针对性也是十分显著的。

再如，第 30 卷上有列宁在 1920 年纪念第三国际一周年庆祝会上的演说，指出十月革命初期许多人都以为世界大战一结束，西欧就会开始社会主义革命，假如西欧无产阶级没有那么深刻的分裂，社会党领袖没有那么大的叛变行为，这种情形本来是可能发生的。陈云在这段话旁边批注："这反映了当时共产党人（包括列宁在内）的希望。但没有实现。"至于这个希望为什么未能实现，批注没有写，但意思已经十分清楚了，就是认为列宁和苏共领导人当时对于革命形势的估计还是过于乐观了。

再如，在同卷《无产阶级专政时代的经济和政治》一文中，列宁论述为什么说倒卖粮食的农民是工人的阶级敌人，陈云旁批："十分重要的解释"；论述剥削者虽被击溃但还没有被消灭，他们还有国际资本的支持，陈云又旁批："地主资本家的力量所在。"从这些批注中都可以明显地感到，他是在联系新中国成立初期打击投机、稳定物价和统购统销的实际。

再如，第33卷《在莫斯科苏维埃全会上的演说》，列宁论述了新经济政策实行一年半以来，资本主义强国仍然在抵制我们，因此必须用单干取得成就，陈云旁批："列宁对租让制的估计。"后来，他又在同卷《共产国际第四次代表大会》报告中关于"现在所谈的租让等等，只是纸上空谈，差不多没什么结果"的论述处旁批："租让没什么结果。"把这两处批注合起来看，也可以清楚地看出他对这个问题的思考，即租让制是克服暂时困难的一个途径，但帝国主义和外国资本家并不会轻易租你的企业和土地，因此必须做好依靠自己单干来战胜困难的准备。

陈云读《列宁全集》的旁批虽然不多，但画重点的地方却很多，有的用红铅笔或黑铅笔画，有的用钢笔画；有的画横道，有的画竖道，有的打对勾，有的画圈圈；有的圈圈画一个，有的画两个乃至三个。其中第27、28卷和30至33卷这六卷中，画的重点最多，有的卷几乎每页都画，甚至一页画好几处。粗略计算，仅这几卷中画重点的地方就不下上千处。从这些画重点的地方我们也不难看出他关注和感兴趣的问题。依我的粗浅理解，这些问题大致有以下几类：

第一类：关于国家与革命问题，包括如何看待帝国主义的特征，民主革命与社会主义革命的关系，革命过程中的困难，议会道路，国家消亡和无产阶级专政，资产阶级的所谓自由平等，十月革命后国内阶级斗争和帝国主义武装干涉的形势，国内与国际之间的资本联系，为什么签订《布列斯特和约》，为什么一国能取得革命胜利，等等。

第二类：关于经济建设问题，包括政治与经济的关系，工业国有化，多种经济成分，苏维埃加电气化，制订经济计划的意义和重点，工人学习管理国家，高薪聘用资产阶级专家，向资本家学习，工厂实行一长制和泰罗制，建立劳动军，实行新经济政策，允许国家引导下的自由贸易，建设不要图快贪多，等等。

第三类：关于国家资本主义问题，包括租让制的必要性、好处、性质、做法和实际状况，如何看待资本主义的历史进步性，如何认识社会主义和资本主义两种制度下的国家资本主义，如何把握实行国家资本主义的分寸和实施有效监督，等等。

第四类：关于粮食和农民、农业问题，包括余粮征集制的背景、弊病，由征集制向粮食税的转变，对小农经济的分析，工农联盟和农业合作制的意义，尊重大多数农民的意志，粮食对于稳定物价和货币的基础作用，等等。

第五类：关于社会主义向共产主义的过渡问题，包括由资本主义过渡到共产主义必须经过社会主义阶段，十月革命后的最初时期是过渡阶段的过渡阶段，星期六义务劳动具有共产主义因素，过渡阶段的国民经济必须建立在对个人利益的关心上面，物质奖励制具有重要意义，等等。

第六类：关于文化教育与宗教问题，包括知识是劳动群众获得解放的武器，学校不可能脱离政治，要无条件招收工人和贫苦农民出身的人上学并发给助学金，要提高教员的地位，文化上的胜利要比军事和政治上的胜利困难，对宗教偏见的斗争要特别慎重，等等。

第七类：关于党的领导和党的建设问题，包括党与工会的关系，工农检察院与中央监察委员会机构的合并，脱离群众是最大的危险，要团结非党知识分子，正确对待党内斗争，重视反对"左"右两种倾向的斗争，加强民主集中制，开展批评与自我批评，反对官僚主义、命令主义、教条主义、骄傲自满和贪污腐化，重视党员质量，通过清党纯洁队伍，清党要防止挟嫌报复，等等。

第八类：关于思想方法问题，包括具体问题具体分析，要注意事物的限度，要区分历史发展的一般规律和个别规律，学习要结合实际，退却有时是为了更好前进，不要怕承认错误、弱点和本领不大，只有什么也不干的人才不会犯错误，对错误要分析理论根源，没有失败就没有胜利，危险的是不承认失败，自欺是最有害的，等等。

陈云读书历来重视学以致用、学用结合的原则。他主持全国财经工作之后，之所以"在经济建设的一些重大问题上，特别是在困难关头，人们总是希望听到陈云同志的意见，他也总是能够不负众望，洞悉全局，抓住要害，及时拿出解决问题的有效办法"①，一个重要原因，我认为就在于他善于把学到的马克思主义基本理论与中国国情及经济建设的实际相结合。仅从他在"文化大革命"期间由江西回京部分恢复工作，特别是党的十一届三中全会后主持第二次国民经济调整和主持全党纪律检查工作的一系列主张、论述中，就很可以看出通读《列宁全集》对他的影响。

例如，1973年他受周总理委托研究外贸问题，鲜明提出要研究当代资本主义，说不研究资本主义要吃亏；不要把自力更生方针同利用资本主义信贷对立起来；资本主义市场的商品交易所有两重性；进口棉花再加工出口与自力更生并不矛盾，不这样做是傻瓜；用进口化肥设备和化肥的办法增产粮食，然后出口大米和肉类，同进口棉花加工棉布出口的道理是一样的；要给我国出口商品的推销商、中间商好处，使他们有利可图；等等。

再如，1979年初他写了一个关于计划与市场问题的提纲，指出，六十年来，无论苏联或中国的计划工作制度中出现的主要缺点是，只有"有计划按比例"这一条，没有在社会主义制度下还必须有市场调节这一条；现在计划太死，包括的东西太多，缺少市场自动调节的部分，生产不能丰富多彩，人民所需日用品十分单调；忽视价值规律，没有"利润"概念，是大少爷办经济，不是企业家办经济；等等。

以上这些观点固然是陈云总结多年领导中国经济工作实践而形成的，但无疑也是他通读《列宁全集》过程中结合自己经验而深入思考的结果。《列宁全集》第33卷《工会在新经济政策条件下的作用和任务》一文开头部分有一段话说："新经济政策并不改变工人国家的实质，然而却根本改

---

① 胡锦涛. 在陈云同志诞辰100周年纪念大会上的讲话[N]. 人民日报,2005-06-14.

变了社会主义建设的方法和形式，因为新经济政策容许建设中的社会主义同力图复活的资本主义，在通过市场来满足千百万农民需要的基础上实行经济竞赛。"还说："社会化的国营企业也在改用所谓经济核算制，即商业原则。"在这几段话下面，陈云都用红铅笔画了横道。显然，他对这些话十分赞赏，并从中汲取了营养。党的十一届三中全会后，陈云之所以能与邓小平同志携手推进改革开放，我想与他结合自己实践经验通读《列宁全集》也是不无关系的。

更值得注意的是，从陈云著作中甚至可以看到他对《列宁全集》中一些论述的直接引用。

例如，1973年他听取中国人民银行工作汇报时说道："列宁讲过：到共产主义时代，会用金子修一些公共厕所。我看现在离那个时代还很远。"①列宁这段话，就来自他画过重点的《列宁全集》第33卷《论黄金在目前和社会主义完全胜利后的作用》一文。

再如，1979年他在中纪委第一次全会上的讲话中，说到十月革命后最初几年苏共党内生活非常正常时，举了两个例子。一个是，1918年面对德国进攻，为了保住新生的工农政权，列宁主张签订《布列斯特和约》，但在中央委员会表决时，他的主张处于少数，未能通过；后来局势发生变化，再不签要付出更大代价，有两票转到列宁方面，这才通过。另一个是，1920年12月列宁在一次党内会议讲到"我们的国家实际上不是工人国家，而是工农国家"时，布哈林在后面喊："什么国家？工农国家？"举过这两个例子后，陈云指出："可以看出，当时在列宁领导下，民主气氛是很浓的。"②这两个例子，也都来自陈云画过重点的《列宁全集》的文章。

再如，1989年政治风波后，陈云同一位中央领导同志谈话，指出列

---

① 陈云. 陈云文选：第三卷[M]. 北京：人民出版社，1995：218.
② 陈云. 陈云文选：第三卷[M]. 北京：人民出版社，1995：241.

宁的帝国主义论的观点并没有过时，并复述了列宁论帝国主义的五个特点，即"从自由经济到垄断经济，从工业垄断到金融垄断，形成财政寡头，然后是资本输出，分割殖民地，最后就要打仗"①。列宁关于这个问题的详细论述，主要见于1916年写的《帝国主义是资本主义的最高阶段》，但《列宁全集》第23卷之后，仍有对这个问题的概述，而且也被陈云画上了重点。

我们党是一个以马克思主义为指导、用马克思主义理论武装的党，也是一个十分重视对马克思主义理论学习的党。毛主席自从延安时期起，便一直倡导全党特别是高级干部要学习马克思主义经典著作。他曾先后发出过学习马列五本书、十二本书、二十二本书的号召。"文化大革命"后期，全党全军县团级以上干部还在他的提议下开展了一次读马列六本书的学习活动。改革开放后，邓小平也高度重视对马克思主义理论的学习。1981年党中央起草《关于建国以来党的若干历史问题的决议》期间，他去看望陈云，陈云提出了两条建议，其中第二条是要提倡学习毛主席的哲学著作和马恩列斯的著作。邓小平同志认为这个建议很好，说："我看应当搞学习运动，认真学习马克思、列宁、毛泽东同志的著作。"②

中国特色社会主义进入新时代后，以习近平同志为核心的党中央更加重视马克思主义理论学习。习近平总书记指出："只有理论上清醒才能有政治上的清醒，只有理论上坚定才能有政治上的坚定。所以，要全面提高马克思主义理论素养，掌握辩证唯物主义和历史唯物主义思想武器。"③当前，我们党正在带领全国人民进行全面建设社会主义现代化国家的新征程，各种风险、挑战明显增多，更需要我们加强对马克思主义的学习，用马克思主义武装全党，进一步坚定理想信念，提高解决实际问题的能力。

---

① 中共中央文献研究室. 陈云传：下[M]. 北京：中央文献出版社,2005:1809.
② 邓小平. 邓小平文选：第二卷[M]. 北京：人民出版社,1994:381.
③ 中共中央文献研究室. 习近平关于推进"四个全面"战略布局论述摘编[G]. 北京：中央文献出版社,2015:137.

在这种形势下了解陈云通读《列宁全集》的情况，从中感受他勤奋学习的精神，领悟他读书的方法，对于促进大家响应党中央关于学习马克思主义理论的号召，引发人们阅读马克思主义经典著作的兴趣，都是不无裨益的。

陈云的思想方法论①

陈云一生酷爱学习，勤奋学习，善于学习，尤其重视对马克思主义哲学的学习。他多次讲过，1937年底他到延安担任中央组织部部长后，在同毛主席谈话中说起自己过去犯错误，原因在于经验少。毛主席说，你的经验并不少，犯错误的主要原因是思想方法不对头；并且建议他今后学点哲学，前后说了三次，还派了一名哲学教员帮助他学习。此后，他在中央组织部成立了一个学习小组，重点学习马恩列斯和毛泽东的哲学著作；学习方法是规定每周每个人看几十页书，然后集中讨论一次。这个学习小组从1938年到1942年坚持了五年，并在1940年延安第一届"五五学习节"（5月5日是马克思诞辰日）上被评选为模范学习小组。通过学习，陈云深切体会到，把思想方法搞对头大有益处。财经战线的许多老同志说，陈云同志一生大错误没犯过，小错误也不多。我认为，这很大程度上同他努力学习马克思主义哲学，认真领会其精神实质，并切实用于分析和解决实际问题有密切关系。

陈云自己重视学习哲学，也要求亲属和身边工作人员学哲学。"文化大革命"期间，他被"下放"到江西，在那里两年多时间，一边按中央要求去工厂"蹲点"，调查研究；一边通读《马克思恩格斯选集》和《列宁全集》。每当子女们去那里看他，他总要同他们说自己读书中的一些重要体会。1972年他回到北京，一度赋闲，给自己又订了一个学习马列和毛泽东哲学著作的计划，并邀请夫人和在京的子女、亲戚一起学，就连两个

---

① 本文刊载于《党的文献》2015年第3期，原标题为"陈云对马克思主义哲学和党的思想路线的贡献"。收入本书时，作者又作了修改。

女婿也被吸收进了这个"家庭学习小组"，方法仍然是每人先按照约定的篇目分头自学，然后利用每个星期天早上6点到9点半的时间集中讨论。

我在1981年担任陈云同志秘书后，亲身感受到他对学习哲学的重视。1983年一天晚上，他把我叫去，很郑重地说："今天和你不谈别的事，就谈学哲学的事。我主张你今后也要抽时间学一下哲学，每天晚上看几十页书，并找几个同志一起学，每星期讨论一次，为期两年；先学什么，后学什么，要订一个计划。哲学是最核心的东西。马克思之所以由青年黑格尔派转变为马克思主义者，主要是因为他把黑格尔的辩证法和费尔巴哈的唯物主义，经过改造，结合到了一起。有了这个东西，才有了唯物史观和剩余价值学说。"他又说，在延安那些年学习哲学，使他受益匪浅。过去讲话、文章缺少辩证法，学过哲学后，讲话和写文章就不一样了，就有辩证法了。在延安，他系统学了马列和毛主席的著作，从思想理论上把王明的一套"打倒"了；"文化大革命"中，他又有计划地读了马列和毛主席的书，从思想理论上把陈伯达的一套"打倒"了。针对我感到任务比较重，怕学习影响工作、耽误大事的顾虑，他说："耽误一点事情不要紧，文件漏掉一点也不要紧，以后还可以补嘛。有所失才能有所得，要把眼光放远一点。要提高自己的思想水平、工作水平，必须学好哲学。"

那次谈话后，我按照陈云同志的要求，拟了一个包括《共产党宣言》《社会主义从空想到科学的发展》《费尔巴哈和德国古典哲学的终结》等书目在内的学习计划，并邀请几位同志组成了一个读书小组，规定大家先按计划分头读书，每两周拿出一个晚上讨论一次。我把这个情况向陈云同志汇报后，他十分高兴，说："学哲学很重要，你早晚要独立工作，那时就会用上了。"后来，他还主动问过我几次学习的情况。在他的指导下，这个读书小组终于用两年时间完成了学习计划。

读书计划中的那几本马列的书，我在大学期间和工作后也读过，但那时由于社会实践少，不是看不大懂，就是理解不深。这次回过头读，因为有了十多年工作经历，加上可以耳闻目睹陈云同志运用辩证唯物主义和历史唯物主义原理观察、分析、处理问题的鲜活事例，所以，收获自然比过去大得多。1984年，《陈云文选（1949—1956）》出版，我一面学习，一面以《用比较法作决策》为题，写了一篇2万多字的心得。我从他那里离开后，《红旗》杂志将这篇文章分两期发表了。据后来在他身边工作的同志告诉我，陈云同志看了我那篇文章，并说我"抓住了他的一点东西"。我理解，他所说的"东西"，正是指他的思想方法。

陈云同志不是通常意义上的哲学家，一生并没有什么哲学著述，即使专门谈思想方法的文章、讲话、报告、谈话也不多。但他一向善于从哲学角度思考问题，在他的文章、讲话、报告、谈话中，时时处处闪烁哲学思维的光芒，并充满独到而精辟的哲学见解，显示出精湛的马克思主义的哲学素养。作为以毛泽东同志为核心的党的第一代中央领导集体和以邓小平同志为核心的党的第二代中央领导集体的重要成员，陈云同志在70年的奋斗生涯中，对党对国家作出过多方面的巨大贡献。这种贡献，过去人们一直认为主要体现在对新中国经济建设的开创和领导，以及对我们党的组织建设和纪律检查工作的推进这两个方面。然而，在他去世以后，人们通过回顾和研究，普遍认识到他还有一个贡献，那就是"对马克思主义哲学和党的思想路线的重要贡献"。[①]这个贡献，我认为主要体现在以下三个方面。

第一，把"不唯上、不唯书、只唯实，交换、比较、反复"作为达到实事求是的路径。

陈云同志多次讲过，他在延安利用养病的一年时间，把毛主席起草的文件、电报都找来仔细看了一遍，发现其中贯穿的一个主要思想就是实事求是。对于"实事求是"这四个字，毛泽东曾在《改造我们的学习》一文中作过一个解释。他说："'实事'就是客观存在着的一切事物，'是'就

---

① 见江泽民在《陈云文选》(一至三卷)、《陈云》画册出版暨纪念陈云同志诞辰九十周年座谈会上的讲话，1995年6月14日《人民日报》。

是客观事物的内部联系，即规律性，'求'就是我们去研究。"①对此，陈云也作过一个解释。他说："实事，就是要弄清楚实际情况；求是，就是要求根据研究所得的结果，拿出正确的政策。"②这两个解释的意思差不多，后者更侧重于对决策者而言。可问题在于，怎样才能做到实事求是？

对于大多数人来说，知道了要实事求是就止步了，不再深究如何做到实事求是的问题。可陈云不同，他没有止步，而是反复思考实事求是为什么说起来容易做起来难，并正确地指出，问题的关键在于没有把"实事"看全面。就是说，人们通常不是对实际情况一点都不了解，意见、决定也并非没有一点事实根据，只是了解的情况不够全面，是片面的、局部的，误把片面当成了全面，把局部当成了全局。他说："从实际出发的关键是，从片面的实际出发，还是从全面的实际出发？"③找到原因后，他仍然不肯止步，接着思考怎样才能把"实事"看全面，并最终总结出了"不唯上、不唯书、只唯实，交换、比较、反复"的方法。

关于这十五个字，陈云是这样解释的。他说："不唯上，并不是上面的话不要听。不唯书，也不是说文件、书都不要读。只唯实，就是只有从实际出发，实事求是地研究处理问题，这是最靠得住的。"④再具体一点说，就是对于上级的指示要执行，对党的文件和马列的著作要学习，但不能唯上级之命是从，对党的文件和马列著作中的话照搬照念，而应当领会精神，把它们和本地区本部门的实际情况结合起来贯彻执行，真正做到一切从实际情况出发。所谓"交换"，"就是相互交换意见。比方说看这个茶杯，你看这边有把没有花，他看那边有花没有把，两人各看到一面，都是片面的，如果相互交换一下意见，那末，对茶杯这个事物我们就会得到

① 毛泽东. 毛泽东选集：第三卷[M]. 北京：人民出版社，1991：801.
② 陈云. 陈云文选：第三卷[M]. 北京：人民出版社，1995：188.
③ 陈云. 陈云文选：第三卷[M]. 北京：人民出版社，1995：46.
④ 陈云. 陈云文选：第三卷[M]. 北京：人民出版社，1995：371.

一个全面的符合实际的了解"。①所谓"比较","就是上下、左右进行比较。抗日战争时期，毛主席《论持久战》就是采用这种方法。他把敌我之间互相矛盾着的强弱、大小、进步退步、多助寡助等几个基本特点，作了比较研究，批驳了'抗战必亡'的亡国论和台儿庄一战胜利后滋长起来的速胜论。毛主席说，亡国论和速胜论看问题的方法都是主观的和片面的，抗日战争只能是持久战。历史的发展证明了这个结论是完全正确的。由此可见，所有正确的结论，都是经过比较的"②。所谓"反复"，"就是决定问题不要太匆忙，要留一个反复考虑的时间。这也是毛主席的办法。他决定问题时，往往先放一放，比如放一个礼拜、两个礼拜，再反复考虑一下，听一听不同意见。如果没有不同意见，也要假设一个对立面。吸收正确的，驳倒错误的，使自己的意见更加完整。并且在实践过程中，还要继续修正。因为人们对事物的认识，往往不是一次就能完成的。这里所说的反复，不是反复无常、朝令夕改的意思"③。

对这十五个字，陈云十分看重，从延安时斯讲到东北解放战争，又从新中国成立讲到改革开放新时期，一直讲到去世之前。他说："这十五个字，前九个字是唯物论，后六个字是辩证法。总起来就是唯物辩证法。"④有关部门在编辑他的文选时，曾一度把其中的"只唯实"改为了"要唯实"，把"交换"改为了"全面"。经过考虑，他决定还是改回来，说原来那个改动并不符合他的原意。

"实事求是"是中国古书中的话，毛泽东在延安整风期间，为了反对主观主义，借用它来概括马克思主义的认识论。这四个字好懂好记，被全党公认是党的马克思主义思想路线的精髓。但长期以来，很少有人思考为什么这四个字好懂好记而要做到却很难。所以，当人们知道陈云提出的

① 陈云. 陈云文选：第三卷[M]. 北京：人民出版社,1995:371.
② 陈云. 陈云文选：第三卷[M]. 北京：人民出版社,1995:371–372
③ 陈云. 陈云文选：第三卷[M]. 北京：人民出版社,1995:372.
④ 陈云. 陈云文选：第三卷[M]. 北京：人民出版社,1995:372.

十五个字后，都感到这是对"实事求是"的展开和深化，是对"实事求是"的过程和方法的高度概括，言简意赅地回答了怎样才能做到实事求是的问题，对于人们尤其是决策者按照实事求是原则做工作、定政策，具有非常实际的指导意义。正因为如此，这十五个字后来被人称作"十五字诀"，成为我们党的马克思主义思想理论宝库中的一件法宝。

第二，把领导干部有没有民主作风作为检验是否真正实事求是的标准。

一个领导干部能不能鼓励大家讲不同意见和虚心听取不同意见，这在过去往往被看成有没有民主作风的问题，属于政治范畴；作决定、定政策之前能不能调查研究、反复论证、准备多个方案，则往往被看成工作方法和领导方法好不好的问题，属于方法论范畴。而在陈云看来，这两个范畴的问题不仅关系工作作风和工作方法、领导方法好不好，而且都关系到思想方法对头不对头，关系到能不能弄清事实的问题。他认为，作为领导干部，平时特别是在决策时鼓励大家提不同意见，固然是民主集中制的要求，是民主作风的体现，但更根本的意义还在于，只有这样才能弄清事实，才能真正做到实事求是。反过来，如果搞一言堂，听不得反对意见，或者唯上级之命是从，搞本本主义，固然违反了民主集中制，是作风不民主的表现，但更根本的危害还在于，这样做是难以弄清事实的，是不可能做到实事求是的。正是这个观点，把原本分别属于政治范畴和方法论范畴的问题联系在了一起，都和认识论挂起了钩。

只要留心看陈云著述就会发现，他总是从有利于弄清事实的角度阐释发扬民主的必要性和重要性，把发扬民主作为弄清事实的一种必要方法。他说，一些同志"所以犯错误，也不是对实际情况一点都不了解，只是了解的情况是片面的，而不是全面的，误把局部当成了全面。片面的情况不是真正的实际，也就是说，它并不合乎实际。所谓难也就难在这里"。①
怎么办呢？他提出，领导干部一定要让人家说话，尤其是允许讲不同意见，讲错了也没关系。因为只有这样，才有可能了解到全面的实际。

从现有文献看，陈云第一次比较完整地解释"交换、比较、反复"，是在东北解放战争时期辽东分局的一次会议上。在那次讲话中，他着重论述的是这六个字与发扬民主之间的关系。他说："所谓交换，就是要互相交换正反两面的意见，以求了解事物的全面情况。交换时要特别找同自己相反的意见，相反的意见可以补充我们对事物认识的不足。相反的意见即使错了，也有可能反映了事物的一个方面，或者包括一些历史经验的推论。因此，对同自己相反的意见，我们也要作些分析，吸取其中有用的部分。"②他具体回顾和分析了党内几次错误路线在思想方法上的原因，以及对待这些错误应当采取的正确态度，指出："陈独秀的错误，李立三的错误，王明的错误，不是由于这些人发神经病，或者因为他们是傻瓜，主要是由于他们夸大了事物的一面，所谓知其一不知其二。一九三〇年的革命高潮，只是比一九二七年大革命失败后革命运动处于低落时高，而不是比大革命失败前高。红军力量比过去是大了，但还不是大到足以打垮蒋介石军队的程度。一九三二年的一·二八事变，使全国的抗日反蒋运动掀起了一个高潮，但还不是全国革命高潮的到来。四中全会的错误结论，临时中央作出的关于争取革命在一省与数省首先胜利的错误决议，都对当时的形势作了错误的判断。我们不能说犯错误的同志对形势的判断是毫无根据的，但是他们夸大了客观事物的一个方面。所以，我们应该收集反对意见。对于正确的反对意见，可以补充我们对客观事物认识的不足。对于不正确的反对意见，我们要把它驳倒。愈是不正确的，就愈要把它驳得彻底。既然要批驳，就得找论据，这可以加深我们的认识。正确的意见往往

① 陈云．陈云文选：第一卷[M]．北京：人民出版社，1995：343．
② 陈云．陈云文选：第一卷[M]．北京：人民出版社，1995：343．

就是由系统地驳倒不正确的意见而产生的。各种资产阶级的、假马列主义的错误思想，为毛主席的真马列主义的正确思想的产生提供了条件。毛主席的著作都是采取这个办法写的。"①在作总结时他又说："要做到交换，特别是要做到同反对自己意见的人、同其他阶级的代表交换意见，首先要明确交换的目的在于能使自己对事物认识得更加完整。同时，要设身处地地站在对方立场上想一想，他们的意见是否有道理，凡是有理有据的都要吸取。但是我们有些同志，往往不喜欢同自己意见相反的人谈话，互相交换看法，这是不好的。"②

20世纪60年代初，我国国民经济遇到严重困难。为了统一思想、战胜困难，党中央决定召开一次扩大的中央工作会议，即"七千人大会"。当时中央高层领导在国民经济有困难这一点上，认识是一致的，但对困难的严重程度以及相应解决办法的意见并不统一。面对这种情况，陈云认为在大会上讲出真实意见的条件并不具备，讲出来效果不会好，所以没有讲话，而是在散会后应邀到参加会议的陕西省干部会议上讲了话。在那篇讲话中，他主要还是讲发扬民主、允许大家讲不同意见与端正思想方法、了解真实情况的关系。他说："批评和自我批评是上下通气的必要条件。只有通气，才能团结；只有民主，才能集中。"他尖锐指出："这几年我们党内生活不正常。'逢人只说三分话，未可全抛一片心'，这种现象是非常危险的。一个人说话有时免不了说错，一点错话不说那是不可能的。在党内不怕有人说错话，就怕大家不说话。有些'聪明人'，见面就是'今天天气哈哈哈'，看到了缺点、错误也不提。如果这样下去，我们的革命事业就不能成功，肯定是要失败的。"他强调："领导干部听话要特别注意听反面的话。相同的意见谁也敢讲，容易听得到；不同的意见，常常由于领导人不虚心，人家不敢讲，不容易听到。所以，我们一定要虚心，多听不同

---

① 陈云. 陈云文选：第一卷[M]. 北京：人民出版社，1995：344.
② 陈云. 陈云文选：第一卷[M]. 北京：人民出版社，1995：345.

的意见。还应该看到，事物是很复杂的，要想得到比较全面的正确的了解，那就必须听取各种不同的意见，经过周密的分析，把它集中起来……我们共产党员要加强修养，养成耐心听取不同意见的良好习惯。"讲到这里，他进一步指出："如果没有反对意见怎么办？我看可以作点假设，从反面和各个侧面来考虑问题，并且研究各种条件和可能性，这就可以使我们的认识更全面些。"[1]

1987年，陈云在同当时党中央的负责同志谈话时，再次强调发扬民主、鼓励大家讲不同意见、虚心听取不同意见与端正思想方法、正确决策之间的关系。他说："对于一件事，我有了一个意见之后，可以先放一放，再考虑考虑，听听有没有不同意见。如果有不同意见，就要认真听取，展开讨论，吸收正确的，驳倒错误的，使自己的意见更加完整。驳倒错误意见的过程，也是使自己的意见更加完整的过程。如果没有不同意见，自己也要假设一个对立面，让大家来批驳。有钱难买反对自己意见的人。有了反对意见，可以引起自己思考问题。常常是，有不同意见的人，他不讲出来。能够听到不同声音，决不是坏事。这和同中央保持一致并不矛盾。"[2]

1990年，陈云在杭州，同浙江省领导同志谈话时，最后一次详细讲解了他的"十五个字"。他不仅讲了"交换"与发扬民主的关系，而且讲到"比较""反复"和发扬民主的关系。他强调，决定问题时，要把几种不同意见放在一起比较；决定问题要留一个反复考虑的时间，以便听一听不同意见。他说："如果没有不同的意见，也要假设一个对立面。吸收正确的，驳倒错误的，使自己的意见更加完整。"[3]

从以上这些论述足以看出，陈云提出的"十五个字"，每一个字都与

---

[1] 陈云. 陈云文选：第三卷[M]. 北京：人民出版社，1995：189.
[2] 陈云. 陈云文选：第三卷[M]. 北京：人民出版社，1995：361-362.
[3] 陈云. 陈云文选：第三卷[M]. 北京：人民出版社，1995：372.

虚心听取不同意见的发扬民主作风有关，每一个字针对的都是"唯上""唯书"和不允许发表不同意见的不民主作风。

陈云历来认为，"难者在弄清情况，不在决定政策。只要弄清了情况，不难决定政策"①。所以，他主张"领导机关制定政策，要用百分之九十以上的时间做调查研究工作，最后讨论作决定用不到百分之十的时间就够了"。②在他看来，调查研究的目的在于而且完全在于弄清实事，所以，只要能了解和掌握到真实情况，无论用什么方法调查研究都是可以的。他说过："调查研究有各种各样的方法，找有各种不同看法的人交换意见，也是一种方法，而且是一种重要的方法。"③他还说过，调查研究可以有两种方法，"一种是亲自率工作组或派工作组下乡、下厂，这当然是十分必要的；另一种是每个高中级领导干部都有敢讲真话的知心朋友和身边工作人员，通过他们可以经常听到基层干部、群众的呼声"。"后一种调查研究，有'真、快、广'的特点。所谓真，就是他们敢于反映真实情况，敢讲心里话。因为他们信得过你，知道你不会整他们。我就有这样一些朋友。所谓快，就是当问题处于萌芽状态时，就能够及时发现。所谓广，就是全国各省市各行各业，都有许多高中级干部（包括离休、退休的）。在某种意义上讲，后一种调查研究比前一种调查研究更重要一些。两种调查研究都有必要，缺一不可。"④他坚决反对那种不认真听取大家意见、只顾自己讲话或者到下面走马看花式的调查研究方法，因为这种方法不可能了解到真实情况。他说："调查研究的方法，我看不是一百多个部一个一个地都拿本子在书记处会上念一道，大家东插一句，西插一句，最后主持会议的讲一讲就通过了。调查研究的方法，也不是一个星期跑二十

---

① 陈云. 陈云文选：第三卷[M]. 北京：人民出版社，1995：46.
② 陈云. 陈云文选：第三卷[M]. 北京：人民出版社，1995：189.
③ 陈云. 陈云文选：第三卷[M]. 北京：人民出版社，1995：188.
④ 陈云. 陈云文选：第三卷[M]. 北京：人民出版社，1995：372-373.

二个县，那样无非是坐汽车走一圈就是了。这种工作方法太简单。"①

"交换"与正确决策有关，"比较"同样有关。事物的优劣都是相对而言的，凡事有一利必有一弊，只有利而没有弊的事在世界上不存在。好的政策之所以说它好，都是与其他政策比较出来的。没有比较，无所谓正确错误，也无所谓优劣好坏。所以，陈云主张，决策者在决策前要拿出两个或两个以上的方案，以便进行利弊得失的比较，从中选出利多弊少、得多失少的方案。他说："研究问题，制定政策，决定计划，要把各种方案拿来比较。在比较的时候，不但要和现行的作比较，和过去的作比较，还要和外国的作比较。这样进行多方面的比较，可以把情况弄得更清楚，判断得更准确。多比较，只有好处，没有坏处。"②直到进入晚年，他在谈到中央书记处讨论决定重大问题应当注意的问题时仍然强调："事先要调查研究，要准备好方案，而且要准备两个方案，不要只准备一个方案。"③

我在20世纪80年代做陈云同志秘书时，曾亲耳听他讲过当年决策坚持还是放弃南满根据地时所作的利弊得失的比较。他说，东北解放战争初期，国民党军队由南向北攻到松花江边，切断了我军北满和南满两块根据地之间的联系。为了同我们争夺东北，国民党制定了"先南后北"的方针，即先集中10万兵力进攻南满，待拿下南满后再打北满。那时，位于今天吉林白山市的南满根据地被压缩在4个县、20万人口的范围里，主力部队只有两个纵队，加上地方武装，不过2万余人。坚持还是放弃南满？南满根据地领导层中一时出现两种意见。他认为兹事体大，事关全局，所以自告奋勇，由哈尔滨绕道朝鲜前往南满主持工作。他通过实地调查，对两种意见的利弊得失进行了认真比较。他当时的考虑是：如果将南满主力部队撤到北满，过长白山会损失几千人。撤到北满后仍然要打仗，又会损

① 陈云. 陈云文选：第三卷[M]. 北京：人民出版社，1995：359.
② 陈云. 陈云文选：第三卷[M]. 北京：人民出版社，1995：189.
③ 陈云. 陈云文选：第三卷[M]. 北京：人民出版社，1995：358.

失几千人。而且，如果丢了南满，会增加敌人对北满的压力，那样，北满也可能保不住，部队再往北撤，最后只能撤到苏联境内。但我们是中国共产党人，总有一天要往回打，到那时又要损失几千人。另外，留在南满的地方武装由于主力撤走，也会有很大损失。这几项加在一起，起码有一万多人，占当时南满部队人数的一半。相反，如果坚持南满，部队虽然会有很大损失，可能损失四分之三，甚至五分之四，但只要守住南满，就可以和北满形成掎角之势，对国民党军队造成很大牵制，不使他们集中力量打北满。两相比较，还是坚持南满比放弃南满损失小。后来的事实证明，这个决策完全符合实际，不仅保住了南满根据地，而且通过"四保临江、三下江南"战役，将围攻南满的敌军南拉北打，最终使东北战场上的敌人由主动变为被动、由进攻变为防御，而我军则由被动变为主动、由防御变为反攻，从而扭转了东北战局，为后来的辽沈决战创造了有利条件。

正确决策需要"交换"，也需要"反复"。这是因为，按照马克思主义的认识论，人们对事物的认识不可能一次完成，而要经过多次反复。在1962年"七千人大会"后的那次陕西省干部会上，陈云解释为什么选出相对好的决策方案后仍然要再反复考虑时说："对于有些问题的决定，当时看来是正确的，但是过了一个时期就可能发现不正确，或者不完全正确。因此，决定问题不要太匆忙，要留一个反复考虑的时间，最好过一个时候再看看，然后再作出决定。我和毛主席在一起工作的时候，发现他对于有些问题也不是一下就决定的。你和他谈问题，他当时嗯一声，但并不一定就是表示同意你的意见。"①

陈云通过讲解交换、比较、反复，深入浅出地阐释决策者鼓励讲和虚心听不同意见，对于弄清实事、科学决策的必要性，不仅有助于人们从认识论的高度，进一步认识发扬民主的意义，也大大丰富了决策学。

---

① 陈云. 陈云文选：第三卷[M]. 北京：人民出版社，1995：189.

第三，把思想方法的端正作为党内思想统一的重要前提。

陈云从长期革命和工作实践中发觉，党内每当在一些重大问题上出现分歧，除少数人立场上有错误外，大多数情况下是由于大家看问题的方法不一致。因此，他认为要克服分歧、统一思想，必须先从端正思想方法入手。

20世纪60年代初国民经济困难时期，党内对于要不要进行经济调整，调整力度究竟应当多大才合适，工厂要不要再多关停并转一些，是否需要动员2 000万城市人口下乡等等问题，意见不一致，而这在很大程度上又来自对当时形势的估计，对于困难程度、克服困难快慢等问题的看法存在分歧。有的同志说，农民吃得好，鸡鸭成群。对此，陈云表示，这样的乡村有没有呢？有，但是极少数，是个别现象，全国大多数地区不是这样，大多数农民粮食不够吃。还有的同志认为，农业虽然有困难，但很快可以恢复，因此只提"经济调整"就行了，不必提"经济恢复"时期，就是说，不必采取"伤筋动骨"的措施。而陈云认为，当时农业生产即使要恢复到1958年的水平，也需要三四年时间。因此，只讲调整，还是既讲调整又讲恢复，可以由中央考虑决定，但领导机关在认识上必须明确，当前的主要任务是恢复，全党必须痛下决心，切实压缩工业基本建设战线，大量进口粮食，减少城市人口，制止通货膨胀，工业支援农业，并把工作基点放在"争取快、准备慢"上。由于陈云对困难的判断和解决困难的办法符合实际、切实可行，得到绝大多数领导同志的赞同，最终被中央所采纳。结果，形势好转的速度反而比预计的要快。

"文化大革命"结束后的最初几年，党内对于经济建设上究竟应当大干快上、大批引进国外项目，还是应当先调整严重失调的比例关系，该下马的项目下马，该削减的投资削减，然后再循序渐进地发展等问题，又出现了分歧。这些分歧，涉及对当时国内经济形势、国外资金状况、新中国成立以来经验教训等问题的看法。有同志认为，"文化大革命"耽误了十年时间，应当掀起新的跃进，把被耽误的时间夺回来；从发达国家引进项目可以缩短我们同国际先进水平的距离，价格合算，而且已经签订了合同，不应毁约；财政预算不够可以发票子、借外债，有点通货膨胀不可怕，等等。针对上述看法，陈云说："我们搞四个现代化，建设社会主义强国，是在什么情况下进行的。讲实事求是，先要把'实事'搞清楚。这个问题不搞清楚，什么事情也搞不好。"①他认为，"文化大革命"十年，农业欠账太多，应当先用有限的外汇多进口粮食，以便减少农村征购任务，让农民休养生息。农民有了粮食，就能增加其他农副产品和经济作物，改善市场供应。资金不够可以借外债，这是粉碎"四人帮"后出现的新形势，没人有反对意见了；国际市场已是买方市场，这种有利条件也不会轻易失掉。因此，对于外债要分析，那时绝大多数不是自由外汇，而是买方贷款，设备买进后，国内需要有相应的投资和物资与之配套，否则会造成很大被动。如果用多发票子的办法弥补财政赤字，则会引起物价上涨、群众不满，从而引起政治形势不稳。新中国成立以来经济上的主要教训是急于求成，结果欲速不达。事实反复证明，按比例发展是最快的速度，我们要探索在不再折腾的条件下有较快的发展速度。调整意味着在某些方面的后退，而且要退够，但置之死地而后生，把重大比例关系理顺后，可以为顺利发展打好基础，这不是耽误，不调整才会造成大的耽误。在他的说服下，中央作出了国民经济调整的决定。可是，由于党内思想未能完全统一，实行调整方针的第一年，项目不仅没有压下来，相反财政赤字和通货膨胀更加严重，造成物价上涨，引起群众抢购和挤兑。在这种情况下，中央只好再次召开工作会议，进一步统一思想，这才使调整进行下去，并很快扭转了经济形势。

正因为陈云认为党内在重大问题上出现意见分歧，往往是大家看问题的方法不一致造成的，因此，每当出现重大分歧时，他总是阐述如何才能

---

① 陈云. 陈云文选：第三卷[M]. 北京：人民出版社，1995：250.

做到实事求是，强调要先把思想方法搞对头，使大家取得共同语言。例如，前面提到的在东北解放战争时期辽东分局会议上那篇题为《怎样才能少犯错误》的讲话，"七千人大会"后陕西省干部会上那篇题为《怎样使我们的认识更正确些》的讲话，1987年中共中央政治局扩大会议上那篇题为《调查研究和党内民主生活制度问题》的讲话，以及同年与中央负责同志那次题为《身负重任和学习哲学》的谈话，1990年与浙江省领导同志那次题为《不唯上、不唯书、只唯实，交换、比较、反复》的谈话，都是针对党内分歧而讲的。1977年在毛泽东主席逝世一周年前夕，他十分罕见地在《人民日报》上发表了一篇题为《坚持和发扬党的实事求是的作风》的文章。文章说，我们对毛主席的最好纪念，就是继承和发扬他倡导的党的优良工作方法和工作作风。毛主席倡导的实事求是的革命作风，不是一个普通作风问题，而是马克思主义唯物主义的根本思想路线问题。坚持毛泽东思想，就必须坚持实事求是。是否坚持实事求是，是区别真假马列主义、真假毛泽东思想的根本标志之一。他之所以发表这篇文章，也是因为当时党内在如何对待毛主席晚年错误的问题上出现了两种意见、两种方针、两种声音：一种主张"两个凡是"，另一种主张把实践当作检验真理的唯一标准。总之，在他看来，如果大家看问题的方法一致，都能做到不唯上、不唯书、只唯实，都能运用交换、比较、反复的方法了解客观情况，那么，"本来是片面的看法，就可以逐渐全面起来；本来不太清楚的事物，就可以逐渐明白起来；本来意见有分歧的问题，就可以逐渐一致起来"①。

当然，能不能做到实事求是、消除分歧，也不完全是方法问题，立场对不对、心术正不正也很重要。所以，陈云在党的七大上说："我们要讲真理，不要讲面子。是什么就是什么，应该怎样就怎样。有的时候你愈要

---

① 　陈云. 陈云文选：第三卷[M]. 北京：人民出版社，1995：188-189.

面子，将来就愈要丢脸。只有你不怕丢脸，撕破了面皮，诚心诚意地改正错误，那时候也许还有些面子。共产党员参加革命，丢了一切，准备牺牲性命干革命，还计较什么面子？把面子丢开，讲真理，怎样对于老百姓有利，怎样对于革命有利，就怎样办……如果一切从自己面子的角度出发，讨论问题、看问题搀杂个人得失在里面，立场不正，就不会看得很清楚，不会讲真理，结果一定害人害己。"①在东北解放战争时期的那次辽东分局会议上，他也说："真要做到实事求是，必须有无产阶级的立场。大家如果都能站在无产阶级立场上，方法就容易一致，对问题的看法就容易一致，事情就好办了。"他提出"要论事不论脸"，指出："装洋蒜，一定要跌跛斗。愈怕丢脸，一定会丢脸。不怕丢脸，反倒可能不丢脸。"②

从陈云著述看，他认为要使思想方法一致起来，最有效的办法是学习马克思主义哲学。早在延安时期担任中央组织部部长时，他就提出共产党员的责任不仅是工作，还有学习，尤其是学习马列和毛主席的哲学著作。新中国成立后，他虽然负责全国财经工作，却总是强调干部要学习哲学。他说："学习理论，最要紧的，是把思想方法搞对头。因此，首先要学哲学，学习正确观察问题的思想方法。如果对辩证唯物主义一窍不通，就总是要犯错误。"③党的十一届三中全会后，我们党恢复了被一度丢掉的实事求是的马克思主义思想路线。在总结这一历史教训时他说："延安整风时期，毛泽东同志提倡学马列著作，特别是学哲学，对于全党的思想提高、认识统一，起了很大的作用……建国以后，我们一些工作发生失误，原因还是离开了实事求是的原则。在党内，在干部中，在青年中，提倡学哲学，有根本的意义。现在我们的干部中很多人不懂哲学，很需要从思想方法、工作方法上提高一步。只有掌握马克思主义哲学，思想上、工作上才

① 陈云. 陈云文选:第一卷[M]. 北京:人民出版社,1995:296.
② 陈云. 陈云文选:第一卷[M]. 北京:人民出版社,1995:346.
③ 陈云. 陈云文选:第三卷[M]. 北京:人民出版社,1995:46.

能真正提高。"①1981年3月，他在同邓小平谈《关于建国以来党的若干历史问题的决议》文稿的起草工作时说："建议中央提倡学习，重点是学习毛泽东同志的哲学著作。"②1987年7月，他在同当时一位中央负责同志谈话时，再次提议中央要倡导对马克思主义哲学的学习。他指出："要把我们的党和国家领导好，最要紧的，是要使领导干部的思想方法搞对头，这就要学习马克思主义哲学。"③他还现身说法，以自己的切身体会建议中央领导同志要带头学哲学。他说："我个人的体会是：学习哲学，可以使人开窍。学好哲学，终身受用。希望能够组织政治局、书记处、国务院的同志都来学习哲学，并把这个学习看成是工作的一部分，也是自己的一项重要责任。"④他强调："现在我们在新的形势下，全党仍然面临着学会运用马列主义、毛泽东思想的立场、观点、方法分析和解决问题这项最迫切的任务。"⑤

陈云对马克思主义哲学和党的思想路线作出的重要贡献，是毛泽东思想和邓小平理论的组成部分，在社会主义革命、建设、改革的各个历史时期都发挥过积极作用。我国进入了全面建成小康社会的决定性阶段和深化改革的攻坚期、深水区，更加需要加强我们党的组织建设、思想建设，打造经得起风浪考验的高素质干部队伍。党的十八大以来，以习近平同志为核心的党中央面对新形势新任务，高度重视全党对马克思主义哲学的学习和运用，并且带头学习。在2013年中央政治局就历史唯物主义基本原理和方法论进行的第11次集体学习时，习近平总书记指出："马克思主义哲学深刻揭示了客观世界特别是人类社会发展一般规律，在当今时代依然有着强大生命力，依然是指导我们共产党人前进的强大思想武器。我们党自

---

① 陈云. 陈云文选：第三卷[M]. 北京：人民出版社，1995：285.
② 邓小平. 邓小平文选：第二卷[M]. 北京：人民出版社，1994：303.
③ 陈云. 陈云文选：第三卷[M]. 北京：人民出版社，1995：360.
④ 陈云. 陈云文选：第三卷[M]. 北京：人民出版社，1995：362.
⑤ 陈云. 陈云文选：第三卷[M]. 北京：人民出版社，1995：362.

成立起就高度重视在思想上建党，其中十分重要的一条就是坚持用马克思主义哲学教育和武装全党。学哲学、用哲学，是我们党的一个好传统。"他号召："党的各级领导干部特别是高级干部，要原原本本学习和研读经典著作，努力把马克思主义哲学作为自己的看家本领。"2015 年 1 月，中央政治局在就辩证唯物主义基本原理和方法论进行第 20 次集体学习时，他又强调："辩证唯物主义是中国共产党人的世界观和方法论，我们党要团结带领人民协调推进全面建成小康社会、全面深化改革、全面依法治国、全面从严治党，实现'两个一百年'奋斗目标、实现中华民族伟大复兴的中国梦，必须不断接受马克思主义哲学智慧的滋养，更加自觉地坚持和运用辩证唯物主义世界观和方法论，增强辩证思维、战略思维能力，努力提高解决我国改革发展基本问题的本领。"这些都说明，陈云关于党中央要特别重视对马克思主义哲学学习的建议，是极富远见的。

我们党早在党的十一届三中全会上就已恢复了马克思主义的思想路线，如果当前再切实开展对马克思主义哲学的学习，使实事求是的思想原则、思想方法在全党蔚然成风，我们党就一定能更好地担负起领导全国人民建设中国特色社会主义的重任。在此过程中，加强对陈云哲学思想的学习和研究，我认为具有格外重要的意义。

陈云有关治国理政的几个重要经验[①]

陈云作为党的第一代和第二代中央领导集体重要成员，在新中国成立和改革开放初期，积累了大量治国理政的宝贵经验。研究他的这些经验，无论对于我们进一步总结社会主义建设的历史经验，还是深入理解、贯彻以习近平同志为核心的党中央治国理政的新理念新思想新战略，都具有重要促进作用。

一、认清基本国情是治国理政的首要条件

凡要治国理政都要先弄清国情，陈云对此有过大量论述。他说："我们搞四个现代化，建设社会主义强国，是在什么情况下进行的。讲实事求是，先要把'实事'搞清楚。这个问题不搞清楚，什么事情也搞不好。"[②]"首先弄清事实，这是关键问题。"[③]一个国家的实际情况中有基本情况，即较为稳定的情况；也有动态情况，即根据形势发展会发生变化的情况。陈云认为，中国的基本国情是人口多、耕地少、底子薄、灾害频。他指出：过去总说我们地大物博、人口众多，"把自己放在苏联型和美国、加拿大、澳大利亚型上"[④]，这是一种错觉，因为我们国土面积虽然大，但耕地少，"是人多地少的国家，是属于日本型和德国、丹麦、荷兰型的国

---

①　本文曾刊载于《马克思主义研究》2017年第8期，题为《深入研究陈云的治国理政经验》。收入本书时，作者略作修改。
②　陈云. 陈云文选：第三卷[M]. 北京：人民出版社，1995：250.
③　陈云. 陈云文选：第三卷[M]. 北京：人民出版社，1995：235.
④　陈云. 陈云文集：第三卷[M]. 北京：中央文献出版社，2005：206.

家。这是一个很大的前提，要把它搞清楚"①。

另外，陈云同志反复强调，近代中国遭受了帝国主义上百年的侵略和连续40年战争，经济基础十分薄弱，是"一个经济落后和贫困的国家"②，"新式工业的生产总值仅占全部国民生产总值的百分之十左右"③，我们就是"在这样一个旧基础上进行新中国的建设"④。尤其要看到，我国虽然是农业国，但旧中国还要进口粮食、棉花，新中国虽然实行自力更生，但一来要重点发展工业，二来农业由于灾荒多而"很不稳定"⑤，因此"粮食不充足，是我国较长时期内的一个基本状况"⑥。改革开放开始时，我们仍然存在"百分之八十的人口是农民"的问题。"一方面我们还很穷，另一方面要经过二十年，即在本世纪末实现四个现代化。这是一个矛盾。人口多，要提高生活水平不容易；搞现代化用人少，就业难。我们只能在这种矛盾中搞四化。这个现实的情况，是制定建设蓝图的出发点。别的国家没有这么多人，没有这么多农民。"⑦他强调："我们必须认识这一点，看到这种困难。现在真正清醒认识到这一点的人还不很多。"⑧

二、为人民谋福利是治国理政的根本目的

古今中外，凡是执政者都有一个为什么人治国理政的问题。新中国是工人阶级领导的、以工农联盟为基础的人民民主专政的社会主义国

---

① 陈云. 陈云文集：第三卷[M]. 北京：中央文献出版社,2005：207.
② 陈云. 陈云文集：第二卷[M]. 北京：中央文献出版社,2005：593.
③ 陈云. 陈云文集：第二卷[M]. 北京：中央文献出版社,2005：281.
④ 陈云. 陈云文集：第二卷[M]. 北京：中央文献出版社,2005：282.
⑤ 陈云. 陈云文集：第三卷[M]. 北京：中央文献出版社,2005：313.
⑥ 陈云. 陈云文选：第二卷[M]. 北京：人民出版社,1995：217.
⑦ 陈云. 陈云文选：第三卷[M]. 北京：人民出版社,1995：250-251.
⑧ 陈云. 陈云文选：第三卷[M]. 北京：人民出版社,1995：281.

家，中国共产党的宗旨是全心全意为人民服务，因此，我们党治国理政，当然是为绝大多数人民谋福利。然而，一些人往往处理不好人民长远利益与当前利益的关系，要么只顾长远而忽视当前，要么只顾当前而忽视长远。凡是遇到这种情况，陈云总是说，不要为了搞建设而搞建设，不要忘记我们搞经济建设的最终目的。他指出："搞经济建设的最后目的，是为了改善人民的生活。"①之所以强调这一点，是因为在他看来，能否处理好人民长远利益与当前利益的矛盾，归根结底，取决于对搞建设的最终目的是改善人民生活的这个观点，究竟认识得深刻不深刻，树立得牢固不牢固。

旧中国给新中国留下的是一个经济基础十分落后的烂摊子，要从根本上改善人民生活，不能不从优先发展重工业、进行大规模工业化基础建设开始。然而，由于"中国是个农业国，工业化的投资不能不从农业上打主意"②。比如，卖给工人和城市居民的商品粮和用于出口换工业设备的农副产品收购价格都要比较低，而卖给农民的农用机械和轻工业消费品的价格则要比较高。就是说，要在一定时间内维持一定比例的工农业产品价格剪刀差。对此，陈云解释说，缩小剪刀差"是我们的目标，共产党的政权必须这样做，不能忘记。革命就是为了改善最大多数人民的生活，但是由于我们的工业品少，也不要以为很快可以做到。这个问题我有责任说清楚，因为还要积累资金，扩大再生产"③。但与此同时，他坚决反对继续提高剪刀差、从农民那里再多拿钱来扩大基本建设。他说："征购要采取公道的价格。"要"既对农民合适，也对我们有利"④。而我们"这个政府不是别的政府，是一个以共产党人为领导的

---

① 陈云. 陈云文选: 第三卷[M]. 北京: 人民出版社, 1995: 280.
② 陈云. 陈云文选: 第二卷[M]. 北京: 人民出版社, 1995: 97.
③ 陈云. 陈云文选: 第二卷[M]. 北京: 人民出版社, 1995: 194-195.
④ 陈云. 陈云文选: 第二卷[M]. 北京: 人民出版社, 1995: 212.

全心全意为人民服务的政府"①。所以，这里说的对我们有利，归根到底还是对人民有利。

为了讲清楚正确处理基本建设与人民生活相互关系的道理，陈云在改革开放后把人民生活形象地比喻为"吃饭"。他说："一要吃饭，二要建设。"②"饭不能吃得太差，但也不能吃得太好。吃得太好，就没有力量进行建设了。"③"吃了之后，还有余力搞建设，国家才有希望。"④什么叫不能吃得太差呢？纵观陈云的论述，可以看出他画的几条"红线"：第一，要保证"人民的最低生活需要"⑤。比如，要满足每人每天最低蛋白质的需要，要使孩子有袜子穿，等等。第二，在吃和穿的供应发生矛盾时，要"先吃后穿。在吃方面，先粮食后副食"⑥。第三，要优先关心低收入人群，"他们的收入，用在吃的方面的占百分之六十到七十"⑦。因此，他强调要保证粮食和蔬菜价格的稳定。他指出："蔬菜、猪肉和鸡蛋等，价格统统是跟着粮价走的。粮价涨了，物价就要全面涨。"⑧"购买力愈低的人，对这个问题就愈关心。"⑨

三、把握综合平衡、按比例发展的原则是治国理政的客观要求

综合平衡、按比例发展是陈云经济思想的核心，也是他治国理政经验中最富有价值的内容。所谓综合平衡，是指财政收支、银行存贷、物资供应、外贸进出口都要平衡；所谓按比例，是指国民经济各主要部门的发展

---

① 陈云. 陈云文集：第二卷[M]. 北京：中央文献出版社，2005：172.
② 陈云. 陈云文选：第三卷[M]. 北京：人民出版社，1995：323.
③ 陈云. 陈云文选：第三卷[M]. 北京：人民出版社，1995：306.
④ 陈云. 陈云文选：第三卷[M]. 北京：人民出版社，1995：323.
⑤ 陈云. 陈云文选：第三卷[M]. 北京：人民出版社，1995：203.
⑥ 陈云. 陈云文选：第三卷[M]. 北京：人民出版社，1995：156.
⑦ 陈云. 陈云文选：第二卷[M]. 北京：人民出版社，1995：207.
⑧ 陈云. 陈云文选：第二卷[M]. 北京：人民出版社，1995：207.
⑨ 陈云. 陈云文选：第三卷[M]. 北京：人民出版社，1995：64.

要相互协调、彼此衔接。陈云说："合比例就是平衡的；平衡了，大体上也会是合比例的。"①"按比例是客观规律，不按比例就一定搞不好。""搞经济不讲综合平衡，就寸步难移。"②他认为，我国经济落后，又要在短时间内赶上去，决定了我们要实现的平衡只能是紧张的平衡，"样样宽裕的平衡是不会有的，齐头并进是进不快的。但紧张决不能搞到平衡破裂的程度。"③怎样才能使平衡不破裂呢？他提出了两大原则：一是平衡要从短线搞起而不是从长线搞，二是平衡要从定指标时搞起而不是从生产开始时搞。

从以上两大原则出发，陈云进一步提出了经济工作必须注意的六个要点。第一，"搞建设，真正脚踏实地、按部就班地搞下去就快，急于求成反而慢"④"按比例发展是最快的速度"⑤。要探索"不再折腾的条件下有较快的发展速度"⑥。第二，"建设规模的大小必须和国家的财力物力相适应。适应还是不适应，这是经济稳定不稳定的界限"⑦。第三，"在财力物力的供应上，生活必需品的生产必须先于基建，这是民生和建设的关系合理安排的问题"⑧。第四，"所谓建设与民生的平衡问题，实际上是工业建设与其他建设和农业建设的平衡问题，是工业、交通与农业的平衡问题"⑨。"搞建设，必须把农业考虑进去。所谓按比例，最主要的就是按这个比例"⑩。"农业问题、市场问题，是关系五亿多农民和一亿多城市人口

① 陈云. 陈云文选：第二卷[M]. 北京：人民出版社,1995:242.
② 陈云. 陈云文选：第三卷[M]. 北京：人民出版社,1995:211.
③ 陈云. 陈云文选：第二卷[M]. 北京：人民出版社,1995:242.
④ 陈云. 陈云文选：第三卷[M]. 北京：人民出版社,1995:311.
⑤ 陈云. 陈云文选：第三卷[M]. 北京：人民出版社,1995:251.
⑥ 陈云. 陈云文选：第三卷[M]. 北京：人民出版社,1995:268.
⑦ 陈云. 陈云文选：第三卷[M]. 北京：人民出版社,1995:52.
⑧ 陈云. 陈云文选：第三卷[M]. 北京：人民出版社,1995:53.
⑨ 陈云. 陈云文集：第三卷[M]. 北京：中央文献出版社,2005:202.
⑩ 陈云. 陈云文选：第三卷[M]. 北京：人民出版社,1995:251.

生活的大问题，是民生问题。解决这个问题，应该成为重要的国策"①。第五，"要正确处理建设中的'骨头'和'肉'的关系"②。就是说，在新建工业城市、工业基地时，要同时考虑生活配套设施的建设，即使对企业的设计，也"必须特别注意安全和卫生部分的设计"③。第六，"在实现四个现代化建设中，除了要上若干个大项目以外，着重点应该放在国内现有企业的挖潜、革新、改造上"④。做到"先生产，后基建；先挖潜、革新、改造，后新建"⑤。

四、防止片面性是治国理政的重要方法

无论抓经济工作还是其他工作，陈云的一个重要经验是防止片面、力求全面，这主要体现在他对一些重大关系的处理上。例如，在对待产量、产值和质量、效益的关系上，他一方面关注产量和产值；但另一方面，总是强调要把质量、效益放在第一位。他说，不能光看钢铁产量有多少，"要把重点放在钢铁的质量、品种上"⑥"要把注意力集中到提高经济效益上来"⑦。

在对待计划与市场的关系上，陈云一方面强调要搞活经济，充分发挥市场的积极作用；另一方面又强调，"搞好宏观控制，才有利于搞活微观，做到活而不乱"⑧。在对待按价值规律办事和财政补贴的关系上，他既肯定按经济规律办事，说"这是一种好现象"；同时又指出：

① 陈云．陈云文选：第三卷[M]．北京：人民出版社,1995：210.
② 陈云．陈云文选：第三卷[M]．北京：人民出版社,1995：57.
③ 中共中央文献研究室．陈云年谱：中卷[M]．修订本．北京：中央文献出版社,2015：242.
④ 陈云．陈云文选：第三卷[M]．北京：人民出版社,1995：267.
⑤ 陈云．陈云文选：第三卷[M]．北京：人民出版社,1995：268.
⑥ 陈云．陈云文选：第三卷[M]．北京：人民出版社,1995：254.
⑦ 陈云．陈云文选：第三卷[M]．北京：人民出版社,1995：380.
⑧ 陈云．陈云文选：第三卷[M]．北京：人民出版社,1995：350.

"对许多方面，在一定时期内，国家干预是必要的。"他说："从微观经济看，这是不合理的，似乎是不按经济规律办事。但我国是低工资制，如国家不补贴，就必须大大提高工资。"①那样，"经济上会乱套"。因此，国家补贴，"大的方面还是按经济规律办事的"②。1989年政治风波之后，他再次指出："国家财政补贴取消不了。暗补、明补，都是补贴。在我国，还是低工资、高就业、加补贴的办法好。这是保持社会安定的一项基本国策。即使是发达的资本主义国家，对某些产品也是实行补贴的。当然，通过改善经营管理，提高经济效益，可以逐步减少一些不合理的补贴，例如某些企业的亏损补贴，但要从根本上取消补贴是不可能的。"③

在对待集中与分散的关系上，陈云强调新建工厂要"力求适当分散"，这样有利于国家长远利益和消灭城乡差别，也可避免造成城市运输紧张、居民生活必需品供应困难、供水供电压力增大；同时又强调"不要分得过散"，这样用水用电比较方便、合理。特别是在建立比较完整的工业体系的问题上，他强调这只能是就全国和各大区范围来讲，不能每个省都搞，否则"会把材料、设备都分散了"④。在对待中央与地方的关系上，他一方面指出，"扩大地方的职权是完全必要的"⑤"要给各省市一定数量的真正的机动财力"⑥；但另一方面又强调："在经济活动中，中央应该集中必须集中的权力。""中央的政治权威，要有中央的经济权威作基础。"⑦

对于诸如经济发展与生态环境、物质文明建设与精神文明建设、改革

① 陈云. 陈云文选：第三卷[M]. 北京：人民出版社，1995：278.
② 陈云. 陈云文选：第三卷[M]. 北京：人民出版社，1995：278.
③ 陈云. 陈云文选：第三卷[M]. 北京：人民出版社，1995：376.
④ 陈云. 陈云文集：第三卷[M]. 北京：中央文献出版社，2005：248.
⑤ 陈云. 陈云文选：第三卷[M]. 北京：人民出版社，1995：75.
⑥ 陈云. 陈云文选：第三卷[M]. 北京：人民出版社，1995：237.
⑦ 陈云. 陈云文选：第三卷[M]. 北京：人民出版社，1995：366.

与党建等关系，陈云也总是强调要全面抓、抓全面。新中国工业化建设初期，污染问题不突出，但随着建设规模的扩大，特别是冶金、化工企业的增加，问题逐渐显现。对此，他1979年初在中央政治局会议上提出："防止污染，必须先搞。"①1981年，在给一位老同志的信中他又说："像植树造林、治理江河、解决水力资源、治理污染、控制人口这类问题，都必须有百年或几十年的计划。"②1988年，他把关于工业污染的两个材料批给中央负责同志，指出："治理污染、保护环境是我国的一项大的国策，要当作一件非常重要的事情来抓。"③他还对一位中央负责同志说："现在无论是农业生产，还是工业生产，都相当普遍地存在着一种掠夺式的使用资源的倾向，应当引起重视。"④后来，他又将两位科学家的文章批送中央负责同志，指出："要从战略高度来认识水的问题的严重性。""应该把计划用水、节约用水、治理污水和开发水资源放在不次于粮食、能源的重要位置上。"⑤

针对改革开放初期存在的忽视精神文明建设和思想政治工作带来的问题，陈云更是大声疾呼：社会主义建设包含物质文明建设和精神文明建设，"两者是不能分离的"。"不可能先进行物质文明建设，然后再来进行精神文明建设。"⑥"当前比较普遍存在的忽视精神文明建设的现象，绝不是一个小问题，全党同志务必高度重视。"⑦"'一切向钱看'的资本主义腐朽思想，正在严重地腐蚀我们的党风和社会风气。"⑧"全党同志务必高度重视。"⑨

---

① 陈云.陈云文选：第三卷[M].北京：人民出版社,1995:254.
② 中共中央文献研究室.陈云年谱：下卷[M].修订本.北京：中央文献出版社,2015:310.
③ 陈云.陈云文选：第三卷[M].北京：人民出版社,1995:364.
④ 陈云.陈云文选：第三卷[M].北京：人民出版社,1995:366.
⑤ 陈云.陈云文选：第三卷[M].北京：人民出版社,1995:375.
⑥ 陈云.陈云文选：第三卷[M].北京：人民出版社,1995:354.
⑦ 陈云.陈云文选：第三卷[M].北京：人民出版社,1995:355.
⑧ 陈云.陈云文选：第三卷[M].北京：人民出版社,1995:356.
⑨ 陈云.陈云文选：第三卷[M].北京：人民出版社,1995:355.

针对一些人把党的理想信念、组织纪律与改革开放对立起来的现象，陈云尖锐指出："党性原则和党的纪律不存在'松绑'的问题。没有好的党风，改革是搞不好的。"[①]"要使全党同志明白，我们干的是社会主义事业，最终目的是实现共产主义。""我们国家现在进行的经济建设，是社会主义的经济建设，经济体制改革也是社会主义的经济体制改革。"[②]"我们是共产党，共产党是搞社会主义的。现在进行的社会主义经济体制改革，是社会主义制度的自我完善和发展。"[③]"应当把共产主义思想的教育、四项基本原则的宣传，作为思想政治工作的中心内容。"[④]"严肃党纪、政纪，党风才能根本好转。"[⑤]"无论是谁违反党纪、政纪，都要坚决按党纪、政纪处理。"[⑥]

五、正确总结经验是提高治国理政水平的可靠途径

　　陈云在领导新中国经济建设和党的纪律检查工作的长期实践中，不仅形成了丰富的治国理政经验，而且对于总结治国理政的经验提出了许多行之有效的方法。例如，总结经验一要随时，二要不断。他说："随时总结经验，这是提高自己的重要方法。"[⑦]在"一五"建设时期，他提醒大家："经验不是一朝一夕可以积累起来的……摸索革命的规律，我们花了二十多年的时间；建设的经验，也必须有两三个五年计划的时间，才可积累下来。"[⑧]在改革开放初期，他又告诫大家：广大干部对体制改革还不很熟

---

① 陈云. 陈云文选：第三卷[M]. 北京：人民出版社，1995：275.
② 陈云. 陈云文选：第三卷[M]. 北京：人民出版社，1995：347.
③ 陈云. 陈云文选：第三卷[M]. 北京：人民出版社，1995：350.
④ 陈云. 陈云文选：第三卷[M]. 北京：人民出版社，1995：352.
⑤ 陈云. 陈云文选：第三卷[M]. 北京：人民出版社，1995：357.
⑥ 陈云. 陈云文选：第三卷[M]. 北京：人民出版社，1995：356.
⑦ 陈云. 陈云文选：第三卷[M]. 北京：人民出版社，1995：108.
⑧ 陈云. 陈云文选：第三卷[M]. 北京：人民出版社，1995：50.

悉，"因此，必须边实践，边探索，边总结经验"①。"改革固然要靠一定的理论研究、经济统计和经济预测，更重要的还是要从试点着手，随时总结经验，也就是要'摸着石头过河'。"②

再如，总结经验要注意从错误和失败中总结。陈云说："要从成功的经验中学习，特别要从失败的经验中学习。这是使我们减少错误的好办法……有一种人，犯了错误只是觉得不好意思；另一种人，却把失败当作成功之母，从失败中吸取经验教训。后一种态度，显然是正确的。"③"犯错误，碰钉子，当然不好，但是从错误中能得到经验，练出本领。"④

陈云对于总结经验时端正指导思想和搞对思想方法也十分重视，认为如果指导思想和思想方法不端正，经验是总结不好的。他指出，1958年以后，"左"的错误严重起来，"错误的主要来源是'左'的指导思想。在'左'的错误领导下，也不可能总结经验"⑤。他说："要把我们的党和国家领导好，最要紧的，是要使领导干部的思想方法搞对头。"对于怎样才能把思想方法搞对头的问题，他强调了三点。"首先要学哲学，学习正确观察问题的思想方法。""我们观察、分析和解决问题的方法，是唯物辩证法，也就是毛主席说的实事求是，从实际出发。从实际出发的关键是，从片面的实际出发，还是从全面的实际出发？"⑥为此，他总结出了十五个字的体会，即"不唯上、不唯书、只唯实，交换、比较、反复"⑦。其次，"要讲真理，不要讲面子"⑧。"论事不论脸"⑨。

---

① 陈云. 陈云文选：第三卷[M]. 北京：人民出版社,1995:338.
② 陈云. 陈云文选：第三卷[M]. 北京：人民出版社,1995:279.
③ 陈云. 陈云文选：第二卷[M]. 北京：人民出版社,1995:185-186.
④ 陈云. 陈云文选：第三卷[M]. 北京：人民出版社,1995:107.
⑤ 陈云. 陈云文选：第三卷[M]. 北京：人民出版社,1995:282.
⑥ 陈云. 陈云文选：第三卷[M]. 北京：人民出版社,1995:46.
⑦ 陈云. 陈云文选：第三卷[M]. 北京：人民出版社,1995:371.
⑧ 陈云. 陈云文选：第一卷[M]. 北京：人民出版社,1995:296.
⑨ 陈云. 陈云文选：第一卷[M]. 北京：人民出版社,1995:346.

他说："事物是很复杂的，要想得到比较全面的正确的了解，那就必须听取各种不同的意见。"①"对于提出不同意见的人，决不要生气。他们的意见，对的或者错的，都有益处。正确的东西，是在否定错误的东西中生长起来的。"②"领导干部听话要特别注意听反面的话。相同的意见谁也敢讲，容易听得到；不同的意见，常常由于领导人不虚心，人家不敢讲，不容易听到。所以，我们一定要虚心，多听不同意见。"③再次，要把立场站对、站稳。他说："要真正做到实事求是，必须有无产阶级的立场。大家如果都能站在无产阶级立场上，方法就容易一致，对问题的看法就容易一致，事情就好办了。"④财经战线的老同志常说，陈云同志大错误没犯过，小错误也很少。之所以如此，我认为与他总结经验的方法对头有很大关系。

陈云的治国理政经验，主要形成于20世纪50年代至80年代，而现在无论社情、国情、政情、党情还是世情，都发生了很大变化，许多当年突出的问题，现在已经不突出甚至反过来了。但是，只要认真学习习近平总书记关于五大发展理念、以人民为中心的发展思想，以及"四个全面"战略布局等问题的系列论述，我们就不难发现，陈云治国理政经验中的许多基本理念、主要思想、重大原则，在今天仍然有着重要的现实意义。

习近平总书记在纪念陈云同志诞辰110周年座谈会上指出："在社会主义革命和建设时期，陈云同志为确立社会主义基本经济制度、建立独立的比较完整的工业体系和国民经济体系做了大量卓有成效的工作，为探索我国社会主义建设道路作出了杰出贡献。""在改革开放和社会主义现代化建设时期，陈云同志为我们党开创中国特色社会主义道路作出了卓越贡

---

① 陈云. 陈云文选：第三卷[M]. 北京：人民出版社,1995:188.
② 陈云. 陈云文选：第三卷[M]. 北京：人民出版社,1995:47.
③ 陈云. 陈云文选：第三卷[M]. 北京：人民出版社,1995:188.
④ 陈云. 陈云文选：第一卷[M]. 北京：人民出版社,1995:346.

献。"①他号召我们，要学习陈云同志坚守信仰的精神、党性坚强的精神、一心为民的精神、实事求是的精神、刻苦学习的精神。我们要以习近平总书记这一讲话精神为指导，把陈云思想生平研究持续深入地开展下去，把陈云的治国理政经验更好地梳理和总结出来，努力为党中央在新形势下的治国理政提供智力支持。

① 习近平.在纪念陈云同志诞辰110周年座谈会上的讲话[N]. 人民日报,2015-06-13(2).

陈云在中共全国代表大会作关于第一个五年计划的报告

陈云与经济战线上的"淮海战役"①

20世纪80年代中期，我国经济界接待了德国一个代表团，向人家请教治理通货膨胀的经验。对方答复："你们为什么要向我们请教，你们自己在这方面就有着世界上最成功的经验。"我方接待的人问是什么经验，对方说："就是你们新中国成立初期治理通货膨胀的经验啊！"可见，我们多么需要用包括艺术形式在内的各种形式，广泛宣传当年经济战线的那场斗争。由北京电视艺术中心摄制的8集电视连续剧《陈云在1949》，便是用艺术手段宣传那场斗争的一部好作品。

1949年上半年，随着越来越多的大中城市的解放，稳定经济的任务日益突出起来。由于国民党统治时期留下的恶性通货膨胀和投机资本的趁火打劫、兴风作浪，在许多新接收的城市中，人民币站不住，生产困难，物价攀升，人心浮动。对新中国抱有敌意的帝国主义在一旁幸灾乐祸。抱中间立场的人说："共产党军事100分，政治80分，经济打0分。"就连同情新政权的朋友们，也对中国共产党能否收拾这个烂摊子缺乏信心。因此，迅速制服通货膨胀这匹脱缰的野马，成为对共产党人能否既打天下又治天下，既打江山又坐江山的严峻考验。就在这时，中央决定将陈云从东北局调回，主持筹组中央财经委员会，负责全国的经济工作。陈云受命后，立即着手组建从中央到地方的财经领导体系，然后通过深入调查研究和周密部署，在党中央强有力的领导和支持下，连续向投机资本发动了银元之战、棉纱之战、米粮之战，用不到一年的时间，彻底击败了投机资

---

① 本文是作者应电视连续剧《陈云在1949》摄制组之邀写的影评，曾刊载于《前线》1998年第10期。收入本书时，作者略作修改。

本，消除了国民党留下的恶性通货膨胀的后遗症，稳住了物价，不仅向世人证明了中国共产党人的治国能力，而且创造了世界经济史上的奇迹。正因为如此，毛泽东曾高兴地称赞这个胜利的意义"不下于淮海战役"。《陈云在1949》所描写的，就是共和国诞生前后经济战线上进行的这场"淮海战役"。

这部剧既是重大革命历史题材，又是经济题材，因此，如何把陈云这个主要人物写好演好，是一个关键问题。应当说，它通过一些典型素材，成功地塑造了陈云的艺术形象，充分展示了他作为新中国经济工作的主要领导人，在指挥经济战线上这场"淮海战役"中的领导能力、领导艺术和领导风格。例如，他善于在纷繁复杂的事物中抓住要害问题，进京不久，便提出"抓住上海，稳定全国"的方针。他有"运筹帷幄之中，决胜千里之外"的指挥才能，时刻注意人民币与银元、美钞的比价，注意粮食、棉花等物价的变动，运用集中兵力打歼灭战的原则，部署物资的收集、调运、贮藏，在一切准备就绪后，一声令下统一抛售，使投机资本没有喘息之机。为了反映他模范执行党的统一战线政策，剧中表现他三次登门拜访爱国民主人士、经济学教授和民族资本家，打消他们的顾虑，表明政府一定会把国家搞好的决心和信心。剧中还表现他勤于思考、多谋善断，工作作风深入细致，经常去市场观察了解行情；他遇事亲自动手，为了确定公债的发行量，一边查资料，一边打算盘，一直干到天亮；为了解决好公私兼顾问题，他思考各种可能的方案，在房间来回踱步，以至为孩子们声音过大干扰了他的思考而大发脾气。

同其他领袖人物一样，陈云也有自己的个性。要成功地刻画陈云的形象，除了要描写大事，也要有一些日常生活的小事，通过这些小事衬托他的个性。这方面，《陈云在1949》也下了不少功夫。例如，剧中描写陈云刚到北京，秘书问他有什么打算，他沉吟道："安下地盘试一试，只能根据实际情况办事……办什么事都要摸着石头过河。"通过这个情节，表现了陈云谨慎的性格。剧中还多处表现陈云幽默的性格。一次，陈云在上海，陈毅市长请他吃饭。饭桌上陈毅谈起上海的困难，说："上海550万人，每天至少需要400万斤粮，吃饭成问题啊！"陈云一听，马上放下筷子，笑道："这顿饭不敢吃，鸿门宴啊！"另外，剧中还描写陈云回到家中让孩子摸自己的胡子，轮流拍孩子的屁股；让汽车中途停下来，侧耳细听路旁书场传出的评弹声等细节。这些描写，使陈云的个性形象更加丰满，栩栩如生，可敬可爱。

陈云是这部电视剧的主要人物，但他在指挥同投机资本的斗争中，并非单枪匹马、独往独来，而是置身于党中央的领导集体之中，是在党中央、毛主席、周总理的领导之下开展工作的。对这一点，《陈云在1949》也处理得比较好。毛泽东、周恩来在剧中出场虽然不多，但在关键时刻，都能看到他们的身影或听到他们的声音。例如，在讲述陈云指挥"棉纱之战"这段历史时，就有这样的情节：陈云决定于11月25日全国统一抛售棉纱，然后迅速将方案上报中央。周恩来收到后，立即批示："主席如果还没睡，请马上送阅。已经睡了，先将电报发了，发后再送主席审阅。"当时毛泽东没有睡下，看到后当即批示："马上发，发后再送少奇和朱德同志。"剧中正是通过这样的情节，不仅展示了毛主席、周总理在这场斗争中的领导作用，也表现了党中央的集体智慧和团结一致。

《陈云在1949》要描写我们党同投机资本的斗争，不能回避当年对上海证券交易所的查封。而当前党的政策是在坚持公有制为主体的前提下，发展多种所有制经济；在加强宏观调控的前提下发展各类资本市场，包括证券市场。因此，如何运用历史唯物主义的观点，全面地反映当时的斗争，揭示打击投机资本、查封上海证券交易所的实质，不使人们产生某种疑虑，是这部剧成功的另一个关键性问题。剧中刻画了七八个资本家，而真正死心踏地搞投机买卖，不顾人民死活，想与共产党较量、发国难财的只有两个。对于守法经营的，党和政府不仅不为难，还从原料、资金等各个方面给以帮助，甚至做工人的工作，让他们考虑到资本家的困难，暂时不提出涨工资的要求。关于查封上海证券交易所，剧中则是在重笔描写了投机资本的猖獗、广大群众的抱怨、人民政府的一再警告后，才安排了查封那场戏。而且，就在上海证券交易所大楼被查封之后，陈云又批准天津成立证券交易所，允许上市交易棉纺、化工、糖业、盐业等 14 种股票。陈云对前来汇报请示的天津市干部说："我们查封上海证券交易所，是因为它搞投机，破坏金融，扰乱市场。但我们并不反对正常的证券交易，它可以吸引游资，减轻市场压力，还可以使交易公开化，便于我们控制、引导，建立我们自己的证券交易所，应该是好事，更何况你们上市的都是有关国计民生的企业，为什么不理直气壮呢？"这些，既有史料依据，又有剧作者的艺术创作。这样处理，符合历史，也解决了与现实政策的衔接问题。

应当指出，《陈云在 1949》的摄制与上映，不仅同现实政策不存在矛盾之处，而且具有很强的现实意义。这部剧所描写的虽然是 50 年前的事，但那场斗争的基本经验在今天仍然有不少可借鉴之处。我们当前正在由计划经济体制向社会主义市场经济体制转变，特别需要注意加强宏观调控，安排好粮食、棉花等关系国计民生的重要物资的生产与流通，以使经济建设建立在市场物价稳定的基础上。尤其是在国际投机资本兴风作浪、亚洲许多国家相继出现金融危机的情况下，如何加强金融监管力度，采取有效措施防范和化解金融风险，确保国家的经济安全，越来越成为我们面临的重要课题。最近在南方一些城市，公安部门不仍然在出动警力，严厉打击外汇的黑市交易吗？这与 50 年前发生在上海等城市的那场斗争，在本质上是一样的，所不同的只是，那时来不及制定法律，而现在则有法可依。在这种背景下，人们一定会从《陈云在 1949》中得到多方面的启示。

陈云与中国工业化的起步①

实现国家工业化是自 1840 年以后，中国所有仁人志士的共同梦想和追求。但在清王朝、北洋军阀和国民党反动政府当权的时代，这些美好的梦"一概幻灭了"②。只是到了 1949 年，中国共产党领导人民推翻了三座大山，建立了中华人民共和国之后，国家工业化的理想才变成了切实可行的计划，并且只经过了 1953 年至 1957 年第一个五年计划的建设，就为新中国工业化奠定了初步基础。

中国工业化之所以能在这么短的时间里取得如此惊人的成就，一个重要原因是以毛泽东为核心的中央第一代领导集体从中国的实际出发，正确解决了在工业化起步时遇到的方向、战略、布局、资金、人才、规模、速度等一系列工业化的基本问题。而在这一过程中，作为这一领导集体重要成员并主管全国财经工作的陈云，发挥了独特的作用，提出了许多具有深远意义的主张，作出了不可磨灭的贡献。了解和研究陈云的这些作用和主张，对于我们更加深刻地理解中国工业化的特点和意义，全面认识新中国成立后许多重大方针政策的由来和实质，认真总结工业化和四个现代化建设的经验和教训，深入探索和努力掌握其中的客观规律，都是十分有益的。

① 本文先后刊载于《当代中国史研究》1995 年第 3 期和 1995 年 6 月 29 日《人民日报》，题为《陈云与中国工业化起步过程中若干基本问题的解决》。收入本书时，作者修改了标题。
② 毛泽东. 毛泽东选集：第三卷[M]. 北京：人民出版社，1991：1080.

一、"一五"计划的编制和实施与新中国工业化发展战略、布局和方向问题的解决

"一五"计划的主体是社会主义工业化，从这个意义上说，它也就是我国工业化的第一个五年计划。这个计划从1951年开始酝酿，到1955年公布，先后编制过5次。这5次之中，除了第四次以外，其他几次都是由陈云主持的。由于他当时担任政务院副总理兼中央财政经济委员会主任，所以，组织实施这一计划的重任，也主要落在了他的肩上。"一五"计划涉及的问题很多，但就工业化来说，首先是发展战略、布局和方向问题。在这几个重大问题上，陈云都通过主持编制和组织实施"一五"计划，使党中央的意图得到了全面的贯彻落实。

（一）关于工业化的发展战略问题

把中国由落后的农业国变为先进的工业国，这是中国共产党人早在民主革命时期就提出的奋斗目标。但采取哪种战略来实现这个目标，那时并不明确。新中国成立后，这个问题很快被提到议事日程上来。当时摆在人们面前可供选择的战略有两种：一种是较早工业化国家的模式，即先发展轻工业，待积累了大量资本后，再发展重工业；一种是苏联的模式，即优先发展重工业，在较短的时间里使国家迅速工业化，迎头赶上工业强国。由于这两种战略各有利弊，党内外对此曾有过不同意见。经过反复权衡和深入讨论，党中央作出了优先发展重工业的战略决策。

为什么要优先发展重工业？是单纯向苏联学习的结果，还是从中国实际出发作出的冷静选择？对这个问题，陈云在1955年3月党的全国代表会议上所作的题为《关于发展国民经济的第一个五年计划的报告》中，曾经做过回答。他说：我国的农业是落后的，铁路和其他交通设备也不足，都需要发展和扩建。但是，能够使用于五年计划建设的财力有限，如果平均使用，百废俱兴，必然一事无成。而且，没有重工业，就不可能大量供应

化肥、农业机械、柴油、水利工程设备，就不可能大量修建铁路，供应铁路车辆、汽车、飞机、轮船、燃料和各种运输设备。另外，要系统地改善人民生活，必须扩大轻工业。但现实的情况是，许多轻工业设备还有空闲，原因就是既缺少来自农业的，也缺少来自重工业的原料。再者，我们还处在帝国主义的包围之中，需要建设一支强大的现代化的军队。这一切都决定了我们不能不优先发展重工业。[①]

对于这一发展战略，"一五"计划从基本建设项目、投资和发展速度上都给予了充分保证。那些限额以上的项目（重点是苏联援助建设的"156项"），或填补了我国工业的空白，或大大提高了原有工业的水平，形成了我国现代工业体系的骨干。五年下来，工业新增固定资产214亿元，比旧中国100多年积累的总和翻了近一番。五年里，平均每年工业发展速度为18%，其中，生产资料的生产为25.4%；工业产值占工农业产值的比重由30%上升为43%，重工业产值占工业产值的比重由35.5%上升为45%，大大改变了旧中国工业特别是重工业落后的局面。

在保证优先发展重工业的同时，陈云对轻工业和农业生产一直十分重视。"一五"计划规定，要充分地合理地利用原有轻纺企业，发挥它们的潜力。事实上，轻工业在"一五"期间的发展并不慢，产值的年增长率达到14.3%，利税增长2.8倍，不仅基本满足了人民需要，而且为国家建设提供了100多亿元的积累。陈云在中共七届六中全会上指出，必须在发展工业的同时，用各种方法来增加农业的产量，使农业能够尽量适应或至少不落后于工业的发展。他认为，用大规模开荒和修水利来解决粮食问题的条件在"一五"时期都不具备，而根据已成立的互助组和合作社的经验，平均产量可以提高15%~30%（后来核定为10%~20%），是花钱少见效快的办法。为此，"一五"计划除了拿出占基本建设总支出7.6%（加上地方

---

① 陈云. 陈云文集:第二卷[M]. 北京:中央文献出版社,2005:592.

水利投资、军垦费、农村救济费、黄河治理费、长期农贷等，则为15%）的资金用于农业投资外，还在财力上尽可能支持了农业合作化。到了1957年，粮食产量达到3 900亿斤，比1952年增产620亿斤，增幅为19%。

在"一五"计划的执行即将结束的时候，陈云又根据前一段工作暴露出的矛盾和工业化已有初步基础的实际情况，按照毛泽东在《论十大关系》中阐述的方针，及时提出调整重、轻、农投资比例，以及增加为轻工业和农业生产服务的重工业投资的意见，从而进一步完善了工业化的发展战略。

（二）关于工业化的布局问题

旧中国的工业不仅底子薄，而且布局极不合理，沿海地区（主要是几个大城市）只占国土10%，却集中了全国80%左右的工业设施。究竟如何布局好？对这个问题，陈云早在1950年研究苏联援建项目时就开始思考。他指出："搞工业要有战略眼光。选择地点要注意资源条件，摆在什么地方，不能不慎重。"①后来，"一五"计划将限额以上的工业建设单位中的大部分，分布了中部、西部以及东北地区。到了1957年，内地的基建投资占全国投资总额的比重由1952年的39.3%上升为49.7%，工业总产值占全国工业总产值的比重也由1952年的29.2%上升为32.1%，初步改变了工业过分偏重于沿海地区的状况。这对于工业化过程中的资源节约和地区间的合理发展，以及国家的统一、稳定和国防安全都是十分有利的。

对于在进行工业布局中出现的一些偏差，主要是对沿海老工业基地的作用关注不够和片面理解建立独立工业体系的含义，急于在一些行政区和省的范围内安排门类齐全的工业项目，陈云都及时提出了纠正意见。他在1955年就批评了那种只顾本地发展的本位主义和局部观点，说这在工业

---

① 陈云. 陈云文选：第二卷[M]. 北京：人民出版社,1995:98.

中是个内地与沿海的关系问题，内地要发展，但沿海城市的生产能力有余，因此，要根据原料、生产、销售和运输情况，进行综合研究。他还指出："建立工业体系只能首先从全国范围开始，然后才是各个协作区，再后才是许多省、自治区。""在一个省、自治区以内，企图建立完整无缺、样样都有、万事不求人的独立的工业体系，是不切实际的。"[①]后来的实践证明，陈云的这些意见都是正确的。

（三）关于工业化的方向问题

"一五"计划是根据党在过渡时期的总路线而制订的。这条总路线是：在一个相当长的时期内，逐步实现国家的社会主义工业化，并逐步实现国家对农业、手工业和资本主义工商业的社会主义改造。就是说，中国工业化的方向是社会主义，而不是资本主义。因此，陈云在1954年6月向中央政治局扩大会议作《关于五年计划的主要内容和意见的报告》时指出，"一五"计划的目标是：建立我国社会主义工业化和国防现代化、农业合作化以及对于资本主义工商业实行社会主义改造的初步基础。

我国社会主义性质的国营工业，是在新中国成立初期由没收官僚资本转化而来的，1949年，固定资产约有80多亿元，而产值只占全国工业总产值的34.7%。在这种情况下，要使工业化具有社会主义性质，首先必须运用国家政权的力量，优先发展全民所有制工业，提高它在整个工业中的比重。1950年，陈云在谈到发展轻工业问题时说："现在有些资本家有这样的想法：政府搞重工业，他们搞轻工业，政府搞原料工业，他们搞制造工业，包袱都要你背，他们赚钱。我们当然不能这么办。""五种经济成分同时存在，但是要在国营经济领导之下。要使私人经济跟着走，有一个条件，就是国营经济有相当的力量。你有力量它就跟着你走，你没有力量它就不听你指挥。"[②]为此，"一五"计划将建设资金主要投向了国营工业，

---

① 陈云. 当前基本建设工作中的几个重大问题[J]. 红旗,1959(5).
② 陈云. 陈云文选:第二卷[M]. 北京:人民出版社,1995:136.

从而从根本上保证了工业化的社会主义方向。1957年，国营工业的固定资产达到272亿元，比新中国成立时增加了3倍，产值占到了全国工业总产值的53.8%。

保证工业化的社会主义方向的另一方面，便是对资本主义工业进行社会主义改造。这一工作，在党中央领导人的分工中，也是由陈云主管的。早在新中国成立初期，对私营工业就采取了国家资本主义的过渡形式，即由国家收购其产品，逐步发展为加工订货、统购包销，直至公私合营。"一五"计划规定，五年之内，将私营工业中将近一半的大型企业实行公私合营；同时，对私营工业的生产采取全行业安排的方法。但到了1955年下半年，不少地方出现了全行业公私合营的新情况。这种情况，陈云认为"并不是哪个人空想出来的，是经济发展的结果"[1]。因为，既然要对私营工业进行全行业的生产安排，就会碰到所有权私人占有的障碍，这个问题不解决，就难以进行企业的合并、改组、淘汰。另外，即使生产安排好了的私营企业，如果不实行公私合营，而是长期停留在加工订货的办法上，资本家也会由于利润按照成本计算而不愿意降低成本、节约原料。为了减轻公私合营中的阻力，陈云不仅赞成对资本家采取赎买政策，而且主张推广定息的办法。据估计，那时全国私营资本，工业方面有25亿元，商业方面有8亿元，定息5%，一年不过1.6亿元。他说："用这点钱，便把中国的资本家统统包下来了。"[2] "企业的私有制向社会主义所有制的改变，这在世界上早已出现过，但是采用这样一种和平方法使全国工商界如此兴高采烈地来接受这种改变，则是史无前例的。"[3]在私营工业实行公私合营的高潮中，也出现了一些偏差。比如，许多地方要求过急，工厂不该合并的合并了，可以合并的也合并得太大了。国务院于1956年2月8日作

---

① 陈云. 陈云文选：第二卷[M]. 北京：人民出版社，1995：286.
② 陈云. 陈云文选：第二卷[M]. 北京：人民出版社，1995：289.
③ 陈云. 陈云文选：第二卷[M]. 北京：人民出版社，1995：309—310.

出了关于合营企业经营管理方式半年不动的决定，停止了这种盲目合并的趋势。陈云在同年3月30日召开的全国工商业者家属和女工商业者代表会议上指出，企业改组并不是都要并厂并店，并错了的，要分开来，退回去。6月18日，他又在全国人大一届三次会议上指出，半年期满后，也不是说各行各业就都能进行改组。再如，有些企业出现比合营前质量降低、品种减少，管理马虎的情况。陈云认为，出现这种情况的原因，一是没有了企业间的竞争，二是没有了利润刺激。为此，他提出对一些商品不再由国家统购包销、对商品设计建立奖励制度、优质优价、由经理人员负责质量等措施。又如，合营后，对部分资方人员的安排不适当。对这个问题，陈云从一开始就明确指出："把资方人员安排在原企业当经理，这是政府的政策。""资本家懂得技术，能管理工厂，组织生产。政府安排资本家并不是对资本家特别好，而是因为这对国家对人民都有好处。"[1]针对一些同志怕搞不赢资本家的顾虑，陈云说："在工厂管理中，可以实行竞赛，只要我们不犯大错误，不是糊里糊涂，那末，社会主义方法是一定可以战胜资本主义方法的。"[2]当然，尽管做了纠偏工作，在这场改变所有制的伟大变革中，还是存在过急过快等缺点。但任何缺点都无法掩盖一个基本的事实，那就是，全行业的公私合营调动了广大私营企业工人的生产积极性，提高了劳动生产率，起到了解放生产力、促进社会主义工业化的作用。

二、计划经济体制的建立与新中国工业化资金和人才问题的解决

早在解放战争时期，陈云作为东北财经委员会的负责人，就率先在东北解放区领导了有计划的经济建设工作。新中国成立后，他又作为中央财经委员会的负责人，参与领导了新中国计划经济体制的创立。建立这一体

---

① 陈云. 陈云文选:第二卷[M]. 北京:人民出版社,1995:302-303.
② 陈云. 陈云文选:第二卷[M]. 北京:人民出版社,1995:288.

制固然同当时向苏联学习有很大关系，但在新中国成立初期那种特定的历史条件下，主要是为了适应我国一方面要迅速实现工业化，另一方面国家底子又很薄，特别是资金少、人才缺的实际情况。江泽民在党的十四大报告中指出："原有经济体制有它的历史由来，起过重要的积极作用。"[①]事实表明，这一论断完全正确。

（一）关于工业化的资金问题

工业化建设需要大量资金，优先发展重工业需要的资金更多。但中国由于在近代受尽帝国主义的欺负，能够作为工业化资本积累的钱财，几被搜刮殆尽。新中国成立前夕，蒋介石又从大陆劫走了大量财富。因此，摆在新中国面前的是一个一穷二白的烂摊子，缺的恰恰就是资金。能否向外国借钱呢？当时，帝国主义对新中国采取敌视态度，实行封锁、禁运政策，怎么可能借钱给我们发展工业？苏联是肯借钱的，也确实以优惠条件给了我们总共17亿卢布的贷款。但这点贷款仅占我们工业基本建设投资的3%多一点，而且，它也正面临战后的恢复，不可能借更多的钱给我们。在这种情况下，唯一的出路只有靠我们自己内部积累。

新中国由于推翻了帝国主义、封建主义、官僚资本主义三座大山，由于对民族资本实行利用、限制、改造的政策，因此完全有可能靠内部积累来解决工业化资金的来源问题。但是，有这些资金来源，并不等于工业化的资金问题就解决了。因为，"一五"计划用于基本建设的投资为427.4亿元，相当于170亿美元，远远超过了当年苏联和印度"一五"计划的投资额，如果稍有不慎，财政就可能收不上来这么多，投资计划就会失去保证。而且，中国遭受了长期战争的破坏，当时还在进行抗美援朝，人民政府既要恢复经济，又要进行新的建设，既要提高人民生活水平，又不能减少国防开支，需要花钱的地方很多。在这种情况下，只有由中央集中掌握

---

① 江泽民. 江泽民文选：第一卷[M]. 北京：人民出版社，2006：212.

和使用财政收入，由国家有计划地合理配置资金，才能免于资金的分散与浪费，工业化建设资金来源的可能性才能成为现实性。

对于财政收入由中央统一掌握、集中使用与节约资金、保证重点的关系，陈云曾做过大量论述。他在新中国成立初期就说过："目前国家的财政收支不但不富裕，而且有赤字，可以机动使用的现金和物资本来很少。这微小的机动力量，如果不放在中央人民政府手里，而分散给全国各级地方政府，其后果必然是把这微小的机动力量丧失无余，必然是全局不机动，大家不机动。这正像作战一样，把机动兵力分散了，不是大吃败仗，就是难获全胜。"①当时，中财委对基建项目的审批权限作了严格的规定，其中包括各地凡属创办价值50万元以上的新工厂，均须呈报党中央。陈云认为，这些规定之所以必要，"不仅为了使国家在现金运用的迟早上，力求合理，更主要的是为了减少国家在经济文化建设中的浪费"②。

为了保证工业化建设的资金，陈云还特别重视防止通货膨胀，保证市场物价的稳定。因为，通货膨胀、物价不稳，不仅影响人民生活，而且影响财政收入。而在影响财政收入的诸种因素中，粮食的价格在当时是最关键的。1952年，我国粮食产量达到了历史最高水平，但由于城市人口和农村吃商品粮人口的增加，以及农民自身粮食消费的增加，供销矛盾反而加剧了。那时，国家需要的粮食，除了公粮（农业税）有保证以外，其余要从粮食市场上购买。因为粮食供不应求，粮贩子大肆收购，囤积居奇；农民待价而沽，不肯出售。能否任凭粮价上涨呢？陈云说："粮价涨了，物价就要全面涨。物价一涨，工资要跟着涨。工资一涨，预算就要超过。"③这样一来，工业投资就失去了保证。能否进口粮食呢？陈云认为，如果把外汇都用于进口粮食，"就没有钱买机器设备，我们就不要建设

---

① 陈云. 陈云文选：第二卷[M]. 北京：人民出版社，1995：73.
② 陈云. 陈云文选：第二卷[M]. 北京：人民出版社，1995：122.
③ 陈云. 陈云文选：第二卷[M]. 北京：人民出版社，1995：207.

了，工业也不要搞了"①。经过反复研究，他向党中央提出了对粮食等主要农副产品实行计划收购和计划供应，即统购统销的建议，并由党中央作出了决定。以后的事实证明，这一政策在当时的历史条件下不仅稳定了市场，避免了由于粮价上涨或进口粮食而增加财政预算和外汇的开支，而且大大增强了农副产品出口和工业设备进口的能力。

统购统销是在我们这样一个经济落后的国家，为迅速实现工业化而采取的重要手段之一。但是，这一政策完全不同于苏联在工业化建设初期所实行的那种近乎无偿占有农民粮食的余粮征集制。正如陈云所说："国家规定的计划收购和计划供应的牌价，是充分照顾了农民和消费者的利益的，是完全公道的。"而且，在"国家卖出粮食的总数中，有三分之一以上是卖给缺粮的农民的"②。当然，粮食等农副产品的统购价格与工业品价格之间存在剪刀差。对此，陈云一方面肯定它的必要性，反对过早地取消它；另一方面，又主张不要任意扩大它，并要根据情况逐步缩小它。他指出："中国是个农业国，工业化的投资不能不从农业上打主意。搞工业要投资，必须拿出一批资金来，不从农业打主意，这批资金转不过来。但是，也决不能不照顾农业，把占国民经济将近百分之九十的农业放下来不管，专门去搞工业。"③他说："缩小工农业产品价格的剪刀差，这是我们的目标，共产党的政权必须这样做，不能忘记。革命就是为了改善最大多数人民的生活，但是由于我们工业品少，也不要以为很快可以做到。这个问题我有责任说清楚，因为还要积累资金，扩大再生产。""提高农产品收购价格，降低工业品价格，提高工资，这三条应该说都是好事，都应该做，但是，都不能做得太早，要极其慎重，要量力而行。"④然而，当一位负责财政工作的领导同志主张通过提高工农产品比价，从农民那里再多拿

① 陈云. 陈云文选:第二卷[M]. 北京:人民出版社,1995:211.
② 陈云. 陈云文选:第二卷[M]. 北京:人民出版社,1995:260.
③ 陈云. 陈云文选:第二卷[M]. 北京:人民出版社,1995:97.
④ 陈云. 陈云文选:第二卷[M]. 北京:人民出版社,1995:194-195,245.

点钱，用于扩大基本建设时，他又召集有关同志辩论了三天，最后使那位同志放弃了自己的意见。

由于统购统销政策的实行，"一五"时期尽管国民经济以平均每年11.3%的高速度增长，但物价指数的年均上涨幅度却只有1.1%。这不仅大大有利于财政收支的基本平衡和工业基本建设投资计划的实现，而且大大有利于人民生活水平的提高。这一期间，人民群众的消费水平年均提高不到7%，但由于物价稳定，这种提高是实实在在的，对大多数人是公平的，是人民所满意的。

对统销政策，陈云早在开始实行时就说过，这只是暂时的措施，"只要工业和农业的生产增加了，消费品的生产增加到可以充分供应市场需要的程度，定量分配的办法就应该取消"①。对统购政策，陈云从我国国情出发，虽然主张长期实行，但也认为应根据客观情况的变化加以调整，不能一成不变。

（二）关于工业化的人才问题

要进行大规模工业建设，就必须有足够的具有现代科技和经营管理知识的人才。据当初计算，"一五"期间，仅工业、交通运输业两项就需增加技术人员近40万人。然而，旧中国1928年至1947年累计培养的大学生只有18.5万人；1927年至1947年，在高等工科学校毕业的只有3万人；新中国成立时学地质的大学毕业生，总共不过200人。为了解决这一矛盾，"一五"计划把建立和扩大高等学校与中等技术学校作为重要任务，计划在5年里从高等学校中毕业28.3万人。但能否等到这些人才培养出来之后再进行工业化建设呢？陈云指出，这是不行的。因为，"全国解放了，人民民主政权建立了，如果还不进行大规模的经济建设，则中国革命的胜利是没有保障的"②。能否让人才自由流动，或者由各部门据为己有

---

① 陈云. 陈云文选：第二卷[M]. 北京：人民出版社，1995：261.
② 陈云. 陈云文选：第二卷[M]. 北京：人民出版社，1995：183.

呢？陈云认为也是不行的。他指出，必须"集中使用全国有限的技术人才"。"要在全国范围内统一调度，按国家的需要合理分配。""因为只有如此，才能统一行动，发挥力量。"①事实说明，正是由于对关键性岗位的技术人才、教学人才采取了集中统一调度和分配的办法，再加上有计划地兴建新的高等学校和中等技术学校、举办各种训练班和培训班、聘请外国专家，我国工业化建设初期人才不足的难题才得到了解决。

陈云主张对人才由国家统一培养和使用，这只是他根据当时的实际情况提出的一项对策，而不是他解决这一问题的出发点。他的出发点是，搞工业化，必须有人才。从这一点出发，他主张对旧社会培养的知识分子要积极教育，充分信任，大胆使用，不能搞关门主义。他指出："这些人是我们的'国宝'，是实现国家工业化不可缺少的力量，要很好地使用他们。"②他在资本主义工商业改造高潮时还说过："资本家有本领，应该说是财富。在中国的封建地主阶级、官僚资产阶级、民族资产阶级、农民阶级和工人阶级中，民族资产阶级是文化程度高、知识分子多的一个阶级。如果解放后资产阶级的工程师都不干了，我们就会经过一个相当时期的混乱。"③还是从这点出发，在"文化大革命"结束以后，他针对中年知识分子生活、工作负担重，工资收入低，很多人健康水平下降的问题，建议中央拿出一些钱来"抢救"他们，并指出："改善他们的工作条件和生活条件，应该看成是基本建设的一个'项目'，而且是基本的基本建设。生产、科研、教育、管理部门的知识分子，是任何一个工业化国家最宝贵的财富。"④他还指出："必须肯定，七十年代、八十年代的技术水平，应该来之于这些五十年代、六十年代水平的技术骨干。"⑤今天，建设人才多了，

① 陈云. 陈云文选：第二卷[M]. 北京：人民出版社,1995:45,184.
② 陈云. 陈云文选：第二卷[M]. 北京：人民出版社,1995:46.
③ 陈云. 陈云文选：第二卷[M]. 北京：人民出版社,1995:337.
④ 陈云. 陈云文选：第三卷[M]. 北京：人民出版社,1995:312.
⑤ 陈云. 陈云文选：第三卷[M]. 北京：人民出版社,1995:281.

完全由国家统一培养和使用的必要性已逐渐减弱了，但是，陈云这种把人才问题和工业化问题联系起来考虑的思路，对我们研究解决教育经费不足、人才外流等新出现的人才问题，仍然是有启迪意义的。

新中国成立初期选择计划经济的重要原因是为了集中使用有限的资金和人才，但搞计划经济绝不意味着可以不顾客观经济规律，凭主观意志瞎指挥。陈云反复告诫做经济工作的同志，要学会成本核算，要密切注意市场动向，要搞经济，不要搞"政治经济"。他曾说过，货物从上海出厂，转到天津、北京再到保定，然后再到石家庄，这个路线不是按经济原则，而是按着政治系统定的。这样做买卖，就要赔钱。他还说："我们是政治家、军事家，还不是企业家。外行办事总是要吃亏的。偶然浪费少数钱尚可请人民原谅，老是浪费，年年如此，人民是不能原谅的。""必须学会经济核算，算一算帐，力求省一点。要计算成本，出一个成品要多少工，市场上是什么价格，等等，都要计算好。"①对于实行计划经济体制带来的弊病，如集中过多、统得过死、缺少竞争、活力不足等，陈云也发现得比较早，并且在"一五"计划尚未结束时就提出了对高度集中的计划经济体制加以改革的设想，即"三个主体、三个补充"。党的十一届三中全会之后，他进一步提出了整个社会主义时期必须有两种经济，即计划经济部分和市场调节部分的思想，为经济体制的全面改革提供了重要的理论依据。后来，他又赞成计划经济不等于以指令性计划为主，指令性计划主要依靠运用经济杠杆的作用来实现的提法，认为这种概括"完全符合我国目前的实际情况"。他说："现在，我国的经济规模比五十年代大得多，也复杂得多。五十年代适用的一些做法，很多现在已不再适用。""如果现在再照搬五十年代的做法，是不行的。即使那时，我们的经济工作也是按照中国的实际情况办事的，没有完全套用苏联的做法。"②这些论述，对人们后来解

① 陈云. 陈云文选：第二卷[M]. 北京：人民出版社，1995：132.
② 陈云. 陈云文选：第三卷[M]. 北京：人民出版社，1995：337.

放思想，深化经济体制改革，起到了积极作用。

三、综合平衡和按比例发展思想的提出与新中国工业化规模和速度问题的解决

国民经济要综合平衡和按比例发展，这是陈云在"一五"时期提出的一个重要思想。这一思想，来源于他对中国工业化建设的规模和速度问题的长期探索和深入思考。中国经济落后，所以需要通过迅速工业化赶上去。同时，也正因为落后，所以人们往往倾向于把建设的规模搞得再大一些，把发展的速度搞得再快一些。陈云认为，规模搞多大，速度搞多快，并不取决于人们的良好愿望，而取决于国民经济各个方面是否做到了综合平衡，各个部门之间是否合乎比例。就是说，国民经济在总量上和结构上是否平衡。"一五"时期，工业化建设的规模和速度问题之所以解决得比较好，与这个指导思想有着直接的关系。

（一）关于工业化的建设规模问题

所谓建设规模，首先是指基本建设项目和资金安排的多少。这个问题，从"一五"计划开始编制时就碰到了。尽管计划安排的项目有近万个，基建投资占了经济和文教事业总支出的55.8%，但各方面要求上项目、加投资的呼声仍然很高。针对这种要求，陈云在关于"一五"计划的报告中指出："建设规模能否扩大，不单要根据需要，还必须根据是否可能。这就是说，必须根据国家是否有足够的财力和技术力量，能否供应设备。"[①]

"一五"计划在执行过程中也发生过曲折。这主要是1955年农业丰收之后，出现了要求提早完成社会主义工业化、要求中国工业化的规模和速

---

① 陈云. 陈云文集：第二卷[M]. 北京：人民出版社，1995：602.

度都再适当扩大和加快的冒进倾向。在这一倾向的影响下，1956年的基建投资比1955年增长62%，大大超过当年国家预算收入和钢材、水泥、木材等原材料的增长速度。结果，财政收支发生赤字，生产资料供应出现缺口，社会购买力与商品可供量不相适应。为此，陈云同周恩来一起进行了纠偏工作，并使1957年的基本建设投资计划数比1956年的实际完成数减少了20.6%，遏制了急躁冒进的倾向。

经过总结经验教训，陈云在1957年1月18日的各省、自治区、直辖市党委书记会议上，提出了建设规模要和国力相适应的观点，以及防止建设规模超过国力的制约方法。从他的这篇讲话和此后的一些讲话、文章中看，这些制约方法主要是：一看财政收支、银行信贷、物资供应、外汇收支是否平衡，二看农业能否承受，三看人民生活的提高是否有保证。他说过，在20世纪50年代，他对基本建设投资的办法就是"砍"，"'砍'到国家财力、物力特别是农业生产所能承担的程度才定下来"①。他还指出："搞建设，必须把农业考虑进去。所谓按比例，最主要的就是按这个比例。""'农轻重'的排列，就是马克思主义与中国革命实践相结合。"②农业和市场问题，是关系人民生活的大问题，是民生问题。"解决这个问题，应该成为重要的国策。为了农业、市场，其他的方面'牺牲'一点，是完全必要的。""有多大余力，就搞多少基本建设。今年如此，今后也要如此，使人民的生活一年一年好起来。"③

陈云主张要在保证人民生活水平不断提高的基础上进行基本建设，绝不是说只顾生活水平提高，不顾基本建设。相反，他历来倡导，为了实现工业化，必须艰苦奋斗。早在1955年他就说过："必须在进行建设的同时，尽可能提高人民的生活水平，这是人民革命和国家建设的最高目的。

① 陈云．陈云文选：第三卷[M]．北京：人民出版社，1995：214．
② 陈云．陈云文选：第三卷[M]．北京：人民出版社，1995：251，246-247．
③ 陈云．陈云文选：第三卷[M]．北京：人民出版社，1995：210．

但是，又必须看到生活水平的提高只能是一种稳步渐进的提高。我国是一个人口众多的国家，原来的生产水平很低，只有经过六亿人自己克勤克俭的劳动，进行几个五年计划，大大提高我国的生产力，才有可能大大提高我国人民的生活水平。"①后来，他把正确处理人民生活与基本建设关系的方针形象地概括为"一要吃饭，二要建设"八个字。在1979年国务院财经委员会的一次会议上，他讲到四化目标能否实现时还说过：不能把人民生活现代化和四化搞到一起。"当四个现代化实现的时候，人民生活水平必有提高，而且提高的程度不会小，但还不能同美、英、法、德、日等国相比，因为我国人口众多，其中大部是农民，那样比是办不到的。现代化应以最先进的工业为标志，这毫无疑问是可以完成的。"②

（二）关于工业化的发展速度问题

对速度问题，陈云在编制"一五"计划时就反复强调，必须遵守按比例平衡发展的法则。就是说，制定工业发展速度，不能只考虑工业本身的情况，还要考虑工业与农业，工业与交通运输，工业与科技教育，以及工业内部的重工业与轻工业，重工业内部的冶金、煤炭、电力、化工等部门之间的比例关系。他指出："究竟几比几才是对的，很难说。唯一的办法只有看是否平衡。合比例就是平衡的；平衡了，大体上也会是合比例的。我国因为经济落后，要在短时期内赶上去，因此，计划中的平衡是一种紧张的平衡。计划中要有带头的东西。就近期来说，就是工业，尤其是重工业。工业发展了，其他部门就一定得跟上。这样就不能不显得很吃力，很紧张。样样宽裕的平衡是不会有的，齐头并进是进不快的。但紧张决不能搞到平衡破裂的程度。"③1954年5月，他在各大区财经负责人会议上讲到中国工业化的特点时说："中国土地少，人口多，交通不便，资金不足。

---

① 陈云. 陈云文集：第二卷[M]. 北京：人民出版社，1995：629.
② 陈云. 陈云文选：第三卷[M]. 北京：人民出版社，1995：262.
③ 陈云. 陈云文选：第二卷[M]. 北京：人民出版社，1995：242.

因此，农业生产赶不上工业建设的需要，将是一个长期的趋势，不要把它看短了。这是在革命胜利后用突击方法发展工业的国家必然要发生的现象。我国工业化与资本主义工业化不同，资本主义工业化是长期的过程，我们是突击；资本主义可以去掠夺殖民地，我们要靠自己；资本主义开始是搞轻工业，我们一开始就搞重工业；资本主义在盲目中依靠自然调节，能够相当地按比例发展；而我们说要按比例发展是从长时间算的，在短时间内，只是力求建设与消费、重工业与轻工业之间不要脱节太远。"①在他看来，"一五"计划所规定的速度和各项生产指标虽然是比较高的，但可以过得去，各种比例没有脱节太远，平衡不至于破裂。

然而，由于1956年的冒进，在编制年度计划和长远规划时，制定了许多不切实际的高指标，导致了平衡的破裂。经过1957年"反冒进"，被打破的平衡虽然得到了恢复，但1958年又发生了反"反冒进"，出现了要求更高速度和更高指标的"大跃进"，尤其是全民大炼钢铁，导致国民经济更严重的比例失调，使"二五"时期的社会总产值变成了负增长。在总结了正反两方面的经验教训之后，陈云深刻指出："按比例发展是最快的速度。"②

怎样才能做到按比例呢？陈云在参与编制"二五"计划时曾提出，要做到按比例，就要认真研究国民经济中的比例关系，而这种研究，"决不能只依靠书本，生搬硬套，必须从我国的经济现状和过去的经验中去寻找。既要研究那些已经形成的比较合理的比例关系，更重要的是研究暴露出来的矛盾"③。依照这一思想，他提出了关于处理重工业和轻工业、农业，钢铁、机械工业和能源、运输部门，钢铁工业和机械工业，民用工业和军用工业，大厂和小厂、技术先进和落后，以及基本建设中"骨头"和

①　中共中央文献研究室.陈云年谱(一九○五——一九九五):中卷[M].北京:中央文献出版社，2000:210.
②　陈云.陈云文选:第三卷[M].北京:人民出版社,1995:251.
③　陈云.陈云文选:第三卷[M].北京:人民出版社,1995:56.

"肉"等关系的看法。这些看法虽然由于接踵而来的反"反冒进""大跃进""文化大革命"而长期未被采纳，但在我们党纠正了"左"的错误后，终于被人们所重视。1979年夏天，他在同上海市的负责同志谈话时，语重心长地说："综合平衡，就要研究比例关系。比例，是客观存在，问题在于我们是不是自觉地去研究、认识。要承认我们在这个问题上还缺少本领，要不断地钻。"①

陈云之所以反对单凭主观愿望去制定高指标，追求高速度，还出于两个考虑，即防止被动和折腾，防止忽视质量和效益。他说："计划指标必须可靠，而且必须留有余地。只要综合平衡了，指标低一点，也不怕。看起来指标低一点，但是比不切实际的高指标要好得多，可以掌握主动，避免被动。"②针对粉碎"四人帮"后一段时间里出现的"洋跃进"，他又指出："目前人民向往四个现代化，要求经济有较快的发展。但他们又要求不要再折腾，在不再折腾的条件下有较快的发展速度。我们应该探索在这种条件下的发展速度。"③不按比例前进，将"造成种种紧张和失控，难免出现反复，结果反而会慢，'欲速则不达'"④。他早在公私合营时就一再提醒工业部门，不要只追求数量，忽视质量，要鼓励和保护名牌货。1962年，他针对钢铁工业过于突出的问题指出："根据历史经验，我们应该从现在开始，争取在一定的时间内，使工业产品品种齐全，质量良好，技术先进，适应需要。有了这样一个基础，再前进就比较快了。"⑤

在综合平衡和按比例发展的思想指导下，"一五"时期的建设规模大，但比较适度；发展速度快，但比较稳妥；整个计划不仅提前一年完

① 中共中央文献研究室.陈云年谱（一九〇五—一九九五）：下卷[M].北京：中央文献出版社，2000：246.
② 陈云.陈云文选：第三卷[M].北京：人民出版社，1995：212.
③ 陈云.陈云文选：第三卷[M].北京：人民出版社，1995：268.
④ 陈云.陈云文选：第三卷[M].北京：人民出版社，1995：351.
⑤ 陈云.陈云文选：第三卷[M].北京：人民出版社，1995：213.

成，而且与以后的几个五年计划相比，可以说是发展最正常、效益最好的。四十多年的实践反复说明，按照这个思想做，经济发展就顺利；否则，经济就会大起大落。现在，我国的经济规模和国际环境与"一五"时期都有很大不同，但由于这一思想反映了社会主义建设的内在要求，因此，它并未过时，也不会过时。正如党的十四大报告指出的，我们在抓住时机加快发展的同时，仍然"要坚持从实际出发，注意量力而行，搞好综合平衡，不要一讲加快发展，就一哄而起，走到过去那种忽视效益，片面追求产值，争相攀比，盲目上新项目，一味扩大基建规模的老路上去"①。

《关于建国以来党的若干历史问题的决议》在对新中国成立初期进行评价时指出，这一时期的建设"取得了重大的成就，一批为国家工业化所必需而过去又非常薄弱的基础工业建立了起来"。"经济发展比较快，经济效果比较好，重要经济部门之间的比例比较协调。市场繁荣，物价稳定。人民生活显著改善。"②邓小平在对这个决议的起草发表意见时也指出："建国头七年的成绩是大家一致公认的。"③这些评价客观公正，是经得起历史检验的。

陈云曾经在1956年说过："我们要有志气，要同心协力，完成第一个五年计划、第二个五年计划，以至第五个五年计划、第十个五年计划，到本世纪末把我国建设成为一个强盛的社会主义国家。"④现在，尽管我国工业化的任务尚未完成，然而，工业产值在工农业总产值中所占份额早已突破了70%，钢、煤炭、水泥、化肥、电能、机床等主要工业品的年产量均已跃居世界第一或名列前茅，原子能、航天、电子等一批现代工业也有了长足的发展，一个独立、完整、门类齐全的工业体系已经建立起来。毫无疑问，我们应当继续保持谦虚谨慎的态度，但也不应当妄自菲薄；我们应

① 江泽民. 江泽民文选：第一卷[M]. 北京：人民出版社，2006：225.
② 中共中央文献研究室. 三中全会以来重要文献选编：下[G]. 北京：人民出版社，1982：801.
③ 邓小平. 邓小平文选：第二卷[M]. 北京：人民出版社，1994：302.
④ 陈云. 陈云文选：第二卷[M]. 北京：人民出版社，1995：308.

当继续借鉴国外的一切好经验，但更应当借鉴自己历史上的成功经验，包括工业化起步阶段的经验。只要我们善于把自己的、别人的经验与当前的实际情况结合起来加以消化吸收，我们就一定能最终实现社会主义工业化和四个现代化的奋斗目标。

陈云与我国独立、完整工业体系基础的建立①

作为世界上人口最多且近代以来不断遭受列强欺辱和战乱频仍的落后农业国，新中国自从1949年建立后，经过至今70年接力奋斗，一跃成为经济总量位居世界第二、工业化处于中等程度的工业国。这一人间奇迹，固然得益于20世纪70年代末启动的改革开放，但其基础无疑是50年代初开始的那场以建立独立、完整工业体系为目标的大规模工业化建设奠定的。

搞工业化建设需要充裕的资金、物资和技术支撑，然而旧中国缺少的恰恰是这三样东西。正因为如此，新中国成立前夕和初期，毛泽东等中央领导人曾考虑先实行一段较长时间的新民主主义，用以发展轻工业和农业，待工业化所必要的资金、物资和技术人才积累到一定程度后，再重点发展重工业，并相应进入社会主义。然而，此后不久的国际形势变化促使中国迫切需要尽快发展重工业，而此时的苏联又表示答应全面援助中国优先发展重工业的大规模工业化建设。毛泽东敏锐抓住了这一对于中华民族千载难逢的历史机遇，提议并经党中央研究决定，从1953年起连续开展以重工业为重点的五年计划建设，并提前由新民主主义向社会主义过渡。但是，要这样做并不等于资金匮乏、物资不足、技术薄弱等问题就不存在了，正相反，矛盾变得更加突出、更加尖锐。面对举世罕见的困难和无比艰巨的任务，作为以毛泽东为核心的第一代中央领导集体重要成员和全国财经战线主要领导人的陈云，创造性地执行党中央关于社会主义工业化的路线、方针、政策，在主持制订和组织实施第一个五年计划及后来的经济

---

① 本文是作者向第十三届"陈云与当代中国"学术研讨会提交的论文，刊载于《当代中国史研究》2019年第4期。

建设中，殚精竭虑，正确解决了一系列矛盾，为奠定我国独立、完整的工业体系和国民经济体系的基础，作出了独特的、不可磨灭的贡献。这个贡献，概括地说，主要体现在以下六个方面。

一、在主持"一五"计划编制中始终把建立独立、完整工业体系摆在中心位置

"建立独立的、比较完整的工业体系和国民经济体系"作为一个表述规范的口号，是1964年三届全国人大一次会议上正式提出的，但作为我国工业化建设的目标，则早在"一五"计划编制之始就明确了。

"一五"计划的编制前后共历经五次。最早一次是1951年五六月间由周恩来牵头、陈云具体负责的试编，第四次是国家计委编制的，其余三次，即1952年6月至8月，1953年一二月间，1954年2月起到1955年7月计划草案在一届全国人大二次会议上正式通过，都是陈云主持编制的。第一次试编期间，他在政务院讨论重工业部方针、任务时就指出，重工业建设要争取用两三个五年计划，"做到万事不求人"[①]。所谓"做到万事不求人"，就是指建成独立、完整的工业体系。1952年4月，他在给各大区财委并报周总理、毛主席的一份电报中又指出："钢铁、有色金属、汽油、汽车、飞机、坦克、拖拉机、发电机、滚珠、化学等等是工业化的基础，没有这些工厂，我国的工业化是不可能的。"[②]同年7月1日，他就"一五"计划拟办工厂一事致信毛泽东，附了25本小册子。其中，工业方面包括钢铁、有色金属、机器、汽车、船舶、电器、化学、建材、电力、煤矿、石油、纺织、轻工业、矿产。当时苏联答应援建的骨干工程，前后加在一起共有156项，实际施工的是150项。这些项目，正是按照我们的上述指

---

① 陈云. 陈云文集:第二卷[M]. 北京:中央文献出版社,2005:260.
② 陈云. 陈云文集:第二卷[M]. 北京:中央文献出版社,2005:399.

导思想所决定的。其中，钢铁工业7项，有色金属工业13项，化学工业7项，机械加工工业24项，煤炭工业25项，电力工业25项，石油工业2项，电子工业10项，船舶工业4项，航空工业12项，航天工业2项，兵器工业16项，轻工业和医药工业3项。后来又加上了核工业。不难看出，所有这些项目都是建立独立、完整的工业体系必不可少的。正如陈云1955年所指出的："第一个五年计划的基本任务，概括地说来就是：集中主要力量进行以苏联帮助我们设计的一百五十六个单位为中心的、由限额以上的六百九十四个建设单位组成的工业建设，建立我国的社会主义工业化的初步基础。"①

在此后的经济建设中，建立独立、完整工业体系的目标始终高悬在陈云的心中。改革开放后，他仍然强调，"我们也不能同南朝鲜、台湾比"，它们"主要是搞加工工业，我们是要建设现代化的工业体系"②。他总是告诫经济战线的干部，搞建设不要一味追求产量，尤其要反对单纯追求钢产量，一定"要把重点放在钢铁的质量、品种上"③，并且语重心长地说，美、英、德、日和苏联，"钢产量在五百万吨到一千万吨的时候，各种工业就比较齐全，把工业基础打下来了"。我们也应当这样做，"争取在一定时间内，使工业产品品种齐全，质量良好，技术先进，适应需要。有了这样一个基础，再前进就比较快了"④。

二、为把有限力量集中用于建设独立、完整的工业体系而大力推动计划经济体制的确立

陈云较早认识到我国人口多、底子薄、农业落后的特点，认为要在这

---

① 陈云. 陈云文集:第二卷[M]. 北京:中央文献出版社,2005:590.
② 陈云. 陈云文选:第三卷[M]. 北京:人民出版社,1995:237.
③ 陈云. 陈云文选:第三卷[M]. 北京:人民出版社,1995:254.
④ 陈云. 陈云文选:第三卷[M]. 北京:人民出版社,1995:213.

样的国情下开展工业化建设，如果不能集中使用力量，势必一事无成。

"一五"计划中，经济与文教建设的总支出概算是766亿元，其中基本建设投资约占55%，而工业建设又约占基本建设投资的60%。并且，在开始建设时，朝鲜战争尚未结束，蒋介石集团还在骚扰大陆沿海地区，各方面力量无疑要首先顾及国防需要。因此，财政收支计划满打满算，只能勉强做到基本平衡，稍有放松就将造成赤字和通胀。另外，"一五"时期要新建和改建大量工矿企业，要从农村大量招收工人，因此，大幅度增加了城市人口和商品粮供应的负担。在这种情况下，如果不实行主要农产品的统购统销，粮价就会大涨，物价跟着全面上涨，不仅冲击财政预算，还会影响农产品的出口换汇，使原本用来进口设备的外汇改为进口粮食，"一五"计划就有落空的危险。再有，"一五"时期仅工业和交通运输两项就需要新增技术人员39.5万人，但高等院校和中等技术学校五年的毕业生加起来只有近28.6万人，缺口近11万人，其中大学毕业生还只占三分之一。面对这种情况，如果毕业生不能统一分配，"一五"计划也要落空。

正是以上这一切，决定了要优先发展重工业就不能不把有限的力量集中起来；要把有限的力量集中起来，就不能不实行计划经济体制。陈云指出："在落后贫困的经济基础上前进，必须尽可能地集中物力财力，加以统一使用……只要我们把力量集中起来，用于必要的地方，就完全可以办成几件大事。"①这就是后来人们常说的，社会主义有集中力量办大事的优越性，这是其他社会制度没有也不可能有的。为了发挥这一优越性，陈云指导中财委在全国范围内从上到下建立了计划工作机关和计划经济制度。1952年1月，中财委制定并下发了《国民经济计划编制暂行办法》，对计划程序、计划系统、基层计划单位和计划的编制、送审要求等等，一一作出了明确规定，从而确立了我国系统的计划工作体制。实践说明，虽然这一

---

① 陈云. 陈云文选：第二卷[M]. 北京：人民出版社，1995：61.

体制有重视经济效益不够、反应不够灵活等缺点，陈云也曾相应提出过"三个主体、三个补充"的改革设想，但总体说来，正是这一体制而不是别的体制，起到了建立独立、完整工业体系的保证作用。所以，陈云在1957年说过，"一五"时期，"我国的基本建设取得了很大成绩，苏联帮助设计了一百五十六项，我们自己搞了八百多项，不是社会主义制度是办不到的"①。

三、为解决建设独立、完整工业体系所产生的种种问题而提出和坚持综合平衡的原则

对于"一五"计划中存在的问题，陈云曾做过一个精辟论述。他指出："中国土地少，人口多，交通不便，资金不足。因此，农业生产赶不上工业建设的需要，将是一个长期的趋势，不要把它看短了。这是在革命胜利后用突击方法发展工业的国家必然要发生的现象。我国工业化与资本主义工业化不同，资本主义工业化是长期的过程，我们是突击；资本主义可以去掠夺殖民地，我们要靠自己；资本主义开始是搞轻工业，我们一开始就搞重工业；资本主义在盲目中依靠自然调节，能够相当地按比例发展，而我们说要按比例发展是以长时间算的，在短时间内，只是力求建设与消费、重工业与轻工业之间不要脱节太远，实质上并不是按比例的发展。吃穿的供不应求，实质上是工农业矛盾的反映。"②他还讲过："计划中最薄弱的部分是农业生产，能否按计划完成，很难说。"③

尽管"一五"计划中存在这样那样的问题，但陈云仍然坚定地主张，做计划必须遵守按比例发展的法则。至于几比几合适，他认为"唯一的办法只有看是否平衡。合比例就是平衡的；平衡了，大体上也会是合比例

① 中共中央文献研究室. 陈云年谱:中卷[M]. 修订本. 北京:中央文献出版社,2015:559.
② 中共中央文献研究室. 陈云年谱:中卷[M]. 修订本. 北京:中央文献出版社,2015:317－318.
③ 陈云. 陈云文选:第二卷[M]. 北京:人民出版社,1995:237.

的。"①并且，这种平衡不能是单打一的，必须是综合的。所谓综合平衡，在他看来，主要是财政收支、物资供需、购买力与商品供应、信贷存放、外汇收付等反映国民经济稳定指数的重大比例关系，都必须平衡。后来，他把这种平衡理论进一步概括为：建设规模必须和国力相适应。他说："适应还是不适应，这是经济稳定或不稳定的界限。"②他同时指出："我国因为经济落后，要在短时期内赶上去，因此，计划中的平衡是一种紧张的平衡……但紧张决不能搞到平衡破裂的程度。"③"所谓紧张的平衡，就是常常有些东西不够。"④针对计划如何才能做到综合平衡的问题，他又提出了两个原则：一是从制订计划开始时就要搞综合平衡；二是要按照短线搞综合平衡。他说："按短线搞综合平衡，才能有真正的综合平衡。所谓按短线平衡，就是当年能够生产的东西，加上动用必要的库存，再加上切实可靠的进口，使供求相适应。"⑤正因为"一五"建设是在这一思想指导下进行的，所以，尽管各方面供求关系都很紧张，但国民经济运行却总体比较平稳、顺利。正如1981年《关于建国以来党的若干历史问题的决议》对"一五"建设所评价的：那一时期，"经济发展比较快，经济效果比较好，重要经济部门之间的比例比较协调。市场繁荣，物价稳定。人民生活显著改善"。

四、自始至终紧紧抓住对于建立独立、完整工业体系具有决定意义的骨干项目

陈云说过："如果抓不住工作重点，那就如同在大海航行中把握不住

---

① 陈云. 陈云文选：第二卷[M]. 北京：人民出版社,1995:242.
② 陈云. 陈云文选：第三卷[M]. 北京：人民出版社,1995:52.
③ 陈云. 陈云文选：第二卷[M]. 北京：人民出版社,1995:242.
④ 陈云. 陈云文选：第三卷[M]. 北京：人民出版社,1995:29.
⑤ 陈云. 陈云文选：第三卷[M]. 北京：人民出版社,1995:211.

方向。"①"一五"计划涉及的内容很多，既有经济，也有文化教育；既有重工业，也有轻工业、农业；既有工业生产，也有基本建设。但重点是由694个限额以上建设单位组成的重工业，而苏联援助设计的156个建设单位又是重中之重。对于其中146个在"一五"期间施工的项目，陈云从项目选择、设备订货、资金保障、布点选址、初步设计等各个环节，几乎都亲自把关或亲自过问，有的还去实地勘察，动笔撰写审查初步设计议定书的报告。从他1952年2月9日就恢复、改建、新建工厂的设计情况和意见一事给毛主席并党中央的报告中就可以看出，对于1950年以来我国聘请苏联帮助设计的42个项目，他不仅一直密切关注进度，而且针对暴露出的问题及时采取切实可行的措施。就拿鞍钢项目来说，他在中财委给各大区财委并报周总理、毛主席的电报中指出，鞍钢建设能否如期完成，关系到我国财力和建设的进度。"集中全国力量首先完成鞍钢的改建，是我国工业化首要的步骤。"②为此，他要求各地和各工业部门抽调包括公营、私营工厂在内的技术工人，全力支援鞍钢，并要求限期调齐，从而确保了鞍钢改建、扩建项目的完成。为了给新建工厂的设计工作作出示范，他还亲自代中财委向党中央写出了关于审查哈尔滨铝合金加工厂、抚顺制铝厂等工厂的初步设计议定书等报告，详细说明了这些工厂的作用，主要车间和设备状况，工厂人员、用电、用水、厂址面积的设计，以及所需投资和外汇等事项。

除了亲力亲为，陈云还十分注意在引进苏联的援建项目上对有关人员给予具体指导。例如，为了满足对骨干项目进口设备的外汇需要，他要求外贸部门的对苏谈判人员把出口换汇物资的种类、数量、规模等先在国内确定，并写成公函、译成俄文，然后派少数人赴苏接洽，待原则敲定后，再派正式代表团前往签约，以便提高效率、节省时间。为了使外贸部门进

---

② 陈云. 陈云文集：第二卷[M]. 北京：中央文献出版社,2005:398.

① 陈云. 陈云文选：第二卷[M]. 北京：人民出版社,1995:138.
② 陈云. 陈云文集：第二卷[M]. 北京：中央文献出版社,2005:398.

口设备的谈判更加顺利，他要求"一切工业部门必须抽出一批熟悉器材的干部和可靠的技术人员给进口公司，组成该公司的各个部（或组）"①。他提醒参与计划编制工作的同志，一定要高度重视骨干项目的布局和选址。他指出，"搞工业要有战略眼光。选择地点要注意资源条件，摆在什么地方，不能不慎重"②，并举了第一汽车制造厂选址的例子。他说，最初有的人主张设在北京，有的人主张设在石家庄、太原、西安，争论很厉害。后来才知道，建这样规模的汽车厂，需要有足够的电力、钢铁、木材和铁路运力，因此只能设在东北。他强调："搞基本建设，事前一定要设计。一般的工厂设计工作要一年以上，要看这个地方的地层怎么样，水够不够，水的化学成分对锅炉有什么损害，等等。我们是从乡村出来的，往往不大懂这一套……过去我们在农村中搞一个纺纱厂，搞一个兵工厂，那是小规模的，是小手工业的办法。现在是办大工厂，不学会经济核算不行。"③

在纷繁复杂的事务中牢牢抓住重点，既是陈云面对"一五"计划建设重重矛盾采取的工作方法，也是他一贯倡导的思想方法。20世纪80年代初，他批评各地争上项目、要把90年代的任务提前拿到80年代来做的倾向，指出："为了给后十年比较快的发展创造条件，由中央适当集中一笔资金，加强能源、交通运输和科学、教育等薄弱环节，保证重点项目的建设，是完全必要的。这是大革命、大建设，是从全局利益出发的。……不分大小，齐头并进，国家吃不消。""只有把国家的大革命、大建设搞好了，各地的小革命、小建设才有切实的保障。"④那时，他已年逾七旬，但为了解决从国外引进的特大项目宝钢在国民经济调整中上马还是下马的问题，依然亲自主持调研，反复权衡利弊，并前往上海召开座谈会，最后终

① 陈云. 陈云文集：第二卷[M]. 北京：中央文献出版社，2005：347.
② 陈云. 陈云文选：第二卷[M]. 北京：人民出版社，1995：98.
③ 陈云. 陈云文选：第二卷[M]. 北京：人民出版社，1995：132.
④ 陈云. 陈云文选：第三卷[M]. 北京：人民出版社，1995：318-319.

于拍板"干到底",给财经战线的同志留下了深刻印象。

五、为建设独立、完整的工业体系而想方设法解决人才缺口问题

前文已经说到，新中国成立之初，我们党之所以决定先重点发展轻工业、农业，主要原因之一就在于严重缺少发展重工业所需要的技术力量，其中包括技术和管理人才，也包括技术工人。陈云说："建设一个工厂，修筑一条铁路，并不像开一个手工作坊、买一匹毛驴那样容易。这是巨大复杂的工作，没有必要的技术力量，就算有了资金，也不能建成工厂和铁路。"[①]然而，我们当年不仅缺少大企业的设计人员，而且缺少地质勘探人员，指导厂房建筑和设备安装、生产运转的技术人员，以及城市建设中水电、交通、市政的管理人员和铁路修筑的勘察设计人员。地质勘探人员尤其不足，导致矿藏资源不清，一时成为编制"一五"计划首要的问题。另外，"一五"初期中国工厂中的技师在工人中的比例仅为3%~5%（苏联是我们的四五倍），也是"一五"建设中很大的制约因素。

怎么办呢？能不能等到技术力量增加了再重点发展重工业呢？陈云斩钉截铁地回答：不行。以地质工作为例，旧中国留给我们的地质系毕业生只有200多人，但他认为不能按照现有技术力量规定地质工作任务。因为，"地质事业在国家经济建设中已成了一项最重要的事业了"，需要"根据钢铁工业、有色金属工业和燃料工业等建设的需要，在一定时间以内，探明一定的储量"[②]。为此，他提出通过办学校和训练班的方法增加新的人力，大学生、高中生不够，就招收初中生，训练一两年，使他们能参加简易的工作；另外，采用专业人员带徒弟的办法，大量培养干部；同时，对地质人员实行全国范围的统一调度、合理分配，并使他们边工作，边提

---

① 陈云. 陈云文集：第二卷[M]. 北京：中央文献出版社,2005:603-604.
② 陈云. 陈云文选：第二卷[M]. 北京：人民出版社,1995:182.

高本领。

陈云格外重视发挥现有技术力量的作用。他在1949年12月一次会议上指出，现有的30万技术和管理人员是我们的"国宝"，"是实现国家工业化不可缺少的力量，要很好地使用他们"，对他们"要采取信任的态度"。①为了适应基本建设的需要，他提出要从现有生产部门迅速抽调技术干部和技术工人，以充实基建部门的设计机构、施工机构，保证骨干项目的建设。与此同时，他还不断为加快培养重点建设的急需人才出主意、想办法。他提出："培养技术干部，应以举办短期（一年左右）专科学校为主。"②要将一些普通中学改为职业学校，"靠工厂多办技术学校和训练班"③。他还主张，根据建设需要，对现有高等院校的院系设置进行适当调整。例如，为了给石油勘探和采油、炼油培养急需人才，他建议政务院文教委员会在天津大学内设一个石油学院，并将西安石油学校改为速成性质的石油干部学校，将学生规模由300人扩大至1 200人。

尤其值得一提的是，为充分利用一切可以利用的人才，陈云一方面强调对资本主义工商业改造是进行大规模工业化建设、实行计划经济体制的必然要求，另一方面强调"在中国的封建地主阶级、官僚资产阶级、民族资产阶级、农民阶级和工人阶级中，民族资产阶级是文化程度高，知识分子多的一个阶级"。他说，公私合营后的资本家大多数是财富而不是包袱，应当适当安排，充分使用。"过去苏联出美元和洋房请美国专家。现在我们不需要出美元、洋房，资本家还敲锣打鼓来向我们要求工作，给他们工作就很高兴，我们为什么不用他们？不用他们就是傻瓜，这不能说是懂政治。这笔财富究竟有多大呢？我看至少不低于他们的生产资料那一笔财富。"④针对一些干部怕资本家精明强干，搞不赢他们，让他们坐"冷板

---

① 陈云. 陈云文选:第二卷[M]. 北京:人民出版社,1995:46.
② 陈云. 陈云文集:第二卷[M]. 北京:中央文献出版社,2005:296.
③ 陈云. 陈云文选:第二卷[M]. 北京:人民出版社,1995:241.
④ 陈云. 陈云文选:第二卷[M]. 北京:人民出版社,1995:337-338.

凳"的偏向，他指出："公私合营以后，一切都是按照社会主义企业的章程办事，上有国家计划委员会、中央各部，下有工人群众，中间夹着资本家，怕什么？"针对一些工人不满意仍然安排资本家在原企业当经理的思想，他指出："现在资本家与过去有所不同，过去为利润工作，现在为国家工作。他们中有的人有技术，有业务经验，国家也需要他们。""他们的技术和业务经验，对人民、对国家、对社会主义建设是很有用的。"①

高度重视技术力量对于工业化建设的作用，是陈云一以贯之的思想。改革开放后，他一再呼吁发挥现有技术力量的积极性，说："七十年代、八十年代的技术水平，应该来之于这些五十年代、六十年代水平的技术骨干。"②针对当时中年知识分子生活、工作负担重的问题，他致信中央政治局常委，指出："生产、科研、教育、管理部门的知识分子，是任何一个工业化国家最宝贵的财富。""改善他们的工作条件和生活条件，应该看成是基本建设的一个'项目'，而且是基本的基本建设。"③

六、为早日建成独立、完整的工业体系而高度重视对引进技术的学习、消化、吸收和掌握

旧中国留给我们的近代工业和技术力量都十分薄弱，所以，"一五"计划的骨干项目及其设备，不能不请苏联帮助设计和制造。陈云指出，在中国自己的高级技术人员成长起来之前，聘请苏联设计组是一种迅速、省钱又十分稳当的办法。然而，他从一开始就强调，"丝毫不应放松对自己设计人才的培养"④"力争外援和自力更生要结合起来"⑤。他通过苏联驻

① 陈云. 陈云文选：第二卷[M]. 北京：人民出版社，1995：302-303.
② 陈云. 陈云文选：第三卷[M]. 北京：人民出版社，1995：281.
③ 陈云. 陈云文选：第三卷[M]. 北京：人民出版社，1995：312.
④ 陈云. 陈云文集：第二卷[M]. 北京：中央文献出版社，2005：358.
⑤ 陈云. 陈云文集：第二卷[M]. 北京：中央文献出版社，2005：406.

华经济顾问征得苏联政府同意，凡由苏方设计的工厂，中方均可派人参加设计，进行学习。他还提出，各工业部门也应当逐步成立自己的设计机构，聘请苏联专家带徒弟，以此培养人才。针对一些干部中存在的"等、靠、要"的依赖思想，他指出，在请苏联制造的工厂装备中，"凡我能自制者力求自制"，以"增加自制的能力"[1]。同时，为了使我方技术人员尽快掌握苏联援建工厂的管理和操作，他要求有关企业在工厂建成前，"必须派出由政治人员率领的技师、技工组成的三四十人至百人的实习组，在苏联实习半年或一载"，以熟悉操作过程和操作技术。[2]他说："要建设好我们的国家，提高广大人民的生活水平，需要发展工业，这就需要技术。我们有勇敢战斗的精神，这很好，但还不够，还要掌握科学技术。"[3]在"一五"建设即将结束和"二五"计划开始制订时，他又致信周恩来，指出"一五"计划中新建的工厂是一种模型，以后可以仿造；只要自己能设计制造的设备，在"二五"计划中都可以大干。"这样做又省外汇，成本又低，速度比向外国订货快得多。"他提议要抓住两个关键点，即一要让冶金、煤炭、电力和一切需要设备的部门领导去看看我们已有的制造能力，今后除确需必要，不准再向外国订货；二要鼓励机器制造部门大胆设计，自己制造，不怕开头几次制造中发生缺点和毛病，只要取得教训，进步会很快。

从那时起直到八九十年代，只要涉及进口设备的事，陈云总是提醒有关方面注意"买设备，同时也要买技术，买专利"，并且"要更多地买技术，买专利"[4]。60年代初，为了解决粮食增产问题，陈云曾集中精力抓了一下大型氮肥厂的建设。他要求有关部门认真消化、吸收"一五"时期苏联援建的化肥厂技术，努力掌握生产合成氨成套设备的本领，做到依靠

---

① 陈云. 陈云文集：第二卷[M]. 北京：中央文献出版社,2005:345.
② 陈云. 陈云文集：第二卷[M]. 北京：中央文献出版社,2005:358.
③ 陈云. 陈云文选：第二卷[M]. 北京：人民出版社,1995:46.
④ 陈云. 陈云文选：第三卷[M]. 北京：人民出版社,1995:260,262.

自己的力量，每年建成四到五个年产5万吨合成氨的工厂。1984年4月，他在听取关于沿海部分城市座谈会纪要的汇报时，还特别谈到了通过消化、吸收国外先进技术来发展自己制造业的问题。他说："对国内工业，保护落后我不赞成，但是，要使自己的东西一步一步地进步，达到先进的水平，这还是应该提倡的。"他以我国发电机组通过吸收、消化国外先进技术而不断发展为例说明："解放初期我们连一万千瓦的也不会造，只能搞几千千瓦的，以后搞成了一万二的、二万五的、五万的，现在是二十万的，听说三十万的也有了。这就是一步一步地进步。"①接着，他满怀深情地说道："苏联是社会主义国家，那时他们对我们的援助是真心诚意的。比方说，苏联造了两台机器，他们一台，我们一台。"②可见，这个进步就是最初靠学习苏联的技术，以后自己逐步消化、吸收，最后做到完全掌握并有所发展。他以此说明，不学习先进技术不行，学习而不注重消化、吸收、掌握也不行。

陈云对建立我国独立的、完整的工业体系所作出的贡献是多方面的，以上涉及的仅是其中几个方面。通过"一五"建设，我国基本结束了不能生产钢轨、无缝钢管、合金钢、薄板等钢材的历史，改变了有色金属工业体系残缺不全、互不配套的状况，使机械设备的自给率由20%左右提高到60%以上，制造出了载重汽车、蒸汽机车、喷气式战斗机，在电信和仪表仪器领域也逐渐实现了国产化；并形成了以鞍钢为中心的东北工业基地，以哈尔滨三大动力厂为中心的电站设备基地，以上海机床厂为中心的精密机床基地，以洛阳拖拉机厂为中心的农业机械基地，以西安开关整流、电子电容器厂为中心的高压输变电设备基地；还开始了以武汉、包头钢铁公司等项目为中心的华中、华北、西南和西北等工业基地的建设，从而初步建立了门类比较齐全、布局基本合理的现代工业体系，不仅为此后

---

① 中共中央文献研究室. 陈云传：下[M]. 北京：中央文献出版社,2005：1674.
② 薄一波. 若干重大决策与事件的回顾：上[M]. 北京：中共党史出版社,2008：211.

的第二、第三个五年计划建设打下了基础，也为中国工业化建设，为建立独立的、完整的工业体系和国民经济体系打下了基础。显然，这一切无不凝聚着陈云的心血，是与他的竭诚努力分不开的。

1955年3月，陈云在《关于发展国民经济的第一个五年计划的报告》中讲过一段十分精彩的话，他说："美、英、德、法、日本这些国家，它们工业发展的历史已有一百多年，少者也有近百年，我国工业发展的历史比它们落后了上百年，仅仅在人民掌握了国家政权以后，才有可能计划国家的建设。我们没有《封神榜》上那种呼风唤雨的本领，哪能用五年时间就能赶上它们？但是，我们可以确定无疑地说，赶上它们，或者赶过它们的工业水平，决不需要一百年，有几十年时间就够了。"①现在，新中国刚好走过70年历程，我们在某些高端领域虽然还落后于少数几个发达国家，但一个不争的事实是，我们在全世界200多个国家和地区中，是迄今为止唯一拥有联合国产业分类中全部工业门类（41个大类、191个中类、525个小类）的国家。毫无疑问，这个基础正是"一五"时期所着手布局和奠定的。自从改革开放以来，党中央和中央领导人的决议、报告、讲话，每当回顾改革开放前的历史性成就，总要提到建立了独立的比较完整的工业体系和国民经济体系这个事实。今天，当我国正在由制造大国向制造强国迈进并将制造业辐射到"一带一路"沿线国家时，当世界各国都在羡慕我国工业门类的齐全并争相和我们进行贸易往来、经济合作时，当个别霸权主义国家妄图阻挡我国工业化、信息化的前进步伐而显得力不从心、无可奈何时，我们不能不由衷地钦佩以毛泽东为代表的老一辈革命家们的高瞻远瞩、雄才大略，不能不发自内心地感激当年广大工人、农民、知识分子和干部的艰苦奋斗和奉献牺牲，不能不满怀自豪地为我们伟大祖国70年的辉煌成就而点赞。

---

① 陈云. 陈云文集:第二卷[M]. 北京:中央文献出版社,2005:607.

在 2015 年纪念陈云同志诞辰 110 周年座谈会上，习近平总书记指出：
"陈云同志为确立社会主义基本经济制度、建立独立的比较完整的工业体
系和国民经济体系做了大量卓有成效的工作，为探索我国社会主义建设道
路作出了杰出贡献。"①我们今天回顾和缅怀陈云为建立独立、完整的工业
体系所作出的贡献，就要沿着他和老一辈革命家们开辟的道路，在以习近
平同志为核心的党中央带领下，为把我国早日建成伟大的社会主义现代化
强国而继续奋斗。

---

① 习近平.在纪念陈云同志诞辰 110 周年座谈会上的讲话[N].人民日报,2015-06-13(2).

陈云对改革开放的重大贡献①

党的第二代中央领导集体是在党的十一届三中全会以后形成的，它的主要历史使命和历史功绩是带领全党全国各族人民开创改革开放的伟大事业。在这个领导集体中，同时也是党的第一代中央领导集体成员的，只有邓小平和陈云两位。2005年，薄一波在《我对陈云同志的思念》一文中提到，党的八大选举陈云为中央副主席、邓小平为中央总书记之后，毛泽东向大家介绍他们两位时说过，"陈云同志跟邓小平同志，他们是少壮派"，今后要由他们"登台演主角"了。接着，他写道："在改革开放的新时期，小平同志作为党的第二代中央领导集体的核心，陈云同志作为这个领导集体的重要成员，他们卓越地发挥了'登台演主角'的作用，成功地开创了建设中国特色社会主义的正确道路。"②改革开放的历程说明，陈云担当的这个"角色"不仅十分出色，而且具有独特的作用。正如胡锦涛同志所指出的："陈云同志积极支持和推动邓小平同志倡导的改革开放，并以自己长期领导经济工作的丰富经验，提出了许多影响深远的重要思想。""在新时期中国特色社会主义蓬勃发展的伟大进程中，陈云同志作出了重大贡献。"③

陈云对改革开放的重大贡献，我以为主要表现在以下十个方面。

---

① 本文是作者为纪念改革开放20周年而写的文章,曾刊载于《党的文献》2008年第5期。收入本书时,作者略作修改。
② 薄一波.领袖元帅与战友[M].图文本.北京:中央文献出版社,2008:156.
③ 胡锦涛.在陈云同志诞辰100周年纪念大会上的讲话[N].人民日报,2005-06-14.

一、率先在 1977 年 3 月中央工作会议上提出邓小平复出的问题，加快了邓小平成为党中央领导核心的进程，为启动改革开放赢得了宝贵时间

邓小平是在 1976 年"反击右倾翻案风"中再次遭受批判，并在"四五"天安门事件中被撤销党内外一切职务的。粉碎"四人帮"后，全党全国人民最大的心愿是早日为"天安门事件"平反和恢复邓小平的工作。当时的中央副主席叶剑英曾多次向中央主要负责人进言，希望尽快解决这两个问题，但都被一拖再拖。这时，如果在中央最高决策层之外能发出呼应的声音，无疑有助于问题的解决。1977 年 3 月中央工作会议之前，陈云主动与王震、萧劲光、耿飚、王诤相约，到会上提出这两个问题。会议原定议题是研究揭批"四人帮"问题、商定年度国民经济计划和安排下半年工作，有位中央主要负责人在会议开始时特别打招呼，希望大家不要提"敏感"问题。但陈云不顾压力，仍然提交了事先经过字斟句酌的书面发言。他指出："听说中央有些同志提出让邓小平同志重新参加党中央的领导工作，是完全正确、完全必要的，我完全拥护。"[①]事后，简报组要求他把这些话删去，那位中央主要负责人还亲自登门做他的工作，都被他拒绝。这一发言虽然最终没能在简报上刊出，但由于有全党全国人民的要求和中央决策层中正确意见的影响，再加上陈云、王震等人的坚决态度，那位中央主要负责人不得不在会议结束前的讲话中表示，"在适当的时机让邓小平同志出来工作"。于是，陈云在发言中又补了一句，赞成"时机成熟的时候，让邓小平同志出来工作"[②]，使这件事在党内正式会议上被敲定下来，从而拉开了拨乱反正的序幕。

过了四个月，邓小平终于恢复了被撤销的党中央副主席、中央军委副

---

① 陈云. 陈云文选：第三卷[M]. 北京：人民出版社，1995：230.
② 中共中央文献研究室. 陈云传：下[M]. 北京：中央文献出版社，2005：1449–1450.

主席兼总参谋长、国务院副总理的职务。正是因为有了这些职务，邓小平才得以用此后一年多的时间，从思想上、舆论上、组织上为改革开放进行充分的准备工作，并在党的十一届三中全会后成为改革开放的主帅。此后，无论遇到什么情况，陈云始终以自己特有的威望，全力支持和维护邓小平在党中央领导集体中的核心地位，为改革开放战胜各种艰难险阻提供了重要保证。

二、带头在党的十一届三中全会前的中央工作会议上提出，要实现全党工作重点转移必须解决一系列重大历史遗留问题，为扭转会议方向，使其最终成为改革开放的起点发挥了重要作用

那次中央工作会议的原定议题是研究加快农业发展问题、1979年和1980年国民经济计划安排，讨论李先念在1978年9月国务院务虚会上的讲话，并在进入正式议题前讨论工作着重点转移的问题。自从粉碎"四人帮"后，党内外对于把工作着重点转移到现代化建设上来，可以说已没有什么分歧和阻力。当时，影响工作着重点转移的关键问题在于，受"两个凡是"方针的影响，"文化大革命"乃至此前的许多重大冤假错案尚未平反并且难以平反。这个问题不解决，党的实事求是的马克思主义思想路线和民主集中制就得不到恢复，工作着重点就不可能顺利转移，改革和开放更不可能迈开步子。正是基于这一考虑，陈云在会议开始后的第三天做了一个事先准备好的小组发言，系统提出薄一波等六十一人所谓叛徒集团案、"文化大革命"中许多人被错定叛徒和特务、陶铸和王鹤寿等人所谓自首叛变，以及彭德怀的骨灰应予安放、"天安门事件"应予平反、对康生错误应予批评等应由中央考虑解决的问题。这篇发言在简报上登出后，立即得到与会代表的热烈反响。他们纷纷表示，这些问题都是当前干部群众议论最多、关系全局的大问题，如果不能解决，人民心里不舒畅；同时又提出了诸如"一月风暴""二月逆流"的评价和压制"真理标准问题"

讨论、关于"两个凡是"错误提法等许多"文化大革命"中间和粉碎"四人帮"以后的重大问题。

鉴于会议形势发生的变化，邓小平、叶剑英、李先念等在中央政治局常委会中，力促中央主要负责人接受绝大多数代表的意见，对会上提出的问题一一表态，给予了令人满意的答复。尤其是邓小平针对新的情况，重新起草了在闭幕会上的重要讲话，从思想路线的高度对会议作出了深刻总结，在事实上成为三中全会的主题报告；同时，运筹帷幄、因势利导，促使全会增选陈云为中央副主席，邓颖超、胡耀邦、王震为中央政治局委员，增补黄克诚等9人为中央委员，从而形成了以邓小平为核心，以陈云、叶剑英、李先念为主要成员的党的第二代中央领导集体，开始了在思想、政治、组织等领域的全面拨乱反正，揭开了改革开放的序幕，开辟了中国特色社会主义的新道路。

三、竭力主张并成功领导了第二次国民经济调整，为改革开放在相对宽松的经济社会环境下展开发挥了重要作用

粉碎"四人帮"后，全国上下都希望尽快恢复和发展经济，改善生活。当时的中央主要负责人由于对"十年动乱"造成的国民经济比例严重失调的状况认识不足，在指导方针上仍存在急于求成的"左"的思想，不切实际地提出"大干快上""全面跃进"等口号，造成经济上新的冒进和重大比例关系的紧张。对此，陈云在1978年2月党的十一届二中全会时就提出了不同意见。他在小组发言中说，现在对农、轻、重的摆法在认识上不一致。"中国耕地少，人口多，是个基本矛盾"，要把农业搞好，除了学大寨，还要采取南水北调、建设商品粮基地、增加必要的农业投资等措施。"工业生

产的重点在提高质量……质量不好是最大的浪费。"①同年7月，那位中央主要负责人在国务院务虚会上讲话，提出"思想再解放一点，胆子再大一点，办法再多一点，步子再快一点"等"四个一点"的口号，具体说就是要用借款的办法，加快从国外引进先进技术。陈云对李先念、谷牧等国务院领导说：大量引进国外新技术是正确的，但搞综合平衡的同志头脑要冷静；现在出国考察的人回来吹风，上面也往下吹风，无非一个是借款要多，一个是要再快一点，使一些同志不大好讲话，建议务虚会多开几天，听听反面意见。他强调，"不按比例，靠多借外债，靠不住"②。同年12月，陈云在党的十一届三中全会前的中央工作会议小组发言中提出，实现四个现代化必须坚持"既积极又稳重"的方针，工业引进项目"要循序而进，不要一拥而上"。"对于生产和基本建设都不能有材料的缺口。"③

党的十一届三中全会后，中央决定在国务院设立财政经济委员会，由陈云、李先念出任正、副主任。他们联名致信中央，指出当前比例失调的情况相当严重，建议用两三年进行经济调整。1979年4月，中央工作会议确定用三年时间，对国民经济实行"调整、改革、整顿、提高"的方针。由于各级领导在认识上不统一，实际工作过程中存在执行不力、行动迟缓的问题。1979年底，不仅基本建设的总规模没有降下来，相反财政收支出现了新中国成立以来最大的赤字，外贸进出口逆差20亿美元。到1980年底，基建总规模仍然没有压下来，财政、外贸继续保持巨额赤字，而且两年里增发货币130亿元，造成物价大幅度上涨。面对这种情况，陈云一方面通过调查研究，具体指导对宝钢等特大项目的取舍进退；另一方面反复阐述国情与建设规模、利用外资与国内配套、引进项目与引进技术、速度与效益、新建与挖潜等辩证关系，以求从根本上克服各种有碍调整的错

---

①　中共中央文献研究室. 陈云传：下[M]. 北京：中央文献出版社,2005：1470.
②　中共中央文献研究室. 陈云传：下[M]. 北京：中央文献出版社,2005：1471-1474.
③　陈云. 陈云文选：第三卷[M]. 北京：人民出版社,1995：235,237.

误认识。经过党中央、国务院的艰苦努力，八字方针最终得到了切实贯彻。到 1981 年底，农轻重的比例基本趋于合理，积累与消费的关系有了很大改善，财政收支大体做到了平衡，物价也恢复了稳定。事实证明，这次调整为后来的全面改革和经济腾飞，都创造了十分有利的环境。

四、率先提出社会主义时期的经济应由计划经济和市场调节两部分组成的思想，为突破高度集中的计划经济体制发挥了思想引导的重要作用

计划与市场的关系问题是经济体制改革中的核心问题，也是陈云考虑时间比较长的一个问题。早在 20 世纪 50 年代，他主持全国经济工作时就提出过"三个主体、三个补充"的设想。经过"文化大革命"中的读书与思考，他对这一问题有了更加成熟的想法。1978 年 7 月国务院务虚会期间，李先念根据陈云的意见，在总结发言中提出了"计划经济与市场经济相结合"的命题。在陈云当时的用语中，市场经济与市场调节是混用的，二者是一个意思，都是指计划经济体制下的市场调节。他在 1979 年 3 月撰写的一篇提纲中指出："六十年来，无论苏联或中国的计划工作制度中出现的主要缺点：只有'有计划按比例'这一条，没有在社会主义制度下还必须有市场调节这一条。""在今后经济的调整和体制的改革中，实际上计划与市场这两种经济的比例的调整将占很大的比重。不一定计划经济部分愈增加，市场经济部分所占绝对数额就愈缩小，可能是都相应地增加。"[①]

后来，针对国民经济调整中一些人以扩大地方和企业自主权为借口，不执行甚至破坏国家计划，使综合部门难以统筹全局的问题，陈云强调在计划与市场的关系中，计划是主要方面，市场是从属方面，进而提出"计

---

① 陈云. 陈云文选：第三卷[M]. 北京：人民出版社，1995：244-245，247.

划经济为主，市场调节为辅"的原则。这一提法虽然与党的十四大所确立的社会主义市场经济体制的改革目标不同，但正如十四大报告所说，它对于摆脱在计划与市场关系上的传统观念、形成新的认识，"对推动改革和发展起了重要作用"。[1]对此，江泽民同志在纪念陈云同志诞辰90周年座谈会上的讲话中进一步指出，陈云同志在党的十一届三中全会后率先批评过去计划工作中存在的弊端，"对推动全党解放思想、实事求是，进行突破高度集中的计划经济体制的改革，产生过广泛而深刻的影响"[2]。

五、较早表态支持安徽等地包产到户的做法，为改革开放首先在农村取得突破起到了积极的促进作用

党的十一届三中全会原则通过的《关于加快农业发展若干问题的决议（草案）》虽然提出了许多在当时行之有效的措施，但在总的指导思想上还是坚持和改善人民公社三级所有、队为基础的体制，只允许在生产队统一核算和分配的前提下，包工到作业组，联产计酬。然而，那时安徽等农业比较落后的省份实际上已经开始实行家庭联产承包责任制，有的还实行了包产到户。对此，引起上上下下热烈的争论，使一些已经推广包产到户的省份感到比较大的压力。正在这个关键时刻，陈云首先亮明了自己的观点。据当年任安徽省委书记的万里回忆，他当时首先是跟陈云同志商量。那是一次在人民大会堂开全国人大会议期间（应为1979年6月五届人大二次会议开幕那天——笔者注），大会休息时，他到主席团休息的地方对陈云说："安徽一些农村已经搞起了包产到户，你看怎么办？"陈云回答："我双手赞成。"以后，他又同小平同志谈这个问题，邓小平说："不要争论，你就这么干下去，实事求是地干下去。"他们的支持，使万里心中有

---

① 中共中央文献研究室. 十四大以来重要文献选编：上[G]. 北京：人民出版社，1996：18.
② 江泽民. 在纪念陈云同志诞辰90周年座谈会上的讲话[N]. 人民日报，1995-06-14.

了底。^①

1980年5月，邓小平发表谈话，明确肯定一些适宜包产到户的地方搞包产到户效果很好，变化很快，不必担心这样搞会影响集体经济。这篇谈话给实行农村改革的地方以巨大支持和鼓舞，也给全国农村改革指明了方向。同年9月，中央召开省、自治区、直辖市第一书记座谈会，专门讨论加强和完善农业生产责任制问题，并印发了会议纪要，指出在边远山区和贫困落后地区实行包产到户是发展生产、解决温饱的一种必要措施。到1981年底，全国90%以上的生产队建立了不同形式的农业生产责任制。1982年1月1日，中央批转《全国农村工作会议纪要》，明确包产到户、到组都是社会主义集体经济的生产责任制。至此，农村改革的大势终于被确定下来。

在1981年11月中央政治局扩大会议上，陈云在发言中提到了当初与万里的那次谈话。他说："我记得很清楚，一九七九年那一次会议，万里同志给我讲，多劳多得，少劳少得，不劳不得，这三句话，互相联系，一句都不能少。我看这个话是对的，是马克思主义的。我们体制改革用的也是这样的道理。"^②1982年，他在一次中央政治局会议上又高度赞扬了当初安徽等地所实行的包产到户。他说："一九六二年在北京我跟毛主席谈了一次话，我说恐怕个体经营跟合作小组在相当长时期内还要存在的。""我只是根据家乡调查的结果，觉得个人搞积极性高一点。现在，万里同志在农村的工作，我说比从前大进了一步，比我那个时候大进了一步。""现在的责任制大大超过了我那个时候的意见。所以，我说打破'铁饭碗'是一场革命，其意义不下于公私合营。"^③这些话，充分印证了陈云在农村改革中所起过的促进作用。

---

① 王春明. 大型电视文献纪录片《邓小平》[M]. 北京:中央文献出版社,1997:168.
② 陈云. 陈云文集:第三卷[M]. 北京:中央文献出版社,2005:496-497.
③ 陈云. 陈云文集:第三卷[M]. 北京:中央文献出版社,2005:521-522.

六、率先提出对外开放也可以到国外投资办厂的主张，为拓展对外开放的广度和深度、形成"走出去"战略、优化开放结构提供了重要思路

"文化大革命"后期，陈云部分恢复工作，参加国务院业务组，以受周恩来委托的名义，负责研究国际经济形势和对外贸易问题。那时，中美关系已经解冻，国内也在纠正极左思潮，使对外贸易由过去苏联东欧国家占大头变成资本主义国家占大头，对外技术引进也由过去面向苏联变成主要面向资本主义国家。陈云敏锐地觉察到这一变化，陆续提出了许多适应新形势的新观念、新对策。例如，他提出："对资本主义要很好地研究""不要把实行自力更生方针同利用资本主义信贷对立起来""不要被那些老框框束缚住"①"对于商品交易所，我们应该研究它，利用它"②"进口棉花加工棉布出口，不这样做就是傻瓜""进口化肥设备，进口化肥，增产粮食，出口大米，出口肉类，就是大的加工出口，同进口棉花加工棉布出口的道理是一样的"③"要给推销商、中间商好处，在价格上使他们有利可图"④，等等。在"四人帮"还没被粉碎的情况下，这些意见当然是不可能实行的。

党的十一届三中全会前后，借外债的禁忌被彻底打破。对此，陈云给予高度评价。他说："'资金不够，可以借外债'。这是打破闭关自守以后的新形势。愿意借外债给我们的国家纷纷到来。打破闭关自守的政策是正确的。今后在自力更生为主的条件下，还可以借些不吃亏的外债。"⑤同时，他大力提倡增加可靠的外汇来源，以增加还贷能力；主张在引进工作

---

① 陈云. 陈云文选：第三卷[M]. 北京：人民出版社,1995:218-219.
② 陈云. 陈云文选：第三卷[M]. 北京：人民出版社,1995:222.
③ 陈云. 陈云文选：第三卷[M]. 北京：人民出版社,1995:223-224.
④ 陈云. 陈云文选：第三卷[M]. 北京：人民出版社,1995:226.
⑤ 陈云. 陈云文选：第三卷[M]. 北京：人民出版社,1995:276.

中"既要买工厂，又要更多地买技术，买专利"①；要求在外贸体制改革中坚持"既要调动各方面的积极性，又要坚持统一对外"②的原则，做到"肥水不落外人田"。对于邓小平提出的试办经济特区和沿海城市对外开放的主张，陈云也一直持支持的态度，多次表示："特区要办，必须不断总结经验。力求使特区办好。"③他还赞成对国外要倒闭的钢铁企业投资、搞合营的建议，并把这一设想上升为对外开放的一种战略。他指出："对外开放不一定都是人家到我们这里来，我们也可以到人家那里去。"④1984年8月，一份材料上反映美国制定的《加勒比海法案》刚刚生效，其中规定对该地区输往美国的"本地产品"（产值中本地制造者不低于20%）给予12年免税进口的最优惠待遇，建议我国利用这一有利时机在该地区投资办厂。他看后当即批示，表示赞成。他还积极提倡劳务出口，在建议进口木材加工家具出口的简报上批示："'劳务出口'这件事很重要。中国人口多，不仅可以进木材、出家具，由此启发，其他方面也应大搞。"⑤他的这些意见对于我国20世纪90年代制定的"走出去"战略，以及最终形成的利用国内国外两个市场、两种资源，"引进来"和"走出去"相结合的对外开放新格局，产生了积极作用。

七、强调处理好积极改革与稳步改革、搞活经济与宏观控制的关系，为使改革开放健康、持续地发展发挥了重要作用

陈云自1980年8月五届全国人大三次会议后，不再兼任国务院副总理，

---

① 陈云. 陈云文选：第三卷[M]. 北京：人民出版社，1995：262.
② 陈云. 陈云文集：第三卷[M]. 北京：中央文献出版社，2005：539.
③ 中共中央文献研究室. 陈云年谱（一九〇五—一九九五）：下卷[M]. 北京：中央文献出版社，2000：308.
④ 陈云. 陈云文集：第三卷[M]. 北京：中央文献出版社，2005：537.
⑤ 陈云. 陈云文集：第三卷[M]. 北京：中央文献出版社，2005：526.

只担任党中央副主席兼中纪委第一书记，不再负责经济方面的具体工作。但他对于经济体制改革的工作一直十分关心，经常给予支持和鼓励。他早在1981年就指出："现在搞的经济体制改革，打破了'大锅饭'、'铁饭碗'，它的意义不下于私营工商业改造。""体制改革，农业先走了一步，我看工业、财贸系统也势在必行。"① 1984年他又指出："系统进行经济体制的改革，是当前我国经济工作面临的首要问题。""打破这个'大锅饭'，将会大大调动广大工人、农民、知识分子和干部进行四化建设的积极性，使我国的生产力获得一次新的大解放。""政企职责分开很必要。这样做，一方面可以给企业比过去大得多的自主权，另一方面可以使各级政府部门从许多日常工作中摆脱出来，议大事，看全局，把宏观方面管住管好。"②但另一方面，他又强调，工业、财贸的体制改革比农业复杂，"因此，工业体制改革的步子要稳"③。"体制改革涉及范围相当广，广大干部还不很熟悉，在进行中还会出现一些现在难以预见的问题。因此，必须边实践，边探索，边总结经验。"④"要从试点着手，随时总结经验，也就是要'摸着石头过河'"。⑤

陈云自主持全国财经工作以后，一直向往把经济搞活，但由于种种原因而始终未能如愿。所以，他1979年重新主持全国财经工作后，在集中精力抓国民经济调整的同时，也拿出相当精力考虑如何进一步搞活经济的问题。1980年12月，他在中央工作会议上讲话说："经济体制改革产生了前所未有的好作用，大大有利于经济形势的改善。农村人民生活改善了，市场搞活了，这是二十多年来少有的好现象。"⑥会后，他又要求中央财经领导小组用半年时间搞出一个怎么把计划经济和市场调节结合起来、把市

---

① 陈云. 陈云文集：第三卷[M]. 北京：中央文献出版社,2005:488-489.
② 陈云. 陈云文选：第三卷[M]. 北京：人民出版社,1995:336-337.
③ 陈云. 陈云文集：第三卷[M]. 北京：中央文献出版社,2005:489.
④ 陈云. 陈云文选：第三卷[M]. 北京：人民出版社,1995:338.
⑤ 陈云. 陈云文选：第三卷[M]. 北京：人民出版社,1995:279.
⑥ 陈云. 陈云文选：第三卷[M]. 北京：人民出版社,1995:278.

场搞活的设想。1982年12月，他在同出席五届全国人大五次会议的上海代表团部分代表座谈时指出："党的十一届三中全会以来，实行搞活经济的政策，效果显著。现在百货商店里的东西多得很，'卖方市场'正在变成'买方市场'。群众把票子拿在手里，好的就买，不好的就不买。这么好的形势，很久以来没有见过。今后要继续实行搞活经济的政策，继续发挥市场调节的作用。"但他同时指出："我们也要防止在搞活经济中，出现摆脱国家计划的倾向。……这就像鸟和笼子的关系一样，鸟不能捏在手里，捏在手里会死，要让它飞，但只能让它在笼子里飞。没有笼子，它就飞跑了。如果说鸟是搞活经济的话，那末，笼子就是国家计划。当然，'笼子'大小要适当，该多大就多大。经济活动不一定限于一个省、一个地区，在国家计划指导下，也可以跨省跨地区，甚至不一定限于国内，也可以跨国跨洲。另外，'笼子'本身也要经常调整，比如对五年计划进行修改。但无论如何，总得有个'笼子'。就是说，搞活经济、市场调节，这些只能在计划许可的范围以内发挥作用，不能脱离开计划的指导。"①鉴于他后来表示同意党的十二届三中全会通过的《中共中央关于经济体制改革的决定》中对计划经济所作的四点概括（其中讲到实行计划经济不等于指令性计划为主，指令性计划也必须运用价值规律）②，所以这里所说的计划指导，与后来所说的宏观控制，大体上是一个意思。就是说，微观搞活不能离开宏观控制。

为什么改革既要态度积极又要步骤稳妥，经济既要搞活又要加强宏观控制呢？陈云解释说，这是为了使改革减少损失，使经济活而不乱。他指出："因为试点而使改革的进度慢了，与为了加快改革的进度而不经过试点，以致改得不好，还要回过头来重新改，这两种损失相比，前一种比后一种要小些。"③他还指出："计划是宏观控制的主要依据。搞好宏观控

① 陈云. 陈云文选：第三卷[M]. 北京：人民出版社，1995：320.
② 陈云. 陈云文选：第三卷[M]. 北京：人民出版社，1995：337.
③ 陈云. 陈云文集：第三卷[M]. 北京：中央文献出版社，2005：529.

制，才有利于搞活微观，做到活而不乱。"① "搞活经济是对的，但权力太分散就乱了，搞活也难。"②

与此相关的一个问题是，如何看待价格与价值背离和国家财政补贴问题。对此，陈云的看法是："有些价格是背离了，应该符合起来；但是有相当大的一部分不能不背离。比如说，进口粮食是要赔钱的，就是按照粮食的卖价，我们市场还要贴钱。但是，粮食赔钱换得了市场稳定，有肉吃，有菜吃，给我们时间搞体制改革。"③他还说，按经济规律办事，这是一种好现象，但"对许多方面，在一定时期内，国家干预是必要的"。"从微观经济看，这是不合理的，似乎是不按经济规律办事"，但如果国家不补贴，就要"大涨价，大加工资，经济上会乱套"④。国家财政可以逐步减少一些不合理的补贴，"但要从根本上取消补贴是不可能的"。"在我国，还是低工资、高就业、加补贴的办法好。这是保持社会安定的一项基本国策。"⑤

改革开放30年来，宏观经济形势基本上没有出大问题，即使遇到风浪也能很快平息，这与陈云的谨慎态度和稳重主张是分不开的。就好比一匹马，既要让它跑，又不能没有缰绳；又好比一辆车，既要踩油门，又不能没有制动。否则，后果不堪设想。

八、大力倡导并积极推动干部的革命化、年轻化、知识化、专业化，为给改革开放提供坚强的组织保证发挥了重要作用

党的十一届三中全会结束后，陈云考虑的一个大问题是干部队伍的年轻化，或者说接班人问题。1979年3月，他在国务院财经委员会第一次会

---

① 陈云. 陈云文选：第三卷[M]. 北京：人民出版社,1995:350.
② 陈云. 陈云文选：第三卷[M]. 北京：人民出版社,1995:366.
③ 陈云. 陈云文集：第三卷[M]. 北京：中央文献出版社,2005:495.
④ 陈云. 陈云文选：第三卷[M]. 北京：人民出版社,1995:278.
⑤ 陈云. 陈云文选：第三卷[M]. 北京：人民出版社,1995:376.

议上就说，全国解放时的领导干部都快要"告老还乡"了，因此要找一到五个四五十岁的干部到财经委员会工作。不是当秘书，而是当"后排议员"。"这些人参与讨论问题，参与决定大政方针的事。培养这样的人，我看很有必要。"①同年 10 月在各省、自治区、直辖市党委第一书记座谈会上，他正式建议成立中央书记处，说这是国家的大计、党的利益。这个建议，他早在党的十一届三中全会前的工作会议上就提过了。他说："这可以使中央常委摆脱日常小事""也可以使年老同志减轻工作，也可以使汪东兴同志所管的工作大大减少"②。那时，陈云还不是政治局常委。如果说那时他提出这个建议更多的是从政治角度考虑的话，那么这时再次提出，则主要是从干部年轻化的角度来考虑的。中央书记处于 1980 年在党的十一届五中全会上成立，陈云在会上又指出："现在从中央到县委，大部分人头发都已经白了。所以，有它的紧迫性，有它的必要性。现在我们主动地来选择人才，还有时间，再等下去，将来就没有时间了。党的交班和接班的问题，在国际共产主义运动中间，在我们中国党内，有过痛苦的教训，这一点，我不说大家也知道。"③对陈云的意见，邓小平十分赞成，他在 1980 年 8 月中共中央政治局扩大会议上说："陈云同志提出，我们选干部，要注意德才兼备。所谓德，最主要的，就是坚持社会主义道路和党的领导。在这个前提下，干部队伍要年轻化、知识化、专业化，并且要把对于这种干部的提拔使用制度化。这些意见讲得好。"④

此后，党在提拔中青年干部方面虽然做了不少工作，但总体说，由于认识不一致而收效不大。于是，陈云利用 1981 年 5 月在杭州休息的时间，又写了题为《提拔培养中青年干部是当务之急》的意见书，送给邓小平和时任总书记的胡耀邦。意见书提出，从现在起就要成千上万地提拔中青年

① 陈云. 陈云文选：第三卷[M]. 北京：人民出版社，1995：258.
② 中共中央文献研究室. 陈云传：下[M]. 北京：中央文献出版社，2005：1495.
③ 陈云. 陈云文选：第三卷[M]. 北京：人民出版社，1995：269.
④ 邓小平. 邓小平文选：第二卷[M]. 北京：人民出版社，1994：326.

干部，让德才兼备的中青年干部在各级领导岗位上锻炼，让老干部传帮带，使党的事业后继有人。意见书还分析了一些老干部对选拔中青年干部缺乏紧迫感的原因，提出了选拔中青年干部和安置退居二、三线的老干部的具体措施。邓小平看后说，老干部方面的问题还没有处理好。于是，陈云又召集中组部和总政治部的同志开座谈会，形成了《关于老干部离休、退休问题座谈会纪要》。根据陈云的要求，党的十一届六中全会后，中央把各省、自治区、直辖市的党委书记留下来开了三天会，专门讨论陈云的意见书和座谈会纪要。会上，陈云在讲话中特别解释了之所以要成千上万地提拔优秀中青年干部，尤其要提拔一些四十岁以下的人的道理。他指出，只提拔一两百个人不够用，只有成千上万地提拔经过选择的好的中青年干部，才能使我们的干部交接班稳定地进行。四十岁以下的人年富力强，可以经过三年、五年、十年的时间，有意识地培养，从中选出好的人。会上，邓小平表示对陈云的建议"双手拥护"[1]。

要成千上万地选拔中青年干部，必然会碰到如何正确对待知识分子和如何掌握选拔的政治标准的问题。早在党的十一届五中全会上，陈云就提出要培养一批技术干部到各级领导机关里。在同年12月的中央工作会议上，他又指出："必须肯定，七十年代、八十年代的技术水平，应该来之于这些五十年代、六十年代水平的技术骨干。"[2]在关于选拔中青年干部问题的那份意见书中他还写道："提拔培养中青年干部，必然涉及对知识分子的态度。十年内乱时期把知识分子说成是'臭老九'，这种观点虽然已经受到批判，但是，党在知识分子中发展党员、提拔干部的政策远远没有实现。我们应该看到，没有老干部不能实现四化，没有大批知识分子参加到我们党的干部队伍中来，也决不能建成现代化的新中国。"[3]在他的建议

---

① 邓小平. 邓小平文选：第二卷[M]. 北京：人民出版社,1994:388.
② 陈云. 陈云文选：第三卷[M]. 北京：人民出版社,1995:281.
③ 陈云. 陈云文选：第三卷[M]. 北京：人民出版社,1995:295-296.

下，中组部向中央做了加强在中年知识分子中发展党员的报告，并成立了技术干部局。陈云反复强调，选拔中青年干部一定要坚持德才兼备的标准，而且要把德放在第一位，把好政治标准这一关，"文化大革命"期间的三种人一个也不能提拔，已经提拔的必须从领导班子中清除出去。他说，不能只看他们一时表现好，"到了气候适宜的时候，党内有什么风浪的时候，这些人就会变成能量很大的兴风作浪的分子"[1]。他还特别提醒大家："培养执笔的、写文章的中青年，选择的时候要特别注意，要特别谨慎。"[2]

为了给中青年干部腾位置，1980年、1982年，中央先后作出了《关于设置顾问的决定》和《关于建立老干部退休制度的决定》。此后，一批又一批的中青年干部被充实到了各级领导班子。从那时到现在，干部年轻不仅不再成为不能提拔的理由，相反成为提拔的一个重要条件；干部的知识化、专业化以及交接班的制度化，也在稳步推进。这中间，党内尽管出现过政治风浪，但从中央到地方的各级领导班子并没有因此断档；相反，干部素质越来越高，选择余地越来越大。这不仅为改革开放提供了有力的组织保证，在很大程度上也为国际共产主义运动交接班问题的解决积累了经验。所有这些，不能不说与陈云当年的努力有着密切关系。如果不是他高瞻远瞩，对成千上万提拔优秀中青年干部问题大声疾呼、抓住不放，而是顾虑重重，不紧不慢，小手小脚，今天的局面是可想而知的。

九、强调发扬党内民主及民主的制度化，为使改革向政治体制延伸提供了重要的指导思想

陈云历来重视和提倡发扬党内民主，把它看成是党的生命。他在20

---

① 陈云. 陈云文选:第三卷[M]. 北京:人民出版社,1995:301.
② 陈云. 陈云文选:第三卷[M]. 北京:人民出版社,1995:302.

世纪60年代"七千人大会"后的陕西省全体干部会议上说过,"发扬民主,经常开展批评与自我批评,都是我们党的老传统",如果不能发表不同意见,"我看人们就不会参加革命了,也不会愿意当这样的共产党员了"①。粉碎"四人帮"后,他评论"文化大革命"发生的原因,不是民主制度、民主生活很不够,而是"党内民主集中制没有了,集体领导没有了"②。他在党的十一届三中全会上当选中央副主席后上台讲话,认为会议成功的重要标志之一就是"解放思想,畅所欲言,充分恢复和发扬了党内民主和党的实事求是、群众路线、批评和自我批评的优良作风"③。在中纪委第一次全会上,他回顾和总结了我们党和国际共产主义运动的经验教训,提出中纪委的基本任务就是要在党内真正实现毛泽东所提倡的"又有集中又有民主,又有纪律又有自由,又有统一意志、又有个人心情舒畅、生动活泼,那样一种政治局面"④。所以,他在改革开放初期讲"执政党的党风问题是有关党的生死存亡的问题"⑤,其中说的党风,主要是指党内的民主风气。

陈云强调党内要有民主,是与允许不同意见连在一起的,目的是使领导全面了解情况,有利于作出正确决策。党的十一届五中全会成立中央书记处时,他嘱咐说:"党的任何一级组织,允许不同意见存在,我看这不是坏事。有不同意见,大家可以谨慎一些,把事情办得更合理一些。允许有不同意见的辩论,这样可以少犯错误。一个人讲了算,一言堂,一边倒,我认为不好。这是讲民主方面。但是,又必须要有集中,少数服从多数,全党服从中央,否则什么事情也做不了,一事无成。"⑥

---

① 陈云. 陈云文选:第三卷[M]. 北京:人民出版社,1995:190.
② 陈云. 陈云文选:第三卷[M]. 北京:人民出版社,1995:274.
③ 陈云. 陈云文集:第三卷[M]. 北京:中央文献出版社,2005:453.
④ 陈云. 陈云文选:第三卷[M]. 北京:人民出版社,1995:239-243.
⑤ 陈云. 陈云文选:第三卷[M]. 北京:人民出版社,1995:273.
⑥ 陈云. 陈云文选:第三卷[M]. 北京:人民出版社,1995:270.

1982 年，他在中央政治局扩大会上又讲："我过去说过，不怕人家讲错话，就怕人家不说话。讲错话不要紧，要是开起会来，大家都不说话，那就天下不妙。有同志提不同意见，党组织应该允许，这是党的事业兴旺发达的好现象。当然，有了不同意见，要在党内说，在你的那个党支部，或者在你的机关，按照组织程序和组织原则严肃地提出来。"①1987年，他同当时中央一位主要负责同志谈话时特别提醒说，领导人有了一个意见之后，"可以先放一放，再考虑考虑，听听有没有不同意见。如果有不同意见，就要认真听取，展开讨论，吸收正确的，驳倒错误的，使自己的意见更加完整……如果没有不同意见，自己也要假设一个对立面，让大家来批驳。有钱难买反对自己意见的人……常常是，有不同意见的人，他不讲出来。能够听到不同声音，决不是坏事。这和同中央保持一致并不矛盾"②。

在陈云看来，党内民主不仅是一种风气，还应当是一种制度。早在1977年党的十一大上讨论《党章》修改草案时，他就针对其中关于党员对党组织决议、指示有不同意见有权在党的会议上提出并有权越级报告的规定说，应该加上"允许保留意见"③。1985年，他在党的全国代表会议上强调："坚持民主集中制，是党章规定的原则。历史经验证明，实行民主集中制，做起来很不容易。希望新进各级领导班子的中青年干部，要注意学会按照民主集中制的原则办事。在各级领导班子中，要充分发扬民主，倾听各种意见，特别要注意倾听不同意见。要照党章办事，不要一个人说了算。"④1987年，他在中央政治局扩大会议上进一步提出："我们党内要强调一下，要有民主生活制度。常委多少时间开一次会，政治局多少时间开一次会，要立个规矩。常委会议，政治局会

①　陈云. 陈云文选：第三卷[M]. 北京：人民出版社，1995：275.
②　陈云. 陈云文选：第三卷[M]. 北京：人民出版社，1995：361-362.
③　中共中央文献研究室. 陈云传：下[M]. 北京：中央文献出版社，2005：1462.
④　陈云. 陈云文选：第三卷[M]. 北京：人民出版社，1995：353.

议，政治局扩大会议，应该分开来开。这是党内民主生活。民主集中制要坚持。"[1]

由于我们党是国家的领导核心力量，因此，陈云强调发扬党内民主和民主的制度化，对带动人民民主的扩大、深化国家政治体制的改革，都有很大的促进作用。

十、提醒广大党员干部要警惕改革开放中的消极东西、坚持理想信念、维护良好党风，为保持改革开放的正确方向发挥了重要作用

改革开放极大地调动了亿万人民的积极性，推动我国以世界上少有的速度持续快速地发展，使我们党、人民、国家的面貌都发生了历史性变化。但同时，它也不可避免地给社会带来了一些负面影响。邓小平就曾指出过："开放政策是有风险的，会带来一些资本主义的腐朽东西"[2]"肯定会带来一些消极因素"[3]"必然会有西方的许多坏的影响进来"[4]。正因为如此，陈云作为中纪委第一书记，反复告诫广大党员和党员领导干部，要"严重注意资本主义腐朽思想和作风的渗入"。他说："对外开放，引进国外先进技术和经营管理经验，为我国社会主义建设所用，是完全正确的，要坚持。但同时要看到，对外开放，不可避免地会有资本主义腐朽思想和作风的侵入。这对我们社会主义事业，是直接的危害。"[5]在通过《中共中央关于经济体制改革的决定》（简称《决定》）的党的十二届三中全会上，他又指出，《决定》中说"竞争中可能出现某些消极现象和违法行为"，这句话提一下很必要。一方面要看到这些现象并不奇怪，另一方面

---

① 陈云. 陈云文选：第三卷[M]. 北京：人民出版社，1995：359.
② 邓小平. 邓小平文选：第三卷[M]. 北京：人民出版社，1993：139.
③ 邓小平. 邓小平文选：第三卷[M]. 北京：人民出版社，1993：90.
④ 邓小平. 邓小平文选：第三卷[M]. 北京：人民出版社，1993：306.
⑤ 陈云. 陈云文选：第三卷[M]. 北京：人民出版社，1995：355.

"也要看到，如果我们不注意这个问题，不进行必要的管理和教育，这些现象就有可能泛滥成灾，败坏我们的党风和社会风气"①。针对少数党员、党员干部，特别是个别老党员、老干部不能与社会上的歪风作斗争，遇到歪风还跟着干的现象，陈云指出："一说对外开放，对内搞活，有些党政军机关、党政军干部和干部子女，就蜂拥经商……同一些违法分子、不法外商互相勾结，互相利用。钻改革的空子，买空卖空，倒买倒卖，行贿受贿，走私贩私，弄虚作假，敲诈勒索，逃避关税，制造和销售假药、假酒，谋财害命，以至贩卖、放映淫秽下流录相，引诱妇女卖淫等等丑事坏事，都出现了。"②

　　为什么会出现这些问题呢？除了改革开放会有一定消极影响外，在陈云看来还有两个重要原因，那就是：第一，我们党处在执政的条件下，党员尤其是各级党员领导干部手里都握有各种权力，可以使一些人以权谋私；第二，一些党组织放松思想政治工作，忽视精神文明建设，使一些人忘记了自己是共产党员，忘记了社会主义和共产主义理想，丢掉了全心全意为人民服务的宗旨。所以，陈云一方面强调必须加强党的纪律建设，明确"党性原则和党的纪律不存在'松绑'的问题"③，要求严厉打击利用职权谋私利的人，制止这股歪风，否则"会败坏党的风气，使党丧失民心"④；另一方面强调，"必须在思想上纠正忽视精神文明建设的现象""物质文明建设和精神文明建设，两者是不能分离的"⑤。他指出：经济体制改革"是社会主义制度的自我完善和发展"⑥"要使全党同志明白，我们干的是社会主义事业，最终目的是实现共产主义""我们国家现在进行

①　陈云. 陈云文选：第三卷[M]. 北京：人民出版社，1995：338.
②　陈云. 陈云文选：第三卷[M]. 北京：人民出版社，1995：355－356.
③　陈云. 陈云文选：第三卷[M]. 北京：人民出版社，1995：275.
④　陈云. 陈云文选：第三卷[M]. 北京：人民出版社，1995：331－332.
⑤　陈云. 陈云文选：第三卷[M]. 北京：人民出版社，1995：354.
⑥　陈云. 陈云文选：第三卷[M]. 北京：人民出版社，1995：350.

的经济建设，是社会主义的经济建设，经济体制改革也是社会主义的经济体制改革。任何一个共产党员，每时每刻都必须牢记，我们是搞社会主义的四个现代化，不是搞别的现代化"①。

在改革开放的过程中，始终存在着坚持社会主义方向与走资本主义道路的斗争，存在着坚持四项基本原则与搞资产阶级自由化的尖锐对立。例如，改革开放初期，社会上出现了一股怀疑和反对四项基本原则、贬损和否定毛泽东及毛泽东思想的思潮。对此，邓小平旗帜鲜明地提出，要坚持四项基本原则；要通过党的决议，确立毛泽东的历史地位，高举毛泽东思想的旗帜。又如，在20世纪80年代末苏东局势动荡的国际大气候下，国内极少数资产阶级自由化分子利用我们党工作中的某些缺点，掀起了一场旨在推翻社会主义政权的政治风波。对此，邓小平再次旗帜鲜明地提出，要坚决反对动乱。在这些关系改革开放前途、党和国家命运的关键时刻，陈云都坚定地站在邓小平一边，支持邓小平的正确主张。对于起草《关于建国以来党的若干历史问题的决议》，他表示，"要按照小平同志的意见，确立毛泽东同志的历史地位，坚持和发展毛泽东思想"②；并建议在决议中增加回顾新中国成立前28年历史的内容，以便对毛泽东的功绩、贡献概括得更全面。在平息1989年春夏之交的政治风波期间，他以中顾委主任的身份，连续找一些老同志和老将军谈话，并召集中顾委常委开会，提出："现在是关键时刻，不能后退。如果后退，两千万革命先烈用人头换来的社会主义的中华人民共和国，就会变成资本主义的共和国。"他要求大家"坚决拥护以邓小平同志为核心的中国共产党""主动地多做干部和群众的工作"③。历史表明，陈云为保持改革开放的正确方向，使改革开放得以在稳定的政治环境中健康发展，发挥了独特的不可替代的重要

---

① 陈云. 陈云文选:第三卷[M]. 北京:人民出版社,1995:347.
② 陈云. 陈云文选:第三卷[M]. 北京:人民出版社,1995:283-284.
③ 陈云. 陈云文选:第三卷[M]. 北京:人民出版社,1995:368.

作用。

　　以上是我所总结的陈云对改革开放的十个重大贡献。陈云在改革开放中的贡献当然远远不止这些，即使从主要贡献的角度讲，也可以作出其他的概括。如果把上述贡献再提炼和概括成一句话，可以说陈云对于改革开放也像对现代化建设一样，更倾向于一种平衡发展和稳步前进的思路，为人们正确看待和处理发展、改革、稳定三者的关系，比较好地掌握发展的速度、改革的力度和社会可承受的程度，产生过和仍在产生着积极的影响。我以为，这正是陈云对改革开放重大贡献中最为核心的内容，也是中国改革开放事业之所以获得巨大成功的最为深刻的原因之一。

　　胡锦涛同志在陈云同志诞辰100周年纪念大会上的讲话指出："陈云同志为中国人民解放事业的开展和成功，为我国社会主义制度的建立和巩固，为我国改革开放和社会主义现代化事业的开创和发展，奉献了毕生精力，建立了不朽功勋，在国内外享有崇高威望，深受全党全军全国各族人民尊敬和爱戴。"[1]我们在改革开放30周年到来之际，回顾和评价陈云对改革开放的贡献，绝不仅是颂扬他的丰功伟绩，而是为了从这些贡献中得到启示，以便更好地总结改革开放的历史经验，把改革开放的伟大事业不断推向前进。

---

① 胡锦涛. 在陈云同志诞辰100周年纪念大会上的讲话[N]. 人民日报,2005-06-14.

陈云与改革开放的三个关键性问题①

在40年前召开的党的十一届三中全会上，陈云重新当选为中央政治局委员、常委，中央委员会副主席，成为以邓小平为核心的第二代中央领导集体的重要成员。从那时起，他和邓小平、叶剑英、李先念等老一辈无产阶级革命家一起，拨乱反正，开拓创新，殚精竭虑，运筹帷幄，带领人民积极推进改革开放，在新中国成立后头29年建立起来的独立完整的工业体系和国民经济体系基础上，使国民生产总值由世界排名第十位，上升到20世纪末的第六位。对此，全国各族人民作出了贡献，全党作出了贡献，老一辈革命家们作出了贡献，陈云也作出了自己的独特贡献。我认为，这个贡献从一定意义上说，主要体现在协助和支持邓小平把握改革开放健康发展的三个关键性问题上。

一、在改革开放的核心问题上，主张处理好政府与市场的关系，做到在宏观控制下搞活经济

早在20世纪50年代资本主义工商业社会主义改造完成后，陈云就提出了"三个主体、三个补充"的设想。党的十一届三中全会开过不久，他撰写的一份提纲在中央政策研究单位进行了传达，其中指出，计划工作制度中除了"有计划按比例"这一条，还应当有"市场调节"这一条。"在今后经济的调整和体制的改革中，实际上计划与市场这两种经济的比例的

① 本文是作者2018年6月7日在福建龙岩举办的第十二届"陈云与当代中国"学术研讨会上的开幕词，刊载于《毛泽东邓小平理论研究》2018年第9期。收入本书时，作者略作修改。

调整将占很大的比重。不一定计划经济部分愈增加，市场经济部分所占绝对数额就愈缩小，可能是都相应地增加。"①此后，针对一些部门和地方只顾市场不顾计划、导致国民经济重大比例失调的倾向，他又明确提出"计划经济为主、市场调节为辅""计划与市场相结合"的原则。

陈云的上述主张虽然和后来确立的社会主义市场经济体制改革目标有所区别，但正如党的十四大报告所说，它对于摆脱在计划与市场关系上的传统观念、形成新的认识，"对推动改革和发展起了重要作用"②。江泽民同志在纪念陈云同志诞辰90周年座谈会上又指出，陈云同志在党的十一届三中全会后率先批判过去计划工作中存在的弊端，"对推动全党解放思想、实事求是，进行突破高度集中的计划经济体制的改革，产生过广泛而深刻的影响"③。胡锦涛同志在纪念陈云同志诞辰100周年纪念大会上也说："他明确提出，在社会主义制度下，只有有计划按比例还不行，还必须有市场调节。他的这个重要认识，对我们突破高度集中的计划经济体制的束缚，曾经产生过广泛而深刻的影响。"④习近平总书记在纪念陈云同志诞辰110周年座谈会上进一步指出，党的十一届三中全会之后，陈云同志提出"在社会主义经济中要有意识地发挥和扩大市场调节作用，支持探索符合实际、充满活力的社会主义经济新体制"⑤。

20世纪80年代，陈云经过长期思考，将搞活经济与计划指导比喻成"鸟与笼子"的关系。他说："鸟不能捏在手里，捏在手里会死，要让它飞，但只能让它在笼子里飞。没有笼子，它就飞跑了。"⑥一些别有用心的人故意把这个比喻中所说的"笼子"歪曲为真的像鸟笼那样狭小，并据

① 陈云. 陈云文选:第三卷[M]. 北京:人民出版社,1995:247.
② 中共中央文献研究室. 十四大以来重要文献选编:上[G]. 北京:人民出版社,1996:18.
③ 江泽民. 在纪念陈云同志诞辰90周年座谈会上的讲话[N]. 人民日报,1995-06-14.
④ 胡锦涛. 在陈云同志诞辰100周年纪念大会上的讲话[N]. 人民日报,2005-06-14.
⑤ 习近平. 在纪念陈云同志诞辰110周年座谈会上的讲话[N]. 人民日报,2015-06-13.
⑥ 陈云. 陈云文选:第三卷[M]. 北京:人民出版社,1995:320.

此把陈云的经济思想污蔑为"鸟笼经济学"。其实，只要稍懂经济学常识和稍动脑筋思考的人都会明白，这个比喻恰恰形象地道出了经济学中微观与宏观关系的真谛。尤其在这个比喻中，陈云特别强调了"笼子"可大可小，可以跨省跨地区，甚至可以跨国跨洲，作为"笼子"的五年计划本身也要经常调整。这就不仅揭示了微观搞活与宏观控制的关系，而且大大发展了他关于计划与市场关系的思想，为人们进一步思考市场和政府在搞活经济中的各自作用，开辟了更加广阔的空间。

在过去优先发展重工业和资源短缺、法律不健全、利率调节受制约的年代，政府调控经济的主要手段只能是计划。因此，计划与市场的关系，说到底是政府与市场的关系。陈云在这个比喻中所讲的"笼子"，指的虽然是计划，但道出的却是政府在发挥市场机制中应起的作用。正如陈云后来所说："计划是宏观控制的主要依据。搞好宏观控制，才有利于搞活微观，做到活而不乱。""搞活经济是对的，但权力太分散就乱了，搞活也难。"①可见，这个比喻与人们后来强调的"市场经济是法治经济""'看不见的手'与'看得见的手'都要用好"等观点，在本质上是完全一致的。

很多外国人搞不明白，世界上有那么多发展中国家都在实行市场经济，为什么唯独中国发展得最快最稳。其实，这个问题并不神秘，原因就在于中国的市场经济是和社会主义制度相联系的，是有宏观控制的，是和政府作用相结合的，总而言之，是有"笼子"的。习近平总书记指出："我们要坚持辩证法、两点论，继续在社会主义基本制度与市场经济的结合上下功夫，把两方面优势都发挥好，既要'有效的市场'，也要'有为的政府'，努力在实践中破解这道经济学上的世界难题。"②不难看出，陈

---

① 陈云. 陈云文选：第三卷[M]. 北京：人民出版社，1995：366.
② 中共中央文献研究室. 习近平关于社会主义经济建设论述摘编[G]. 北京：中央文献出版社，2017：64.

云关于"鸟与笼子"的比喻，正是在破解这道经济学上世界难题过程中作出的一个重要理论贡献。

二、在改革开放的方法问题上，倡导先行试点，"摸着石头过河"

任何事情要成功，不仅要有满腔热情的态度、坚韧不拔的意志，还要有适当稳妥的方法。对于改革开放，陈云一方面持积极支持的态度，另一方面如同在经济建设上主张稳中求进一样，总是不断提醒大家："既要积极，又要稳妥"①"要边走边看，走一步看一步"②。

比如，对待经济体制改革的问题。陈云一方面高度赞扬这个改革，指出："现在搞的经济体制改革，打破了'大锅饭'、'铁饭碗'，它的意义不下于私营工商业改造。"③"打破这个'大锅饭'，将会大大调动广大工人、农民、知识分子和干部进行社会化建设的积极性，使我国的生产力获得一次新的大解放。"他还说，政企职责分开很有必要，这样"可以给企业比过去大得多的自主权"④。但他又强调，扩大企业自主权，推行经济责任制，必须坚持几个前提：一是"定额应该是平均先进定额"；二是"质量只能提高，不能降低"；三是"单位成本只能降低，不能提高"；四是要"统筹全局，要算一算，一年增加多少收入，并从全局来合理分配"⑤。

再如，对待试办经济特区和开放沿海城市的问题。陈云一方面肯定特区要办，赞成增加开放沿海城市，另一方面指出："广东、福建两省的深圳、珠海、汕头、厦门四个市在部分地区试办经济特区……现在只能有这

① 陈云. 陈云文选：第三卷[M]. 北京：人民出版社，1995：338.
② 陈云. 陈云文选：第三卷[M]. 北京：人民出版社，1995：324.
③ 陈云. 陈云文集：第三卷[M]. 北京：中央文献出版社，2005：488.
④ 陈云. 陈云文选：第三卷[M]. 北京：人民出版社，1995：337.
⑤ 陈云. 陈云文集：第三卷[M]. 北京：中央文献出版社，2005：489.

几个，不能增多。""像江苏这样的省不能搞特区。"①"既要看到特区的有利方面，也要充分估计到特区带来的副作用。例如：人民币与外币同时流通，对人民币不利，会打击人民币。"②"特区第一位的问题是总结经验。"③他提醒有关领导，沿海城市开放后，来料加工产品要有一定比例的内销，但"自己必须发展而且正在发展的东西，不要被外面进口的挤掉了"④。"要使自己的东西一步一步地进步，达到先进的水平，这还是应当提倡的。"⑤

再如，对待外资外经外贸的问题。陈云一方面积极支持借外债，说这"是打破闭关自守以后的新形势""今后在自力更生为主的条件下，还可以借些不吃亏的外债"⑥。针对一些地方进口国外二手设备不划算的问题，他还提出一个大胆设想，即"对外开放不一定都是人家到我们这里来，我们也可以到人家那里去"⑦，赞成利用有利时机到国外投资办厂，从而成为"走出去"战略的先声。另一方面，他又强调："利用外资和引进新技术，这是我们当前的一项重要政策措施，不过要头脑清醒。"⑧因为，第一，外债绝大多数不是自由外汇，而是卖方贷款，国内需要资金配套，涉及财政平衡；第二，自由外汇利息高达15%，借多了还不起；第三，现在国际信贷是买方市场，国际关系除非有大的变化，否则这种有利条件不会失去。他针对外贸体制改革初期，一些工业企业和地方为争夺外贸自主权，不计成本、削价竞销、外方得利的现象指出：外贸改革的最终目的是给国家增加外汇，如果适得其反，可以考虑

① 陈云. 陈云文选：第三卷[M]. 北京：人民出版社,1995:306-307.
② 陈云. 陈云文选：第三卷[M]. 北京：人民出版社,1995:307.
③ 陈云. 陈云文选：第三卷[M]. 北京：人民出版社,1995:311.
④ 陈云. 陈云文集：第三卷[M]. 北京：中央文献出版社,2005:536.
⑤ 陈云. 陈云文集：第三卷[M]. 北京：中央文献出版社,2005:535.
⑥ 陈云. 陈云文选：第三卷[M]. 北京：人民出版社,1995:276.
⑦ 陈云. 陈云文集：第三卷[M]. 北京：中央文献出版社,2005:537.
⑧ 陈云. 陈云文选：第三卷[M]. 北京：人民出版社,1995:277.

"走两年老路，略加改良"①，看看哪种办法更好。在外贸部门的报告上他批示："既要调动各方面的积极性，又要坚持统一对外，这是外贸体制改革必须坚持的一条原则。"②

陈云之所以对改革开放的方法采取这种审慎态度，与他对经济工作的一贯指导思想，即不怕慢、就怕站，如果"出现反复，结果反而会慢，'欲速则不达'"③是一致的。他说过："开国以来经济建设方面的主要错误是'左'的错误"；④我们应该探索"在不再折腾的条件下有较快的发展速度"⑤。在回答为什么改革必须经过试点的问题时他明确表示："因为试点而使改革的进度慢了，与为了加快改革的进度而不经过试点，以致改得不好，还要回过头来重新改，这两种损失相比，前一种比后一种要小些。"⑥他认为，城市改革的步子之所以要稳，重要原因在于城市改革比农村改革复杂，大多数干部对此缺少经验。他说："我们的改革，问题复杂，不能要求过急。改革固然要靠一定的理论研究、经济统计和经济预测，更重要的还是要从试点着手，随时总结经验，也就是要'摸着石头过河'。开始时步子要小，缓缓而行。"⑦他又说："这次体制改革涉及范围相当广，广大干部还不很熟悉，在进行中还会出现一些难以预见的问题。因此，必须边实践，边探索，边总结经验。如果用五年实践能够做好改革这件事，那就很好了。"⑧

改革开放的实践说明，凡事按照先试点、再推广，"摸着石头过河"的方法进行，成功率就高、副作用就少；反之，则挫折多、损失大。党的

---

① 中共中央文献研究室．陈云年谱：下卷[M]．修订本．北京：中央文献出版社，2015：390．
② 陈云．陈云文集：第三卷[M]．北京：中央文献出版社，2005：539．
③ 陈云．陈云文选：第三卷[M]．北京：人民出版社，1995：351．
④ 陈云．陈云文选：第三卷[M]．北京：人民出版社，1995：281-282．
⑤ 陈云．陈云文选：第三卷[M]．北京：人民出版社，1995：268．
⑥ 陈云．陈云文集：第三卷[M]．北京：中央文献出版社，2005：529．
⑦ 陈云．陈云文选：第三卷[M]．北京：人民出版社，1995：279．
⑧ 陈云．陈云文选：第三卷[M]．北京：人民出版社，1995：338．

十八大以来，以习近平同志为核心的党中央对经济工作提出了稳中求进的总基调。习近平总书记指出："稳中求进工作总基调是我们治国理政的重要原则，也是做好经济工作的方法论。"①他还说："摸着石头过河，是富有中国智慧的改革方法，也是符合马克思主义认识论和实践论的方法。实践中，对必须取得突破但一时还不那么有把握的改革，就采取试点探索、投石问路的方法，先行试点，尊重实践、尊重创造，鼓励大胆探索、勇于开拓，取得经验、看得很准了再推开……加强顶层设计和摸着石头过河都是推进改革的重要方法。"②他的这些论述是对改革开放成功经验的深刻总结，也是对陈云关于改革开放应当稳步前进主张的充分肯定。

三、在改革开放的方向问题上，强调不能放松共产主义思想教育、败坏党的作风、损害人民的利益

改革开放究竟有没有方向？对这个问题，很长时间里一直存在不同看法。党的十八大后，习近平总书记旗帜鲜明地指出："我们的改革开放是有方向、有立场、有原则的。"③他强调："不实行改革开放死路一条，搞否定社会主义方向的'改革开放'也是死路一条。在方向问题上，我们头脑必须十分清醒。我们的方向就是不断推动社会主义制度自我完善和发展，而不是对社会主义制度改弦易张。"④"一些敌对势力和别有用心的人也在那里摇旗呐喊、制造舆论、混淆视听，把改革定义为往西方政治制

---

① 中共中央文献研究室. 习近平关于社会主义经济建设论述摘编[G]. 北京：中央文献出版社，2017：332.
② 中共中央文献研究室. 习近平关于全面深化改革论述摘编[G]. 北京：中央文献出版社，2014：43.
③ 中共中央文献研究室. 习近平关于全面深化改革论述摘编[G]. 北京：中央文献出版社，2014：14.
④ 中共中央文献研究室. 习近平关于全面深化改革论述摘编[G]. 北京：中央文献出版社，2014：15.

度的方向改，否则就是不改革。他们是醉翁之意不在酒，'项庄舞剑，意在沛公'。对此，我们要洞若观火，保持政治坚定性，明确政治定位。"①

自改革开放之始，陈云就十分重视改革的方向问题。他的主要思想基本体现为以下三点。

一是强调共产党员在改革开放中要始终坚定共产主义的理想信念。早在1983年党的十二届二中全会上，陈云就在大会发言中指出："有些人看见外国的摩天大厦、高速公路等等，以为中国就不如外国，社会主义就不如资本主义，马克思主义就不灵了。对于这些人，我们要进行批评教育，对其中做意识形态工作的同志，经过教育不改的，要调动他们的工作。"他说："中国现在还很穷，但我们是社会主义国家，我们的根本制度比资本主义优越得多……资本主义必然要被共产主义所代替，这是不可改变的法则。"在发言结束时他还充满信心地高呼："社会主义万岁！共产主义万岁！"②

1985年，他在党的全国代表会议的大会发言中强调："我们是共产党，共产党是搞社会主义的。现在进行的社会主义经济体制改革，是社会主义制度的自我完善和发展。"③"现在有些人，包括一些共产党员，忘记了社会主义和共产主义的理想，丢掉了为人民服务的宗旨。""应当把共产主义思想的教育、四项基本原则的宣传，作为思想政治工作的中心内容。这种宣传教育不能有丝毫减弱，还要大大加强。民主革命时期，我们用共产主义思想教育党员和群众中的先进分子，才使党始终有战斗力，使革命取得了成功。社会主义经济建设和经济体制改革，更加要有为共产主义事业献身的精神。"④

---

① 中共中央文献研究室. 习近平关于全面深化改革论述摘编[G]. 北京:中央文献出版社,2014:19.

② 陈云. 陈云文选:第三卷[M]. 北京:人民出版社,1995:332-333.

③ 陈云. 陈云文选:第三卷[M]. 北京:人民出版社,1995:350.

④ 陈云. 陈云文选:第三卷[M]. 北京:人民出版社,1995:352-353.

在随后召开的中纪委第六次全体会议上，他再次指出："对外开放，不可避免地会有资本主义腐朽思想和作风的侵入。这对我们社会主义事业，是直接的危害。如果我们各级党委，我们的党员特别是老干部，对此有清醒的认识，高度的警惕，有针对性地进行以共产主义思想为核心的教育，那么资本主义思想的侵入并不可怕。我们相信，马克思主义、共产主义的真理，一定会战胜资本主义腐朽思想和作风的侵蚀。"①

改革开放初期有一种议论，说共产主义遥遥无期，今后只讲社会主义就行了，不必再讲共产主义，甚至提出共产党的名字也应当改。陈云听到后明确表示："这个观点是不对的，应当说，共产主义遥遥有期，社会主义就是共产主义的第一阶段。"在纪念陈云同志诞辰110周年座谈会上，习近平总书记引用了他的这句话，并指出："我们纪念陈云同志，就要学习他坚守信仰的精神。"②

二是强调在改革开放中要始终加强党风建设，严格党的纪律，惩治以权谋私，打击经济犯罪。党的十一届三中全会刚刚闭幕，陈云就作出了"执政党的党风问题是有关党的生死存亡的问题"的著名论断，强调："党风问题必须抓紧搞，永远搞。"③过了几年，随着改革开放的深入，他再次指出："抓党风的好转，仍是全党的一件大事。这些年来，中央抓了党风问题。但是，要实现党风的根本好转，任务还非常重。现在确有不少党员、党员干部，特别是个别老党员、老干部，不能坚持原则，遇到歪风，跟着干。"④他认为，"一切向钱看"是对党风和社会风气起严重腐蚀作用的资本主义思想。他说："我们搞社会主义，一定要抵制和清除这些丑恶的思想和行为，要动员和组织全党和社会的力量，以除恶务尽的精神，同

① 陈云. 陈云文选：第三卷[M]. 北京：人民出版社，1995：355.
② 习近平. 在纪念陈云同志诞辰110周年座谈会上的讲话[N]. 人民日报，2015-06-13.
③ 陈云. 陈云文选：第三卷[M]. 北京：人民出版社，1995：273.
④ 陈云. 陈云文选：第三卷[M]. 北京：人民出版社，1995：351.

这种现象进行坚决的斗争。"①他"希望所有党的高级领导人员，在教育好子女的问题上，给全党带个好头。决不允许他们依仗亲属关系，谋权谋利，成为特殊人物"②。他要求对于败坏党风、社会风气的歪风邪气，凡是熟视无睹、听之任之的，"除了要追究那些为非作歹的个人外，还要追究那个单位、那个地区的党委的责任，包括纪委的责任"③。

改革开放初期曾经刮起一股歪风，指责党的纪律束缚了干部的手脚，不利于改革开放。陈云听说后，在一份报告上批示："党性原则和党的纪律不存在'松绑'的问题。没有好的党风，改革是搞不好的。共产党不论在地下工作时期或执政时期，任何时候都必须坚持党的纪律。"④

对于一些党员干部钻改革空子、以权谋私的行为，陈云更是深恶痛绝。他说："对于利用职权谋私利的人，如果不给以严厉的打击，对这股歪风不加制止或制止不力，就会败坏党的风气，使党丧失民心。"1982年初，他看到中纪委信访简报，反映南方沿海省份不法之徒内外勾结，大搞走私活动，涉及不少党员干部，群众意见很大，当即批转中央政治局常委，指出："对严重的经济犯罪分子，我主张要严办几个，判刑几个，以至杀几个罪大恶极的，并且登报，否则党风无法整顿。"邓小平看后加了八个大字："雷厉风行，抓住不放。"⑤

针对1985年少数党员、党员干部，特别是个别老党员、老干部不能与社会上的歪风作斗争，相反遇到歪风跟着干的现象，陈云又指出："一说对外开放，对内搞活，有些党政军机关、党政军干部和干部子女，就蜂拥经商。仅据十几个省市的调查，从去年第四季度以来一下子就办起了两万多个这样那样的公司。其中相当一部分，同一些违法分子、不法外商互

① 陈云. 陈云文选:第三卷[M]. 北京:人民出版社,1995:356.
② 陈云. 陈云文选:第三卷[M]. 北京:人民出版社,1995:352.
③ 陈云. 陈云文选:第三卷[M]. 北京:人民出版社,1995:356.
④ 陈云. 陈云文选:第三卷[M]. 北京:人民出版社,1995:275.
⑤ 陈云. 陈云文选:第三卷[M]. 北京:人民出版社,1995:273-274.

相勾结，互相利用。钻改革的空子，买空卖空，倒买倒卖，行贿受贿，走私贩私，弄虚作假，敲诈勒索，逃避关税，制造和销售假药、假酒，谋财害命。"他指示各级纪委："无论是谁违反党纪、政纪，都要坚决按党纪、政纪处理；违反法律的，要建议依法处理。各级纪委必须按此原则办事，否则就是失职。"①

三是强调改革绝不能以损害民生为代价。陈云历来主张，"搞经济建设的最后目的，是为了改善人民的生活"②。无论对基本建设还是经济改革，陈云都有一条底线，就是不要破坏物价水平的总体稳定，不要损害民生，不要引发社会动荡。1980年，由于用增发票子的办法大搞基本建设，因此致使通货膨胀，许多商品涨价，严重影响人民生活。陈云指出："这种涨价的形势如果不加制止，人民是很不满意的。"③

对于价格改革，陈云同样坚持这条原则。他认为，减少各种不合理的补贴，使价格尽可能反映价值是对的；但制订价格改革方案时一定要想到低收入群众的承受能力和弱势产业的发展，权衡经济与政治、社会等各方面的利弊得失。1981年，他审阅五届全国人大四次会议政府工作报告稿，建议把其中讲"物价与价值要一致"的话删去，说："这个话写上去，会引起调高价格的猜测，弄得人心不安。价格与价值应当符合，但是现在有相当大的一部分不能不背离。"如果马克思活到现在，"他也会赞成保持一种合理补贴的社会主义，即小的方面不合理，大的方面仍然是合理的"④。

1988年，党中央酝酿更大幅度的价格和工资改革，总体思路是在5年时间里，每年价格上涨10%，人均收入增加11%~14%，以期初步理顺价格关系。陈云对此明确表示不赞成，他对中央有关领导同志说："物

---

① 陈云. 陈云文选：第三卷[M]. 北京：人民出版社,1995:355-356.
② 陈云. 陈云文选：第三卷[M]. 北京：人民出版社,1995:280.
③ 陈云. 陈云文选：第三卷[M]. 北京：人民出版社,1995:277.
④ 陈云. 陈云文集：第三卷[M]. 北京：中央文献出版社,2005:496.

价上涨后不拿工资的农民怎么办。"①"理顺价格在你们有生之年理不顺，财政补贴取消不了。"②1989年政治风波过后，陈云同当时刚刚担任中共中央委员会总书记的江泽民谈话，再次指出："国家财政补贴取消不了。暗补、明补，都是补贴。在我国，还是低工资、高就业、加补贴的办法好。这是保持社会安定的一项基本国策。即使是发达的资本主义国家，对某些产品也是实行补贴的。当然，通过改善经营管理，提高经济效益，可以逐步减少一些不合理的补贴，例如某些企业的亏损补贴，但要从根本上取消补贴是不可能的。"③

习近平总书记在党的十八届三中全会上指出："全面深化改革，必须以促进社会公平正义、增进人民福祉为出发点和落脚点。这是我们党全心全意为人民服务根本宗旨的必然要求……如果不能给老百姓带来实实在在的利益，如果不能创造更加公平的社会环境，甚至导致更多的不公平，改革就失去意义，也不可能持续。"党的十九大报告进一步指出，"增进民生福祉是发展的根本目的"，要"让改革发展成果更多更公平惠及全体人民"。可见，陈云关于改革不能以牺牲民生为代价的思想，同样是经受住了实践反复检验的真理，同样应当坚持坚持再坚持。

从党的十一届三中全会至今的40年里，有的社会主义大国解体了，有的发展中大国战乱了，但中国无论作为社会主义大国还是发展中大国，始终岿然屹立在世界东方，不仅经济飞速发展，国力不断增强，而且人民生活持续改善，社会大局总体稳定。其中原因固然在于实行了改革开放，但同时也是因为正确解决了改革开放核心、方法、方向等问题。党的十八大以来，以习近平同志为核心的党中央贯通总结改革开放前后两个时期的历史经验，在改革开放的核心、方法、方向等问题上，

---

① 中共中央文献研究室. 陈云传：下[M]. 北京：中央文献出版社,2005：1791.
② 中共中央文献研究室. 陈云传：下[M]. 北京：中央文献出版社,2005：1792.
③ 陈云. 陈云文选：第三卷[M]. 北京：人民出版社,1995：376.

提出了一系列更加成熟的方针和措施，从而校正了党和国家前进的航向。我们研讨陈云与改革开放的关系，就要更加深入地总结这方面的经验，为新时代中国特色社会主义事业提供更多更有实践意义和理论价值的智力支持。

陈云与经济特区①

陈云同志在党的十一届三中全会上重新当选中共中央政治局委员、政治局常务委员、中央委员会副主席，这是全党全国人民都知道的。在那之后，他和邓小平同志携手推进改革开放，这也是全党全国人民公认的，正如习近平总书记2015年在纪念陈云同志诞辰110周年座谈会上讲话所指出的："党的十一届三中全会后，陈云同志积极支持邓小平同志倡导的改革开放，支持和推动农村和城市改革，支持从沿海到内地不断扩大对外开放。"②然而，一度有人却以陈云同志强调特区要总结经验，要重视技术含量高的能打到国际市场的"拳头产品"，反对特区发行独立货币等等为由，制造舆论说他反对兴办特区，反对改革开放。这是怎么回事呢？我们要把历史搞清楚、弄准确，对此就不能不查。

从公开文献上看，陈云同志最早提出经济特区要总结经验，是在1981年12月各省、自治区、直辖市党委第一书记座谈会上。在那次会议的讲话中，他提出，现在特区只能是深圳、珠海、汕头、厦门四个市的部分地区，不能增多，特别是像江苏那样的省不能搞特区；特区第一位的任务是认真总结经验。当时，国民经济调整时期还没结束，四个特区从筹办到试办也才两年多时间，而个别地方的领导又犯头脑发热的老毛病，不顾条件地提出在自己省的一些地方甚至全省都可以办特区。陈云同志的上述讲话，正是在这个背景下、针对这种现象而说的。就是说，特区刚刚试

① 本文是作者在接受广东省委党史研究室访谈的基础上改写而成的，刊载于《世界社会主义研究》2020年第4期。

② 习近平. 在纪念陈云同志诞辰110周年座谈会上的讲话[N]. 人民日报,2015-06-13.

办，其中有利方面有哪些，副作用有哪些，还不是很清楚，因此，先不要急着办新的特区。从这篇讲话中还可以看到，陈云同志认为试办特区有两点需要注意：一是来料加工搞多了，要防止"把我们自己的产品挤掉了"；二是"人民币与外币同时流通，对人民币不利，会打击人民币，因人民币'腿短'，外币'脚长'"。可见，他提出特区"第一位的任务是认真总结经验"[①]，起码包含上述两方面内容。

1982年10月，广东省委省政府向中央上报了《关于试办经济特区的初步总结》，陈云同志在中办秘书局送中央政治局常委的传阅件上批示："特区要办，必须不断总结经验，力求使特区办好。"[②]那时我已负责陈云同志办公室的工作，所以，时任总理的赵紫阳看到批示后立即打来电话，要我问问陈云同志，不断总结经验究竟指什么。刚好，那天我把新华社关于"广东沿海走私活动重新抬头，省政府及时采取措施予以打击"的内部参阅材料送到陈云同志手上，他便批给了赵紫阳，并在上面写道："要不断总结，因走私分子会用各种办法。此件上说的不能'以罚代刑'，很好。必须既有罚，又有刑。"[③]随后，他又让我给赵紫阳回话，说他之所以强调不断总结经验，就是因为特区在试办过程中会不断遇到新情况新问题，只总结一次两次经验是不够的。

1984年春天，陈云同志按惯例在杭州休养。3月下旬，中央根据邓小平同志此前关于对外开放和特区工作的意见召开会议，决定开放大连、青岛等14个沿海城市，实行经济特区的某些政策。在会议纪要发出前，时任副总理的谷牧受邓小平同志委托，专程到杭州，向陈云同志汇报，听取陈云同志意见。谷牧副总理到后把我叫去，说请陈云同志先看看会议纪要，然后他再去汇报。我把纪要送给陈云同志，他用半天时间，很细心地

① 陈云. 陈云文选：第三卷[M]. 北京：人民出版社,1995:307.
② 陈云. 陈云文集：第三卷[M]. 北京：中央文献出版社,2005:516.
③ 中共中央文献研究室. 陈云年谱(一九〇五——一九九五)：下卷[M]. 北京：中央文献出版社,2000:355.

看了两遍，第二天便请谷牧副总理过去。陈云同志和他谈了两个小时，其中既有关于文件的内容，也有很多涉及其他方面的内容。事后我考虑，谷牧副总理当时没有做记录，为使传达尽可能准确，还是有个文字材料比较好，于是起草了一个谈话纪要稿，经过陈云同志审阅后，当天送到谷牧副总理住地。他见到后非常高兴，对我说，他正发愁回去怎么传达呢，有了这个东西就好办了。

陈云同志在谈话中，首先明确表示同意关于开放14个沿海城市的座谈会纪要，然后说，纪要中有两个问题他很注意，一是提出开放城市要有"拳头产品"，二是提出国外来料来样的加工产品要有"一定比例的内销"。他指出，现在经济特区还没有"拳头产品"，但深圳有新的管理办法，这也是"拳头"，这样管理发展得很快。据我理解，座谈会纪要和他所说的"拳头产品"，指的都是有自主知识产权、能占领国际市场或替代进口的先进工业产品和高科技产品。在谈话中，陈云同志还指出，对中外合资、合作企业来样来料加工的产品，国内市场不能不让出一些，否则对外资没有吸引力。问题是让多少，"一定比例"可大可小。对国内工业，"保护落后是不应该的，但自己必须发展而且正在发展的东西，不要被外面进口的挤掉了。发电机组，开始是几千千瓦，现在搞到三十万千瓦，像这样的东西就要保护"①。为了说明这个道理，他还用了一句家乡话说："癞痢头的孩子还是自己的好。"他这段话的意思是，我们要吸引外资，当然要给国外产品让出一部分国内市场，但同时也要保留足够的市场份额，保护我们需要发展和正在发展的那些在国民经济中将起骨干作用的产品。这类产品的质量一开始可能不如国外的，但不能因此就不给市场，如果那样，民族工业永远发展不起来。

在那次谈话中，陈云同志特别谈到了是否搞特区货币的问题，说对这

---

① 陈云. 陈云文集：第三卷[M]. 北京：中央文献出版社，2005：536.

个问题他考虑比较多。那时，一些同志力主发行特区货币，陈云同志认为不妥。他指出："特区货币究竟是一个特区发，还是每个特区都发？如果每个特区都发货币，实际上就是两种货币并存。而两种货币并存，人民币的'腿'会越来越短，特区货币的'腿'会越来越长。因为，'优币驱赶劣币'，这是货币的客观规律。"①后来，他在中国银行两位工作人员就反对发行特区货币写给中央领导的信上批示："特区货币发行权必须在中央。决不能让特区货币与人民币在全国范围内同时流通。如果不是这样，就会出现国民党时期法币发行之前的状况。"②再后来，他在听取谷牧副总理等关于特区货币问题的汇报时又讲："特区货币如果大家坚持要搞，我提出两条，一条是特区货币发行权属于中央；另一条是封关以后，特区货币只能在特区流通，不能在其他地方流通。"③那时，特区货币已经印好，特区有关管理部门听到陈云同志的意见后，感到这件事不那么简单，所以搁置了下来，没有发行。

那段时间，有人和海外一些舆论相呼应，说陈云同志"左"了、保守了，反对改革开放、反对办经济特区。他听到后一笑置之，对我说："好哇，能把我'一贯右倾'，'老右倾机会主义'的帽子摘掉，我很高兴啊！"他还以开玩笑的口气问我，他到底是右了还是"左"了。我回答说："你没有右，也没有'左'，还是站在原处没有动。变地方的是那些昨天说你右今天又说你'左'的人。他们过去站在你的'左'边，觉得你右了；现在又站到了你的右边，所以觉得你'左'了。"后来，针对国外有些人把中国共产党内分成改革派、保守派的言论，邓小平同志明确表示反对，还

---

① 中共中央文献研究室. 陈云年谱（一九〇五——一九九五）：下卷[M]. 北京：中央文献出版社，2000：403-404."优币驱赶劣币"是由金银复本位制条件下"劣币驱赶良币"的表述演化而来的。
② 中共中央文献研究室. 陈云年谱（一九〇五——一九九五）：下卷[M]. 北京：中央文献出版社，2000：405.
③ 中共中央文献研究室. 陈云年谱（一九〇五——一九九五）：下卷[M]. 北京：中央文献出版社，2000：418.

说他是改革派不错，但如果要说坚持四项基本原则是保守派，他又是保守派。所以，比较正确地说，他是实事求是派。1992年6月，李先念同志逝世，邓小平同志请陈云同志写一篇悼念文章。陈云同志在文章中特别提到，先念同志和他"虽然都没有到过特区，但一直很注意特区建设，认为特区要办，必须不断总结经验，力求使特区办好"。他强调指出："这几年，深圳特区经济已经初步从进口型变成出口型，高层建筑拔地而起，发展确实很快。"①可见，陈云同志那些关于特区意见的实质，不是要不要改革开放、要不要兴办特区，而是如何使改革开放发展得更好，使特区能够行稳致远。

关于改革开放，邓小平同志说过："我们的方针是，胆子要大，步子要稳，走一步，看一步。"②习近平总书记也说："推进改革胆子要大，但步子一定要稳。胆子大不是蛮干，蛮干一定会导致瞎折腾。"③陈云同志曾长期主持全国财经工作，而且被公认为是行家里手，就连毛主席也说过，经济建设工作中间的许多问题还不懂得，"别人比我懂，少奇同志、恩来同志、小平同志比我懂。陈云同志，特别是他，懂得较多"④。因此，陈云同志在改革开放包括特区发展的问题上，在"稳"字上考虑得更多一些，是很自然也是很必要的。今天回过头看，我感到陈云同志在经济特区问题上讲的那几条，尤其是特区要重视不断总结经验、要注重自己的"拳头产品"、不要发行特区货币的意见，不仅被实践证明是完全正确的，而且对特区的平稳、健康、顺利发展起到了非常重要的作用。其中关于注重拳头产品的意见，更是被特区特别是深圳特区逐渐做到了。总部设在深圳

①　陈云．陈云文选：第三卷[M]．北京：人民出版社，1995：379．
②　邓小平．邓小平文选：第三卷[M]．北京：人民出版社，1993：113．
③　中共中央文献研究室．习近平关于全面深化改革论述摘编[G]．北京：中央文献出版社，2014：41．
④　中共中央文献研究室．毛泽东传（1949—1976）：下[M]．北京：中央文献出版社，2003：1203．

的华为、大疆、比亚迪等公司，就是几个最为鲜活的例证。我们可以满怀信心地预言，只要在以习近平同志为核心的党中央领导下，继续沿着"胆子要大、步子要稳"的路子走下去，改革开放就一定会发展得越来越好，这样的"拳头产品"也一定会越来越多。

陈云在北京会见苏联部长会议第一副主席
阿尔希波夫（1984年12月24日）

陈云经济思想的几个要点①

　　陈云是中国社会主义经济建设的开创者和奠基人之一，在领导经济建设的过程中，形成了既符合马克思主义基本原理和中国国情又具有自己鲜明特色的经济思想。陈云逝世后，党中央在发布的讣告和他诞辰90周年座谈会、100周年纪念大会上，都给予了他崇高评价。讣告说他："在70余年的革命生涯中，对共产主义崇高理想和伟大事业坚贞不渝，对党和人民无限忠诚，堪称楷模。"在纪念陈云同志诞辰90周年座谈会上，江泽民同志说："在他身上，我们看到党的老一代领导人的精湛的马克思主义理论修养和生机蓬勃的创造精神，看到中国共产党人对中国社会发展规律的深刻理解和把握，看到无产阶级勇往直前的革命精神和严格要求的科学态度的有机统一。"在陈云同志诞辰100周年纪念大会上，胡锦涛同志说："困难关头，人们总是希望听到陈云同志的意见，他也总是能够不负众望，洞悉全局，抓住要害，及时拿出解决问题的有效办法。"

　　2015年是陈云同志诞辰110周年，习近平总书记在纪念座谈会上的讲话中，对陈云的一生作出了更高评价。在涉及经济建设的方面，他将陈云的贡献分为社会主义革命和建设时期、改革开放和社会主义现代化建设新时期两个阶段加以论述，指出："陈云同志为确立社会主义基本经济制度、建立独立的比较完整的工业体系和国民经济体系做了大量卓有成效的工作，为探索我国社会主义建设道路作出了杰出贡献。新中国成立初期，陈云同志受命主持领导全国财政经济工作，只用不到一年时间，就迅速实现

---

① 　本文是作者为2019年11月中国香港"陈云经济思想研讨会"提交的书面发言稿，后经补充修改，刊载于《毛泽东邓小平理论研究》2020年第5期。

了全国财政经济的统一，稳定了金融物价。他主持了第一个五年计划编制和执行，既注意学习苏联经验，又坚持从我国国情出发科学布局，为我国社会主义工业化积累了经验。在大规模经济建设时期，陈云同志积极探索社会主义经济规律，创造性地提出建设规模要同国力相适应、在社会主义经济中要有市场调节为补充等重要思想。他较早发现'大跃进'带来的问题，积极建言，尽量减轻损失。上世纪60年代初期，在毛泽东同志支持下，他参与部署和领导调整国民经济，恢复农业生产，为国民经济和人民生活走出困境发挥了重要作用。"

习近平总书记还指出："党的十一届三中全会后，陈云同志积极支持邓小平同志倡导的改革开放，支持和推动农村和城市改革，支持从沿海到内地不断扩大对外开放。他提出，在社会主义经济中要有意识地发挥和扩大市场调节作用，支持探索符合实际、充满活力的社会主义经济新体制。他提出改革要不断总结经验，脚踏实地向前推进。"

同所有伟大人物的思想一样，陈云的经济思想不能不受到他所处的那个时代的局限，他在计划经济条件下的论述，有许多当然不再适用于社会主义市场经济条件下的经济工作。但是，陈云经济思想中基本的核心的内容，也同许多伟大人物的思想一样，是超越时代的。事实说明，这一思想经受了改革开放前后两个历史时期的实践检验，至今仍然在对我们的经济生活发挥着广泛而深刻的影响。人们只要稍加注意便不难看出，党的十八大之后形成的习近平新时代中国特色社会主义思想，就有许多地方是与陈云经济思想高度契合的。

陈云经济思想深邃而丰富，这里只就其中的几个要点谈谈自己的学习体会。

一、建设和改革都要摆在保证民生的基础之上

我们党是工人阶级政党，我们国家是社会主义国家，我们搞经济建设的最终目的是满足最广大人民群众日益增长的物质和精神生活需要。对此，没有什么人会提出不同意见。但一到实际工作中，一些同志忘记的恰恰就是这个最终目的。然而，陈云不仅始终牢记最终目的，并且总是把它贯彻到对实际工作的指导之中。

早在20世纪50年代经济恢复时期，财经部门为制止通货膨胀，加紧征收公粮和发行公债。陈云说，这些工作都是必要的，但一定要把城乡交流摆在第一位。"因为我们接收过来的是一个破烂的旧中国，农业经济占主要地位。……城乡交流有利于农民，有利于城市工商业，也有利于国家。……这是历史上没有一个政府提出过的，但却是关系全国人民经济生活的一件大事，我们如果不管，怎么能算人民的政府呢？"[1]1956年底，陈云兼任商业部部长，他在部党组会上又说："商业工作，包括卖鸡、卖蛋，都有其政治意义。商业工作的好坏，直接关系到六万万人民群众的切身利益，关系到广大的城乡人民对我们是否满意。"[2]

历史经验反复告诉我们，检验是否忽略和忘记经济建设最终目的的一个重要标志，是看有没有将扩大基本建设投资规模建立在提高人民生活水平的基础之上。我们搞基建当然是为了人民的长远利益，但财力、物力在任何情况下都不是无限的，过多用于基本建设，势必妨碍人民眼前利益即民生的改善。在1957年1月召开的省、自治区、直辖市党委书记会议上，陈云针对经济建设上出现的冒进倾向，提出"建设规模要和国力相适应"[3]的著名论断。他指出："所谓建设与民生的平衡问题，实际上是工业建设与其他建设和农业建设的平衡问题，是工业、交通与农业的平衡问题。"[4]在同年九十月间的党的八届三中全会上，他又顶着反"反冒进"的压力指出："为了老百姓的吃饭穿衣，搞化肥，搞化学纤维，治涝，扩大灌溉面积，都要花很多钱，这是必要的。我们必须使人民有吃有穿，制定

① 陈云. 陈云文选：第二卷[M]. 北京：人民出版社，1995：127.
② 陈云. 陈云文选：第三卷[M]. 北京：人民出版社，1995：44.
③ 陈云. 陈云文选：第三卷[M]. 北京：人民出版社，1995：52.
④ 陈云. 陈云文集：第三卷[M]. 北京：中央文献出版社，2005：202.

第二个五年计划要从有吃有穿出发。……经济不摆在有吃有穿的基础上，我看建设是不稳固的。"[1]

"大跃进"之后的三年困难时期，中央采纳了陈云的意见，下决心进行国民经济调整。他在中央财经小组会议上分析说："已经摆开的建设规模，不仅农业负担不了，而且也超过了工业的基础。"[2]他强调："现在我们面临着如何把革命成果巩固和发展下去的问题，关键就在于要安排好六亿多人民的生活，真正为人民谋福利。"[3]"农业问题，市场问题，是关系五亿多农民和一亿多城市人口生活的大问题，是民生问题。解决这个问题，应该成为重要的国策。"[4]"增加农业生产，解决吃、穿问题，保证市场供应，制止通货膨胀，在目前是第一位的问题。年产七百五十万吨钢，二亿五千万吨煤，也是重要的，但这是第二位的问题。"[5]"如果六千多万人（当时大中城市人口——笔者注）身体搞得不好，我们不切实想办法解决，群众是会有意见的。人民群众要看共产党对他们到底关心不关心，有没有办法解决生活的问题。这是政治问题。"[6]

粉碎"四人帮"后的两年，人们为把"文化大革命"耽误的时间夺回来，掀起了新的"跃进"高潮，使已经严重失调的国民经济重大比例关系出现了进一步失调的情况。党的十一届三中全会后，中央采纳陈云的意见，决定再次进行国民经济调整。调整初期，一些同志不理解，舍不得压缩基本建设规模，致使物资供应进一步紧张，物价普遍上涨。为此，他在中央工作会议上尖锐提出了经济建设目的的问题，指出："这种涨价的形势如果不加制止，人民是很不满意的。经济形势的不稳定，可以引起政治

① 陈云. 陈云文选：第三卷[M]. 北京：人民出版社，1995：85-86.
② 陈云. 陈云文选：第三卷[M]. 北京：人民出版社，1995：195.
③ 陈云. 陈云文选：第三卷[M]. 北京：人民出版社，1995：210.
④ 陈云. 陈云文选：第三卷[M]. 北京：人民出版社，1995：210.
⑤ 陈云. 陈云文选：第三卷[M]. 北京：人民出版社，1995：205.
⑥ 陈云. 陈云文选：第三卷[M]. 北京：人民出版社，1995：209-210.

形势的不稳定。"①"搞经济建设的最后目的,是为了改善人民的生活。"②为了讲清楚正确处理基本建设与人民生活相互关系的道理,他把人民生活比喻为"吃饭",提出"一要吃饭,二要建设"的原则。③他说:"饭不能吃得太差,但也不能吃得太好。吃得太好,就没有力量进行建设了。""必须在保证有饭吃后,国家还有余力进行建设。"④

旧中国工业原本薄弱,新中国工业化建设初期,大多数重化工项目尚未投产,因此,那一时期的工业污染问题并不突出。但随着建设的发展,这个问题逐渐显现。对此,陈云从建设的最终目的出发,也给予了高度关注。"文化大革命"期间他虽然"靠边站",但在调研时还是叮嘱石油战线的同志,"要注意环境污染问题,在生产设计的同时就要做好防止污染的设计,不要等到事后再解决"。⑤改革开放初期,当一些地方热心引进经济效益好但污染严重的项目时,他又告诫大家:"防止污染,必须先搞。"⑥"今后办厂必须把处理污染问题放在设计的首要位置,真正做到防害于先,这是重大问题。"⑦1982年,他看到新华社题为《上海出现酸性雨污染环境》的内部材料,当即批给中央和国务院领导同志,指出:"治理费要放在前面。否则后患无穷。"⑧1988年,他已退居二线,但看到新华社记者写的《"卫星看不见的城市"——本溪市环境污染情况调查》和《人民日报》记者写的《四川排放污物总量约占全国十分之一》这两篇文章后,马上批给国务院领导同志,指出:"治理污染、保护环境,是我国的一项大的国策,要当作一件非常重要的事情来抓。这件事,一是要经常宣

---

① 陈云. 陈云文选:第三卷[M]. 北京:人民出版社,1995:277-278.
② 陈云. 陈云文选:第三卷[M]. 北京:人民出版社,1995:280.
③ 陈云. 陈云文选:第三卷[M]. 北京:人民出版社,1995:323.
④ 陈云. 陈云文选:第三卷[M]. 北京:人民出版社,1995:306.
⑤ 中共中央文献研究室. 陈云年谱:下卷[M]. 修订本. 北京:中央文献出版社,2015:218.
⑥ 陈云. 陈云文选:第三卷[M]. 北京:人民出版社,1995:254.
⑦ 陈云. 陈云文选:第三卷[M]. 北京:人民出版社,1995:263.
⑧ 中共中央文献研究室. 陈云年谱:下卷[M]. 修订本. 北京:中央文献出版社,2015:354-355.

传，大声疾呼，引起人们重视；二是要花点钱，增加投资比例；三是要反复督促检查，并层层落实责任。"最后，他还不忘附上一句："请告诉有关部门，这方面的材料，以后注意送我看看。"①

在陈云看来，经济体制改革和经济建设一样，最终目的都是改善人民生活，因此，都要处理好人民长远利益和眼前利益的关系，都要把民生摆在第一位。20世纪80年代中期，国家决定进行价格体系的改革。对此，他一方面表示赞成，另一方面反复提醒大家："改革的步骤一定要稳妥，务必不要让人民群众的实际收入因价格调整而降低。"②他历来认为，价格牵涉千家万户，"购买力愈低的人，对这个问题愈关心"③，取消各种不合理的补贴，使价格尽可能反映价值是对的，但制订价格改革方案时一定要想到低收入群众的承受能力和弱势产业的发展，权衡经济与政治、社会等各方面的利弊得失。1981年，他审阅五届全国人大四次会议政府工作报告稿，就建议把其中讲"物价与价值要一致"的话删去。他说，这个话写上去，会引起调高价格的猜测，弄得人心不安。价格与价值"应该符合起来；但是有相当大的一部分不能不背离"④。

1988年，党中央酝酿更大幅度的价格和工资改革，总体思路是在5年时间里，每年价格上涨10%，人均收入增加11%~14%，以期初步理顺价格关系。陈云对此明确表示不赞成，他同中央有关领导同志谈话时说："物价上涨后不拿工资的农民怎么办。"⑤"理顺价格在你们有生之年理不顺，财政补贴取消不了。"⑥他在同江泽民谈话时再次指出："国家财政补贴取消不了。暗补、明补，都是补贴。在我国，还是低工资、高就业、加

① 陈云. 陈云文选：第三卷[M]. 北京：人民出版社,1995：364.
② 陈云. 陈云文选：第三卷[M]. 北京：人民出版社,1995：337.
③ 陈云. 陈云文选：第三卷[M]. 北京：人民出版社,1995：64.
④ 陈云. 陈云文集：第三卷[M]. 北京：中央文献出版社,2005：495.
⑤ 中共中央文献研究室. 陈云传：下[M]. 北京：中央文献出版社,2005：1791.
⑥ 中共中央文献研究室. 陈云传：下[M]. 北京：中央文献出版社,2005：1792.

补贴的办法好。这是保持社会安定的一项基本国策。即使是发达的资本主义国家，对某些产品也是实行补贴的。当然，通过改善经营管理，提高经济效益，可以逐步减少一些不合理的补贴，例如某些企业的亏损补贴，但要从根本上取消补贴是不可能的。"①

二、经济建设的高速度要建立在按比例发展和高质量高效益的基础之上

从历史的漫长过程和最终结果看，经济建设速度到底是按比例平稳发展更快，还是不顾比例而只讲速度更快？是重质量、效益更快，还是轻质量、效益而只重速度更快？对此，改革开放前后都存在不同认识。陈云一向持第一种主张，他反复强调："从长期来看，国民经济能做到按比例发展就是最快的速度。"②"搞建设，真正脚踏实地、按部就班地搞下去就快，急于求成反而慢，这是多年来的经验教训。"③

有人做过统计，从新中国成立至21世纪初，经济增长发生过10次起落，其中改革开放之前有3次，改革开放之后有7次，有的起落幅度还很大。其原因都在于只求高速度而忽视按比例发展。可见，陈云关于经济平稳发展比急于求成发展要快的观点，无论在计划经济时期还是在社会主义市场经济时期，都是有意义的。其实，即使在实行自由市场经济的西方国家里，也有主张经济均衡发展、防止周期波动的学说。而且，凡与我国经济有联系的国家、地区和跨国公司，都十分关注我国经济发展的预期，既担心抑制过热降低需求，也担心持续过热导致泡沫。这从一个侧面说明，世界经济与中国联系越广泛越紧密，人们就越希望中国经济能够平稳发展。

---

① 陈云. 陈云文选:第三卷[M]. 北京:人民出版社,1995:376.
② 陈云. 陈云文选:第三卷[M]. 北京:人民出版社,1995:248.
③ 陈云. 陈云文选:第三卷[M]. 北京:人民出版社,1995:311.

陈云认为，做计划就是为了使经济做到按比例发展。他指出："按比例发展的法则是必须遵守的，但各生产部门之间的具体比例，在各个国家，甚至一个国家的各个时期，都不会是相同的……究竟几比几才是对的，很难说。唯一的办法只有看是否平衡。合比例就是平衡的；平衡了，大体上也会是合比例的。"①他说："这一思想来之于马克思。""在社会主义革命还没有在一个国家胜利以前，马克思就设想过社会主义经济将是有计划按比例发展的，这个理论是完全正确的。"②

现在我们认识到，马克思当初设想的社会主义经济，是在资本主义经济充分发展基础上所建立的经济，而现实生活中的社会主义社会大都是在资本主义还没有得到充分发展或发展很不充分的情况下建立的。因此，实行高度集中的计划经济，对于像我们这样的国家来说，除了特殊时期，比如要集中力量突击奠定工业化基础的时期有其合理性外，在相当长的时期内，都是超过生产力水平的。但是，无论实行哪种经济体制，经济运行都必须按比例发展。正如陈云所说："按比例是客观规律。"③他还说过："资本主义在盲目中依靠自然调节，能够相当地按比例发展，而我们说要按比例发展是从长时间算的，在短时间内，只是力求建设与消费、重工业与轻工业之间不要脱节太远，实质上并不是按比例的发展。"④可见，无论使用计划手段还是市场手段，经济凡是向前发展的，都是因为做到了按比例。

为了使经济按比例发展，陈云通过长期实践，摸索出一套行之有效的方法。其中有些方法，即使在社会主义市场经济条件下仍然适用。比如，前面已经说到的遵守"建设规模要和国力相适应"的原则。他说："建设规模的大小必须和国家的财力物力相适应。适应还是不适应，这是经济稳

---

① 陈云. 陈云文选：第二卷[M]. 北京：人民出版社,1995：241-242.
② 陈云. 陈云文选：第三卷[M]. 北京：人民出版社,1995：244.
③ 陈云. 陈云文选：第三卷[M]. 北京：人民出版社,1995：211.
④ 中共中央文献研究室. 陈云年谱：中卷[M]. 修订本. 北京：中央文献出版社,2015：317-318.

定或不稳定的界限……建设的规模超过国家财力物力的可能，就是冒了，就会出现经济混乱；两者合适，经济就稳定。当然，如果保守了，妨碍了建设应有的速度也不好。但是，纠正保守比纠正冒进要容易些。"①今天在改革开放的条件下，情况和那时比有了很大不同，平衡建设规模与国力、积累与消费的比例关系，不能再只计算政府手中的钱和物，只控制政府的投资，还要看到国际和社会的投资，以及国际市场的资源。但是，无论国外投资还是社会投资，只要是扩大基本建设规模，对土地、水、石油、矿藏等资源仍然需要平衡。有些资源国内不够可以进口，但国际市场也存在种种制约因素。因此，制定经济与社会发展规划，仍然需要考虑与国力相适应的问题。

再如，"平衡要从短线开始"的方法。陈云领导第一次经济调整时，对于此前几年由于急于求成而造成重大比例关系失调的经验教训进行了深刻总结，关于如何进行综合平衡的问题讲了两条意见：一是从制订计划时就要搞综合平衡，不要做计划时不按比例，执行中出现问题时再来纠正；二是要按照短线搞综合平衡，不要按长线搞平衡，否则弄得建设项目长期拖延，工厂半成品大量积压，会造成严重浪费。他说："按短线搞综合平衡，才能有真正的综合平衡。所谓按短线平衡，就是当年能够生产的东西，加上动用必要的库存，再加上切实可靠的进口，使供求相适应。"②改革开放后，他又按照"短线平衡"的原则，提出国家要集中资金，加强国民经济中的薄弱环节，如农业、能源、交通、科技教育、环境保护、知识分子生活待遇等。

这里说的"短线平衡"，当然是针对计划工作而言的。因此，有人喜欢使用西方经济学的"木桶定律"，而摒弃"短线平衡"的原理。其实，二者的意思是一样的。在社会主义市场经济体制下，对于经济中的许多重

---

①　陈云. 陈云文选：第三卷[M]. 北京：人民出版社,1995:52.
②　陈云. 陈云文选：第三卷[M]. 北京：人民出版社,1995:211.

大比例，如三次产业之间、各产业内部的门类之间、产品之间、地区之间、城乡之间的结构，是仍然需要找出薄弱环节加以平衡的。在这个过程中，用"木桶定律"和"短线平衡"的原理指导都可以，但"短线平衡"是中国人自己通过实践总结出来，更应当用作我们的指导原则。

在经济要不要平衡发展的问题上，过去还有一种理论，叫"积极平衡"，是说不应当消极维护旧的平衡，而应当积极地打破旧平衡，寻找新平衡。陈云不同意这个理论，提出"紧张平衡"的主张。他说："究竟什么是积极平衡，什么是消极平衡，认识是不同的。"①在制订"一五"计划时他说："我国因为经济落后，要在短时期内赶上去，因此，计划中的平衡是一种紧张的平衡。……样样宽裕的平衡是不会有的，齐头并进是进不快的。但紧张决不能搞到平衡破裂的程度。"②后来，在"一五"建设末期，他又重申过这一观点，指出："经济建设和人民生活必须兼顾，必须平衡。看来，在相当长的一段时间内，这种平衡大体上是个比较紧张的平衡。建设也宽裕，民生也宽裕，我看比较困难。""但是，绝不能紧张到使平衡破裂。"③

针对粉碎"四人帮"后一度掀起的"新跃进"，陈云提出了"不折腾"的观点。他说："人民向往四个现代化，要求经济有较快的发展。但他们又要求不要再折腾，在不再折腾的条件下有较快的发展速度。我们应该探索在这种条件下的发展速度。"④那时，钢的指标定得比较高，陈云主持经济调整时，主张把指标压下来。他指出："过去说，指标上去是马克思主义，指标下来是修正主义，这个说法不对。踏步也可能是马克思主义。""单纯突出钢，这一点，我们犯过错误，证明不能持久。……共产党员谁不想多搞一点钢？过去似乎我是专门主张少搞钢的，而且似乎愈少愈好。

---

① 陈云. 陈云文选：第三卷[M]. 北京：人民出版社，1995：210.
② 陈云. 陈云文选：第二卷[M]. 北京：人民出版社，1995：242.
③ 陈云. 陈云文选：第三卷[M]. 北京：人民出版社，1995：29.
④ 陈云. 陈云文选：第三卷[M]. 北京：人民出版社，1995：268.

哪有这样的事！我是共产党员，也希望多搞一点钢。问题是搞得到搞不到。""我不光看你那个数目字，钢要好钢，品种要全。""冶金部要把重点放在钢铁的质量、品种上，真正把质量、品种搞上去。"①

在钢铁产量与质量的问题上，陈云一向更重视质量。他在第一次经济调整期间查阅了几个老牌资本主义国家和苏联历年钢产量的统计资料，得出一个结论，就是这些国家在钢产量500万吨到1 000万吨之间，用的时间都很长，而且都是在这时期成了帝国主义国家；日本发动全面侵华战争时，钢产量还不到700万吨；苏联也是在这个水平上成为工业强国。就是说，它们都是在这个产量上，做到各种工业门类比较齐全，把工业基础打下来的。因此，他说："根据历史经验，我们应该从现在开始，争取在一定的时间内，使工业产品品种齐全，质量良好，技术先进，适应需要。有了这样一个基础，再前进就比较快了。"②

后来，当党的十二大提出20世纪末实现全国工农业总产值翻两番的目标，有的同志又犯了急于求成的老毛病，提出"提前翻两番"的口号。陈云强调，党的十二大提出翻两番，是"要在不断提高经济效益的前提下"，而且"要分两步走，前十年主要是打好基础，为后十年经济振兴创造条件"。他告诫大家："如果急于求成，把本来应该放在后十年办的事也勉强拿到前十年来办，在'六五'和'七五'期间乱上基本建设项目，那末，经济又可能出现混乱，翻两番的任务反而有可能完不成。"③

在"提前翻两番"思想的支配下，1984年国民生产总值比1983年增长了15.2%；1985年1月至7月的工业总产值又比1984年同期增长了22.8%。陈云在1985年9月党的全国代表会议上提醒说："这样高的速度，是不可能搞下去的，因为我们目前的能源、交通、原材料等都很难适应这

① 陈云. 陈云文选：第三卷[M]. 北京：人民出版社,1995:251,254.
② 陈云. 陈云文选：第三卷[M]. 北京：人民出版社,1995:213.
③ 陈云. 陈云文选：第三卷[M]. 北京：人民出版社,1995:318.

样高速度的需要。"如果不降下来，"造成种种紧张和失控，难免出现反复，结果反而会慢，'欲速则不达'"①。可惜，陈云的话没有能引起有关方面足够的重视，国民经济继续以两位数的速度增长，结果出现了不稳定的迹象，中央只得于1988年决定进行带有调整性质的治理整顿。第二年，国民生产总值增长速度跌落到4%。

从以上过程不难看出，过分突出经济的发展速度、数量、产值，不仅难以持久，而且效益不佳，如果算总账，确实比稳中求进的方针要慢。

三、搞活经济要建立在宏观控制的基础之上

无论是计划经济体制还是社会主义市场经济体制，都存在微观经济与宏观经济的矛盾关系。过去，陈云针对高度集中的计划经济体制，极力主张通过市场调节把微观经济搞活；同时，强调市场调节必须在国家统一计划的指导下发挥作用，使经济在宏观上得到控制。概括起来说，就是做到活而不乱。在陈云的话语中，市场与计划的关系，很大程度上代表的就是微观运行与宏观控制的关系，本质上也就是市场与政府的关系。只要不过多地拘泥于"国家计划"这样的提法，而是注重于他关于计划与市场关系问题的论述实质，那么，其中蕴含的道理，对于社会主义市场经济条件下处理微观经济与宏观经济、市场与政府之间的关系，同样具有积极的认识价值。

早在1956年资本主义工商业社会主义改造胜利完成之后，陈云就提出，"市场管理办法应该放宽"。他说："现在从大城市到小集镇大部分都管得太死，放宽后，害处不大，好处很多。但这并不是说完全不要市场管理，不要社会主义计划经济的领导，而是说要改变过去对资本主义工商业

---

① 陈云. 陈云文选：第三卷[M]. 北京：人民出版社,1995:351.

利用、限制、改造的那一套办法。"他主张，除粮食、布匹等重要物资和一些热销货继续统购外，其余可以自由选购。他说，实行这种办法后可能会有一些毛病，但我们只能一方面管好市场，另一方面不把市场搞死。"不走这条路，我们又找不到其他更好的路。"①他甚至说过："资本主义是大不合理，小合理。大不合理是生产无政府，但是每个资本家管理生产却有它合理的地方。我们社会主义是大合理，小不合理。现在有这样的情况：'社会主义就是大路货'，'社会主义就是质量下降'，'社会主义就是往下派货'。可否改变成大合理，小也合理呢？我看必须这样做。苏联的情况跟我们不一样，它大小生产一律纳入计划。我们是否来个大计划、小自由，即主要方面有计划，次要方面来个自由市场。这种自由市场是国家市场的补充，不是资本主义无政府状态下的自由市场。总之，要适应中国的实际情况。方向大体是这样，至于名字怎样叫，还没有研究。"②接着，他在党的八大上提出著名的"三个主体、三个补充"的经济体制改革构想。不过，由于众所周知的原因，这一构想并没能得到实施。

"文化大革命"中，陈云被下放到江西，重新通读了《马克思恩格斯选集》和《列宁全集》中十月革命后的部分，对计划与市场问题进行了更加深入的思考。党的十一届三中全会后，他亲笔起草了一份提纲，上面写道："六十年来，无论苏联或中国的计划工作制度中出现的主要缺点：只有'有计划按比例'这一条，没有在社会主义制度下还必须有市场调节这一条。……因为市场调节受到限制，而计划又只能对大路货、主要品种作出计划数字，因此生产不能丰富多彩，人民所需日用品十分单调。"由此，他得出结论："整个社会主义时期必须有两种经济：（1）计划经济部分（有计划按比例的部分）；（2）市场调节部分（即不作计划，只根据

① 陈云. 陈云文选：第二卷[M]. 北京：人民出版社，1995：335.
② 陈云. 陈云文集：第三卷[M]. 北京：中央文献出版社，2005：86.

市场供求的变化进行生产，即带有盲目性调节的部分）。"①后来，随着经济形势的变化，他对市场与计划的关系又有过多种提法，如"计划经济与市场调节相结合""以计划经济为主、市场调节为辅"，等等。但无论哪种提法，所要表达的意思都是：要通过市场调节搞活微观运行，又要通过国家计划加强对宏观经济的控制。其目的正如他在1985年党的全国代表会议上所说："搞好宏观控制，才有利于搞活微观，做到活而不乱。"②

关于市场与计划，陈云曾于1982年做过一个生动比喻，把它们比作"鸟"与"笼子"，借以揭示搞活经济与宏观控制的要义。他说："鸟不能捏在手里，捏在手里会死，要让它飞，但只能让它在笼子里飞。没有笼子，它就飞跑了。"③这个比喻一经发表，立即引起两种截然相反的评论。一种认为，这个比喻反映陈云要把已经搞活的经济重新装回到"鸟笼"里，是反对市场取向改革的，把它诬称为"鸟笼经济"。另一种则认为，这个比喻道出了处理微观运行与宏观控制关系的真谛，是为了有利于搞活经济，而不是为了搞死经济。一些西方学者也对这个比喻产生了浓厚兴趣，认为它提出了一个很有意思的问题，值得人们沿着这个思路来思考经济微观运行与宏观控制的关系。

这个比喻其实最早还是时任中纪委第二书记的黄克诚大将在和陈云谈话中提出的，陈云感到很有道理，在随后听取有关部门领导汇报时用了这个比喻，指出"'笼子'大小要适当，但总要有个'笼子'"④。后来，他在中央政治局会议上进一步发挥说："不一定一个省就是一个'笼子'，'笼子'也可以大到跨省跨地区。"⑤再后来，他要会见五届全国人大五次会议上海代表团，在审阅谈话稿时，又亲笔加了16个字，即"甚至不一

① 陈云．陈云文选：第三卷[M]．北京：人民出版社，1995：244-245．
② 陈云．陈云文选：第三卷[M]．北京：人民出版社，1995：350．
③ 陈云．陈云文选：第三卷[M]．北京：人民出版社，1995：320．
④ 中共中央文献研究室．陈云年谱：下卷[M]．修订本．北京：中央文献出版社，2015：356．
⑤ 中共中央文献研究室．陈云年谱：下卷[M]．修订本．北京：中央文献出版社，2015：359．

定限于国内，也可以跨国跨洲"①。可见，这里说的"笼子"，不过是对宏观控制的形象比喻罢了，绝不像一些浅薄之人望文生义理解的那样狭小，相反，是可以大到世界任何地方的。

今天，我们已经不实行计划经济了，但仍然有国民经济发展的五年规划、十年规划，还有宏观调控的目标，有各种法律法规，有财政政策、货币政策、产业政策。这些不是也像"笼子"一样起着限制微观运行盲目发展的作用吗？如果没有这样的"笼子"，岂不真的会让各种经济主体像"鸟"一样脱离国家宏观控制而"飞跑"，造成经济失控、比例失调，甚至使国有资产流失、使私人资产向国外转移？当然，用来做"笼子"的材料，不同于计划经济体制下主要使用行政手段，而是更多地使用经济手段、法律手段。但"笼子"的实质——对微观运行进行宏观控制这一点，无论什么经济体制下都是相同的。而且，发达资本主义国家的"笼子"，从某种意义上比我们恐怕要扎得更紧。

陈云之所以反复强调加强宏观控制，一个重要原因是，我们国家在计划经济时期，地方和部门都缺少横向经济联系，小而全、大而全的自发倾向很严重，很容易搞低水平的重复建设。他在20世纪50年代就说过："我们国家大，一不小心就会盲目发展。""以后看见某些行业有较大发展的时候，不要太高兴，要加强管理，否则，发展就会过头，生产就会过剩。"②党的十一届三中全会后，他赞扬改革"产生了前所未有的好作用""农村人民生活改善了，市场搞活了"，同时，也指出改革带来一些缺点，其中之一就是"各地区盲目的重复建设"。③过去有一种看法，似乎重复建设是计划经济的产物。其实，市场经济受价值规律支配，具有更大的自发性、盲目性、滞后性，更容易发生重复建设。在社会主义市场经济下，投资主

---

① 陈云. 陈云文选：第三卷[M]. 北京：人民出版社，1995：320.
② 陈云. 陈云文选：第二卷[M]. 北京：人民出版社，1995：266.
③ 陈云. 陈云文选：第三卷[M]. 北京：人民出版社，1995：278.

体虽然越来越多地变成私人资本，但它们后面往往仍然有政府的支持和参与，资金大部分也来自国有银行，一旦重复建设，出现呆账、坏账、烂账，受损害的照样是国家和老百姓的利益，赔偿、安置等善后问题照样要由政府来处理。

四、对外开放要建立在以我为主的基础之上

陈云一贯倡导"不唯上、不唯书、只唯实，交换、比较、反复"的思想路线和思想方法，他的主要精力从来是放在观察和解决每个时期经济工作中出现的实际问题，尤其是那些带有倾向性的问题和有可能成为倾向性的问题上。正因为如此，他的对外开放思想也具有很强的前瞻性、务实性和稳妥性。比如，当人们不大注意对外开放，甚至有人反对对外开放的时候，他会比较多地强调要打破框框、解放思想，提倡大胆进行对外经济交流；但当人们已经普遍认识到对外开放的意义，对外开放已经不再成为问题，甚至有人忽略对外开放中出现的负面影响时，他往往又会比较多地强调要头脑清醒、处事谨慎，提醒人们注意对外开放中已经出现和可能出现的问题。如果不了解他思想的这个特点和论述的背景，就有可能误认为他在对外开放问题上不积极、不热情，思想偏于保守。

20世纪50年代初，我国开始大规模工业化建设时，由于缺少经验，只能向苏联学习。起初，陈云针对在这个问题上认识不足的情况，较多地强调要老老实实地学，虚心听取苏联专家的意见。但当全国掀起学习苏联的高潮后，他又强调学习一定要结合中国的具体情况，不能照搬照套。比如，他主持的1954年新币发行工作，就和苏联的做法很不一样。毛主席曾经讲过，苏联关于"财经方面有些建议，陈云不学"[1]。

---

[1] 中共中央文献研究室. 毛泽东传（1949—1976）：上［M］. 北京：中央文献出版社，2003：474.

20世纪50年代末，国内出现天灾人祸，粮食供应紧张，需要进口。但是，一来"大跃进"时期搞浮夸，对外宣布我国粮食过关了；二来我们同西方尚处于冷战状态，宣传"不吃嗟来之食""吃进口粮是修正主义"。因此，提出从西方国家进口粮食是一个敏感问题，是要冒政治风险的。那时，陈云已经被划入右倾保守一边，在政治上受到冷遇。然而，他不顾个人荣辱，于1960年底，通过粮食部向中央提出进口粮食的建议。分管财贸工作的副总理李先念给毛主席、周总理写信，提议进口12亿斤粮食。毛主席批示进口20亿斤更好。于是，陈云同周总理商量，确定从加拿大、澳大利亚进口75亿斤。1961年8月，他当面征得毛主席同意，又从法国转口购买了美国小麦。结果，1961年到1965年，平均每年进口达100多亿斤，为缓解粮食困难、保证市场稳定、恢复农业生产发挥了重要作用。后来，陈云鉴于农村粮食征购压力太大，一直强调进口粮食，直到党的十一届三中全会前的中央工作会议，提出今后三五年内每年进口2 000万吨（合400亿斤）的建议，对后来农业的迅速恢复和市场初步繁荣起到了重要作用。

从西方国家进口粮食需要硬通货，必须相应增加出口。为此，陈云提出加强国际市场的竞争力要允许有时先赔钱，并建立出口商品生产基地，严格质量检验，包换包退，树立良好信誉。他指出，外贸要算大账，也要算小账，不能只想大进大出，该大则大，该小则小，打掉"官商"习气。

"文化大革命"后期，周总理要陈云协助他抓外贸工作。那时，"左"的指导思想占上风，把利用资本主义信贷、"三来一补"、进口国外先进设备等统统说成是违背自力更生方针的所谓"洋奴哲学"；还把外贸中利用资本主义国家的交易所说成是参与资本家的投机买卖，把出口工艺品采用中国古代和西方历史文化题材说成是宣扬"四旧"和"封资修"。面对这种"左"的思潮，陈云坚持实事求是，提出了一系列在当时被当成右倾的观点。他说，现在外贸已由过去75%面向苏联和东欧国家，变为75%面向资本主义国家，"我们对资本主义要很好地研究"①。"不要把实行自力更生方针同利用资本主义信贷对立起来。……不要被那些老框框束缚住。"②"资本主义市场的商品交易所有两重性。……我们应该研究它、利用它。"③"有的同志认为，进口棉花加工棉布出口是依靠外国，不是坚持自力更生。这种看法是不对的。……不这样做就是傻瓜。"④进口轧钢设备时，"有关的附件要一起进口。……如果有人批评这是'洋奴'，那就做一次'洋奴'"⑤。"要给推销商、中间商好处，在价格上使他们有利可图。"⑥他还说，出口工艺品是做生意，要适应客户需要，这与宣传什么无关。

粉碎"四人帮"后，"左"的思潮受到批判，但经济上又出现了急于求成的"洋跃进"，急于进口设备和借贷，盲目同国外签约。针对这种情况，陈云反过来强调，对外债要分析，自由外汇很少，买方信贷要考虑国内的配套能力和偿还能力。他指出："'资金不够，可以借外债'。这是打破闭关自守以后的新形势。"⑦"不要用自由外汇兑换成人民币来弥补基建投资的赤字。……年年用发票子来搞基建，到了一定的时候，就会'爆炸'。"⑧他提醒干部："现在国际市场是买方市场。除非国际关系有大的变化，这种国际市场的有利条件不会失掉。"⑨"外国资本家也是资本家……世界上没有一个愿做低于平均利润率买卖的资本家。""对外国资本家在欢迎之中要警惕。"⑩

20世纪80年代初，外贸实行体制改革试点，工业企业和省市都争外

① 陈云. 陈云文选：第三卷[M]. 北京：人民出版社,1995:218.
② 陈云. 陈云文选：第三卷[M]. 北京：人民出版社,1995:219.
③ 陈云. 陈云文选：第三卷[M]. 北京：人民出版社,1995:222.
④ 陈云. 陈云文选：第三卷[M]. 北京：人民出版社,1995:223.
⑤ 陈云. 陈云文选：第三卷[M]. 北京：人民出版社,1995:224.
⑥ 陈云. 陈云文选：第三卷[M]. 北京：人民出版社,1995:226.
⑦ 陈云. 陈云文选：第三卷[M]. 北京：人民出版社,1995:276.
⑧ 陈云. 陈云文选：第三卷[M]. 北京：人民出版社,1995:264-265.
⑨ 陈云. 陈云文选：第三卷[M]. 北京：人民出版社,1995:276.
⑩ 陈云. 陈云文选：第三卷[M]. 北京：人民出版社,1995:277.

贸自主权，形成多头对外、削价竞销、不计成本、国家吃亏的局面。当时的外贸部领导向陈云汇报，反映外贸工作内部打乱仗的情况。陈云听后说，改革的最终目的是给国家增加外汇，如果适得其反，就可以考虑"走两年老路，略加改良"，看看哪种办法更好。"走老路的办法无非是省里吃亏，部门吃亏，油水少了，积极性没那么高了。但他们那种积极性高了，中央的钱就少了。我是'老北京'，讲的是'北京话'。总管全局的人不讲'北京话'不行。"①"肥水不落外人田"，就是在那次谈话里提出来的。后来，他在外贸体制改革的报告上批示："既要调动各方面的积极性，又要坚持统一对外，这是外贸体制改革必须坚持的一条原则。"②

1980年，中央决定在深圳等四个毗邻港澳台的沿海城市试办经济特区，陈云参与并赞成这项重大决策。但当一些同志忽略了这几个城市的特殊条件而提出在其他城市，甚至整个省都要办经济特区时，他又反复强调，经济特区要办，但第一位的任务是总结经验；特区有有利的方面，也会带来一些副作用，如外币打击人民币等等；其他地方可以搞来料加工、合资经营，但不要再搞特区，尤其不能把整个省都变成特区。后来，邓小平建议开放14个沿海城市，他表示完全同意，同时就特区建设提出两点要注意的问题，即一要有"拳头"产品，不能总是来料加工；二要掌握好来料加工产品的内销比例。他指出："对国内工业，保护落后我不赞成，但使自己的东西一步一步地进步，这还是应该提倡的。自己必须发展而且正在发展的东西，不要被外面进口的东西挤掉了。比如发电机组，开始是几千千瓦，现在搞到三十万千瓦，这样的东西就要保护。"③他还用家乡话说了一句，"癞痢头的孩子还是自己的好"。

在那次谈话中，陈云特别提到特区货币问题。因为那段时间，特区一

---

① 中共中央文献研究室. 陈云年谱:下卷[M]. 修订本. 北京:中央文献出版社,2015:390.
② 陈云. 陈云文集:第三卷[M]. 北京:中央文献出版社,2005:539.
③ 中共中央文献研究室. 陈云年谱:下卷[M]. 修订本. 北京:中央文献出版社,2015:403.

些同志考虑开发资金不足，强烈要求允许自己发行货币，学术界也有人造这种舆论。对此，陈云说，一个国家不能同时搞两种货币，否则势必扰乱金融秩序，"优币驱赶劣币"是货币的客观规律，如果一定要发特区货币，发行权必须集中到中央，而且不允许在内地流通。后来，主张搞特区货币的同志觉得如果发行权在中央，又不能在内地流通，再搞意义就不大了，故撤回了原来的要求。

陈云十分注意在对外开放中保护民族产品和积攒外汇的问题。1982年春天，他看到一个材料，说在中国内地生产的美国耐克鞋，原本要求全部返销，但不知为什么，国内市场上也出现了；可口可乐原本只允许在涉外饭店里销售，不知怎么搞的，一般商店和大街上也有卖的了。他要秘书给时任轻工业部部长的杨波同志打电话，告诉他不要让耐克鞋和可口可乐在国内市场上销售。今天，我们已加入世贸组织，各种牌子的鞋帽服装、饮料食品、高档化妆品都能在国内销售。那么，陈云当年的话是否说错了呢？我认为没有错。因为那些话的精神实质在于，对日常生活用的、低端的、技术含量少的国外产品，要尽可能少进口，以保护国内的民族工业，并把有限的外汇用在最需要的地方。这个精神，即使今天也不能说过时。比如，美加净牙膏、回力球鞋、北冰洋汽水等等，都曾经是我们自己的名牌，很受消费者欢迎。像这样的商品，就应当通过改进质量和营销手段加以保护。否则一旦被冲垮，要重新占领市场就难了。

对外开放离不开外汇储备，门开得越大，越要有足够的外汇。1983年，陈云听到一种反映，认为我国外汇储备太多了，与其放在国外银行，不如进口商品，回笼货币，而且已经进口了一大批家用电器。对此，他很不赞成。他说："我们有一百二十亿美元外汇，还有几百吨黄金，有些同志就觉得手烫得不得了啦。我认为，我们有一百亿、一百五十亿、二百亿美元外汇，不算多。我们是个大国，储备一二百亿美元外汇，有风吹草动的时候可以应付。从长远来看，现在我们的外汇不是多了，而是紧了。"①
他这个话的精神实质，我理解在于要搞好对外开放，自己必须有实力，财
大才能气粗，手里钱越多，腰杆越硬，信誉度越高，人家越愿意贷款给
你；相反，钱越少，借钱越难。至于外汇储备多少合适，当然要结合不同
时期的实际情况决定。

陈云一向注意对引进技术的消化、吸收工作，重视掌握先进技术，加
强自制能力。早在"一五"建设初期，他就强调聘请苏联专家帮助我们设
计、制造设备，"丝毫不应放松对自己设计人才的培养"②"力争外援和自
力更生要结合起来"③。他要求，"凡我能自制者力求自制""增加自制的
能力"④。他指出："要建设好我们的国家，提高广大人民的生活水平，需
要发展工业，这就需要技术。"⑤在"一五"建设末期，他致信周总理，说
要鼓励机器制造部门大胆设计，自己制造，不怕开头几次有缺点、毛病，
只要取得胜利，进步会很快。20世纪60年代初，他集中精力抓大型氮肥
厂建设，要求有关部门认真消化、吸收"一五"建设时期苏联援建的化肥
厂技术，做到依靠自己力量，每年建成四到五个年产五万吨的合成氨厂。
七十年代末八十年代，他针对引进高潮中偏重买设备的倾向指出："买设
备，同时也要买技术，买专利""要更多地买技术，买专利"⑥。直到20世
纪80年代初，他在前面已提到过的关于同意沿海14个城市开放的谈话中，
仍然不忘提醒特区要有"拳头"产品，要保护"自己必须发展而且正在发
展的东西"。

关于对外开放问题，陈云除了把注意力放在纠正偏向上，也从正面提

① 陈云. 陈云文选：第三卷[M]. 北京：人民出版社,1995:344-345.
② 陈云. 陈云文集：第二卷[M]. 北京：中央文献出版社,2005:358.
③ 陈云. 陈云文集：第二卷[M]. 北京：中央文献出版社,2005:406.
④ 陈云. 陈云文集：第二卷[M]. 北京：中央文献出版社,2005:345.
⑤ 陈云. 陈云文选：第二卷[M]. 北京：人民出版社,1995:46.
⑥ 陈云. 陈云文选：第三卷[M]. 北京：人民出版社,1995:260,262.

出了一些重要建议。"走出去"就是他最先提出的。那是1984年夏天，时任国家计委主任的宋平等领导同志向他汇报工作，说有的冶金企业打算从拉美国家进口美国二手设备建新基地。他表示，开辟新基地要同老基地改建扩建进行比较，二手设备中有些跟水泥连在一起的东西不能用了，因此，可以考虑向国外要倒闭的企业投资，搞合营。接着，他指出："对外开放不一定都是人家到我们这里来，我们也可以到人家那里去。""我国富矿很少，如果能从国外进口或合资开采矿石，当然很好。"①他还在外贸部门的一个材料上批示，同意利用美国"加勒比海发展计划"的有利时机，在该地区投资办厂。他的这些主张，进一步打开了人们对外开放的思路，逐渐形成了后来被称作"走出去"的大战略。

要求财经战线学习发达国家用电子计算机办公的主张，也是陈云较早提出的。1984年，他提出要亲眼看看集成电路和计算机的操作，时任电子工业部部长的江泽民同志带着几位技术人员到陈云家里，向他现场演示。陈云通过显微镜仔细观看了集成电路，然后向在场的新闻记者发表了谈话。他指出："在工业比较发达的国家，现在计算机的应用非常普遍，使生产、工作和生活方式都发生了变化，有'工厂自动化'、'农业自动化'、'办公室自动化'和'家庭自动化'的说法，对经济发展起的作用很大。这些情况，对我们的国民经济，对我们的电子工业，都是一场新的挑战。"他请记者转告全国财经干部："对于电子技术，目前许多干部还没有认识到它的重要性，要多加宣传，注意普及电子技术知识。……在新的技术革命面前，我国财经干部面临着知识更新的繁重任务。现在，大多数干部还没有看到这个任务的紧迫性。"他同时强调，我国电子工业虽然起步晚、进步快，但与国际先进水平比，差距还是大的，因此一定要赶上去。"要像当年搞原子弹、氢弹那样，力量要集中"②。从那之后，国家计委等

---

① 陈云. 陈云文集：第三卷[M]. 北京：中央文献出版社，2005：537-538.
② 陈云. 陈云文集：第三卷[M]. 北京：中央文献出版社，2005：533-534.

财经工作部门陆续给干部配备了电脑。

　　陈云关于对外开放的论述，在不同时期、不同背景、针对不同问题，会有不同侧重点。但只要深入研究就会发现，他的论述重点无论怎么变化，都离不开一个中心、一条红线，那就是解放思想、实事求是，就是以我为主、做强自己。这是他对外开放思想的精髓，是最根本最本质的东西。

　　自从党的十八大以来，以习近平同志为核心的党中央更加鲜明地提出发展与改革要以人民为中心的思想，经济发展要稳中求进的思想，市场在资源配置中起决定性作用与更好发挥政府作用要结合的思想，对外开放中要加强自主创新的思想，等等。这些思想是对新中国成立70年和改革开放40年来正反两方面经验的深刻总结，是对毛泽东思想和中国特色社会主义理论体系的继承、发展，也是对陈云经济思想正确性的又一次验证。历史告诉我们，真理是要经过实践反复检验的，真理也是一定能够经得住实践反复检验的。

陈云经济思想的现实意义[①]

在陈云研究中，经常会碰到的一个问题就是，陈云经济思想基本上形成于计划经济时期，主要内容是讲如何有计划地进行社会主义经济建设，而我们现在已转入社会主义市场经济体制，并且加入了奉行市场经济规则的世界贸易组织，在这种情况下，陈云经济思想是否还有现实意义呢？对于这个问题，我认为回答应当是肯定的。

不错，陈云是主张实行计划经济的，并且在晚年仍然坚持要以计划经济为主。但也正是他，在我们党内最先提出我国社会主义计划经济要有个体经营和自由生产、自由市场作为补充的构想，最先从理论上阐明整个社会主义时期必须坚持"计划经济与市场调节相结合"的原则，为我们摆脱传统计划经济观念的束缚、推动经济体制改革的发展，起到了积极作用。然而，我所说的陈云经济思想的现实意义，还不是或者主要不是从这个层面讲的。

同所有伟大人物的思想一样，陈云的经济思想也不能不受他所处的那个时代的局限。因此，他在计划经济条件下所作出的关于计划工作的许多论述，无疑已经不再适用于当前我国社会主义市场经济条件下的经济工作。但是，陈云经济思想中基本的核心的内容，也同许多伟大人物的思想一样，是超越时代的。

众所周知，计划经济时代对于制订经济计划是存在两种不同指导思想的：一种过分强调主观能动性，强调到不顾客观经济规律的程度；另一种

① 本文是作者 2004 年 5 月 28 日在中央文献研究室陈云研究述评学术讨论会上的发言，曾刊载于《党的文献》2005 年第 3 期。收入本书时，作者略作修改。

则要求主观符合客观，尽可能按客观经济规律办事。陈云是坚持后一种指导思想的代表人物。因此，他的经济思想并非限于解决计划经济的问题，而是更多地体现了对我国基本国情的深刻把握，体现了对社会主义现代化建设的全面理解，体现了对宏观经济运行规律的科学认识。相对于这些更为根本性的东西，实行计划经济还是实行市场经济，只不过是手段罢了。只要基本国情没有改变，只要我们进行的是社会主义现代化建设，只要经济运行中还存在宏观与微观的关系，陈云在计划经济时期所形成的那些反映我国基本国情和客观经济规律的思想，对于社会主义市场体制下从事的经济工作，就不会过时。我所说的陈云经济思想的现实意义，主要是从这个层面来讲的。

陈云经济思想在今天有哪些现实意义呢？我想，起码可以从以下三个方面来分析。

一、关于经济建设的最终目的和出发点

我们党是工人阶级的政党，我们的国家是社会主义国家，我们搞经济建设的最终目的是改善人民的生活，满足最广大人民群众日益增长的物质和精神生活需要。我们党的思想路线是一切从实际出发，理论联系实际，实事求是，在实践中检验真理和发展真理，具体到经济建设上，就是要求一切从中国的基本国情出发。对此，大概任何人也不会提出不同意见。但是在实际工作中，问题往往就出在一些同志忘记了我们经济建设的最终目的和出发点上。这个问题过去有，现在仍然有。前一阶段，一些地方发生为建开发区建工厂建城市而违规侵占农田的现象，正是这个问题的突出反映。

（一）经济建设的最终目的

在经济建设中，陈云始终牢记并反复强调建设的最终目的是改善人民生活。无论涉及什么工作，他首先考虑的是要保证人民的基本生活需要。早在20世纪50年代新中国经济恢复时期，财经部门为了遏制通货膨胀，

加紧了征收公粮、发行公债的工作。陈云说，这些都是必要的，但一定要把城乡交流摆在第一位，就是不仅要将农民的土产收上来，还要把城市廉价的工业品销下去。他指出："这是历史上没有一个政府提出过的，但却是关系全国人民经济生活的一件大事，我们如果不管，怎么能算人民的政府呢？"①1956年11月，陈云兼任商业部部长，他在部党组会上说："商业工作，包括卖鸡、卖蛋，都有其政治意义。商业工作的好坏，直接关系到六万万人民群众的切身利益，关系到广大的城乡人民对我们是否满意。"②

历史经验反复说明，检验经济建设的最终目的是不是被忽略、被忘记的一个重要标志，就是看扩大基本建设投资规模是不是建立在提高人民生活水平的基础之上。毫无疑问，我们搞基建是为了人民的长远利益。但财力、物力在任何情况下都不是无限的，过多地用于基本建设，势必妨碍民生的改善，从而迷失经济建设的最终目的。

在1957年1月召开的省、自治区、直辖市党委书记会议上，陈云针对经济建设上出现的冒进倾向，提出了"建设规模要和国力相适应"③的著名论断。同年九、十月间党的八届三中全会上，陈云又顶着反"反冒进"的压力，指出："为了老百姓的吃饭穿衣，搞化肥，搞化学纤维，治涝，扩大灌溉面积，都要花很多钱，这是必要的。我们必须使人民有吃有穿，制定第二个五年计划要从有吃有穿出发。……应该对搞工业的同志讲清楚，工业占重要的地位，但老百姓要吃饭穿衣，是生活所必需的，经济不摆在有吃有穿的基础上，我看建设是不稳固的。"④

"大跃进"之后的三年困难时期，中央采纳了陈云的意见，下决心进行经济调整。陈云在中央财经小组会议上分析说："已经摆开的建设规

① 陈云. 陈云文选：第二卷[M]. 北京：人民出版社,1995:127.
② 陈云. 陈云文选：第三卷[M]. 北京：人民出版社,1995:44.
③ 陈云. 陈云文选：第三卷[M]. 北京：人民出版社,1995:52.
④ 陈云. 陈云文选：第三卷[M]. 北京：人民出版社,1995:85-86.

模，不仅农业负担不了，而且也超过了工业的基础。"①他强调："现在我们面临着如何把革命成果巩固和发展下去的问题，关键就在于要安排好六亿多人民的生活，真正为人民谋福利。"②"农业问题，市场问题，是关系五亿多农民和一亿多城市人口生活的大问题，是民生问题。解决这个问题，应该成为重要的国策。"③"增加农业生产，解决吃、穿问题，保证市场供应，制止通货膨胀，在目前是第一位的问题。年产七百五十万吨钢，二亿五千万吨煤，也是重要的，但这是第二位的问题。"④"人民群众要看共产党对他们到底关心不关心，有没有办法解决生活的问题。这是政治问题。"⑤

粉碎"四人帮"后的两年，人们为了把"文化大革命"耽误的时间夺回来，掀起了新的"跃进"高潮，使已经严重失调的国民经济重大比例关系出现了进一步失调的情况。党的十一届三中全会后，中央采纳陈云的意见，决定再次进行国民经济调整。调整初期，一些同志不理解，舍不得压缩基本建设规模，致使物资供应进一步紧张，物价普遍上涨。为此，陈云在中央工作会议上尖锐地提出了经济建设目的的问题。他说："这种涨价的形势如果不加制止，人民是很不满意的。经济形势的不稳定，可以引起政治形势的不稳定。"⑥他强调指出："搞经济建设的最后目的，是为了改善人民的生活。"⑦

经济体制改革的最终目的也是改善人民生活，但改革中同样存在处理人民长远利益和当前利益关系的问题。陈云认为，改革也要建立在民生稳定的基础之上，当二者发生矛盾时，同样要把民生摆在第一位。20

---

① 陈云. 陈云文选:第三卷[M]. 北京:人民出版社,1995:195.

② 陈云. 陈云文选:第三卷[M]. 北京:人民出版社,1995:210.

③ 陈云. 陈云文选:第三卷[M]. 北京:人民出版社,1995:210.

④ 陈云. 陈云文选:第三卷[M]. 北京:人民出版社,1995:205.

⑤ 陈云. 陈云文选:第三卷[M]. 北京:人民出版社,1995:209-210.

⑥ 陈云. 陈云文选:第三卷[M]. 北京:人民出版社,1995:277-278.

⑦ 陈云. 陈云文选:第三卷[M]. 北京:人民出版社,1995:280.

世纪80年代中期，国家为了深入进行经济体制改革，决定进行价格体系的改革。对此，陈云一方面表示赞成，另一方面反复提醒大家："改革的步骤一定要稳妥，务必不要让人民群众的实际收入因价格调整而降低。"①

在陈云看来，保证民生除了要做到人民有吃有穿外，还要做到经济建设不以牺牲人民身体健康和职工生产安全为代价。现在，党中央特别强调环境保护和安全生产问题。对于这些问题，陈云早在几十年前就提出来了。

"文化大革命"期间陈云虽然早已"靠边站"，但他在调研时还是叮嘱石油战线的同志，"要注意环境污染问题，在生产设计的同时就要做好防止污染的设计，不要等到事后再解决"②。改革开放初期，当一些地方热心于引进经济效益好但污染严重的项目时，他又告诫大家，"防止污染，必须先搞"③。他在给全国财经工作领导同志的信中说："今后办厂必须把处理污染问题放在设计的首要位置，真正做到防害于先，这是重大问题。"④1982年，他看到新华社题为《上海出现酸性雨污染环境》的内部材料后，当即批给中央和国务院领导同志，指出："治理费要放在前面。否则后患无穷。"⑤1988年，陈云已经退居二线，但当看到新华社记者写的《"卫星看不见的城市"——本溪市环境污染情况调查》和《人民日报》记者写的《四川排放污物总量约占全国十分之一》这两篇文章后，马上批给时任国务院总理李鹏和副总理姚依林，指出："治理污染、保护环境，是我国的一项大的国策，要当作一件非常重要的事情来抓。这件事，

① 陈云. 陈云文选：第三卷[M]. 北京：人民出版社,1995:337.
② 中共中央文献研究室. 陈云年谱（一九〇五——一九九五）：下卷[M]. 北京：中央文献出版社,2000:198.
③ 陈云. 陈云文选：第三卷[M]. 北京：人民出版社,1995:254.
④ 陈云. 陈云文选：第三卷[M]. 北京：人民出版社,1995:263.
⑤ 中共中央文献研究室. 陈云年谱（一九〇五——一九九五）：下卷[M]. 北京：中央文献出版社,2000:308.

一是要经常宣传，大声疾呼，引起人们重视；二是要花点钱，增加投资比例；三是要反复督促检查，并层层落实责任。"最后，他还附了一句："请告诉有关部门，这方面的材料，以后注意送我看看。"①

对于安全生产问题，陈云也十分关心，并且分析了事故频发的原因。1988年，他在同一位中央负责同志谈话时指出："企业实行承包责任制，有积极的一面，也要看到消极的一面，比如不少企业为了完成承包数，硬拼设备，带病运转。近年来安全事故增多，恐怕与此有关。"他强调："企业一定要维护好设备，特别是关键设备，四个九不行，必须做到万无一失。"②

（二）经济建设的出发点

搞经济建设究竟应当以什么为出发点？要不要从国情出发？我们的基本国情又是什么？对于这样的问题，有些同志似乎不大在意。但陈云恰恰相反，对此一向高度重视。他在1979年的一次政治局会议上鲜明地指出："我们搞四个现代化，建设社会主义强国，是在什么情况下进行的。讲实事求是，先要把'实事'搞清楚。这个问题不搞清楚，什么事情也搞不好。"接着他说："我们国家是一个九亿多人口的大国，百分之八十的人口是农民。革命胜利三十年了，人民要求改善生活。有没有改善？有。但不少地方还有要饭的，这是一个大问题。"③由此，他得出结论："九亿多人口，百分之八十在农村，革命胜利三十年了还有要饭的，需要改善生活。我们是在这种情况下搞四个现代化的。"④今天，经过20多年的改革开放与现代化建设，农村人口比重已减到六成多，吃不饱饭的人更是大幅度减少。但农村人口仍占大多数，相对贫困人口所占比重仍然比较大，这方面的情况并没有发生根本性的变化。

---

① 陈云. 陈云文选：第三卷[M]. 北京：人民出版社，1995：364.
② 陈云. 陈云文选：第三卷[M]. 北京：人民出版社，1995：365-366.
③ 陈云. 陈云文选：第三卷[M]. 北京：人民出版社，1995：250.
④ 陈云. 陈云文选：第三卷[M]. 北京：人民出版社，1995：251.

在从国情出发搞建设的问题上，我认为陈云讲得比较多的有以下三件事。

第一，农业特别是粮食生产的问题。早在制订第一个五年计划之前，陈云就指出："中国是一个农业国，以前还要进口粮食、棉花等农产品。现在虽然比过去好多了，但是，发展农业仍然是头等大事。农业发展不起来，工业就很难发展。"①在制订"一五"计划的过程中，他指出："中国土地少，人口多，交通不便，资金不足。因此，农业生产赶不上工业建设的需要，将是一个长期的趋势，不要把它看短了。"②在向中央汇报"一五"计划的编制情况时，他又说，"计划中最薄弱的部分是农业生产，能否按计划完成，很难说"。③在"一五"建设结束时，他进一步指出："我国农业对经济建设的规模有很大的约束力。"④"农业对我们的重要性，现在看得很清楚了。如果农业搞不好，就一定会扯我们前进的后腿。"⑤以后，陈云在1957年抓化肥和化纤生产，在1961年力主进口粮食，在1962年建议包产到户，都是为了解决农业特别是粮食问题。粉碎"四人帮"后，陈云再次提出进口粮食的建议，他说："要先把农民这一头安稳下来。农民有了粮食，棉花、副食品、油、糖和其他经济作物就都好解决了。摆稳这一头，就是摆稳了大多数。"⑥"农民是大头，不能让农民喘不过气来。""搞建设，必须把农业考虑进去。所谓按比例，最主要的就是按这个比例。"⑦

改革开放后，农村政策搞活了，不仅鼓励农民多种经济作物，而且允

① 陈云．陈云文选：第二卷[M]．北京：人民出版社，1995：143.
② 中共中央文献研究室．陈云年谱(一九○五——一九九五)：中卷[M]．北京：中央文献出版社，2000：210.
③ 陈云．陈云文选：第二卷[M]．北京：人民出版社，1995：237.
④ 陈云．陈云文选：第三卷[M]．北京：人民出版社，1995：55.
⑤ 陈云．陈云文选：第三卷[M]．北京：人民出版社，1995：79.
⑥ 陈云．陈云文选：第三卷[M]．北京：人民出版社，1995：236.
⑦ 陈云．陈云文选：第三卷[M]．北京：人民出版社，1995：250-251.

许农民做工、经商。这时，在农村中又出现了忽视粮食生产的倾向。针对这种情况，陈云反复提醒大家："我们要发展经济作物，同时必须保证粮食的逐步增产。……不能因为发展经济作物而挤了粮食产量。粮食还是第一位。人不吃饭，牲口不喂料，是不行的。"① "种烟叶的亩数不能增加了，粮食播种面积不能减少了。"② 1982年、1983年，粮食连续两年大丰收，一些人认为我国的粮食问题过关了，可以放开手脚让农民种自己想种的东西了。那时，有的产粮大省因发生储粮困难，向中央告急，中央一位主要负责人把告急的电话记录批转陈云。陈云看后写道："依我看来，中国的粮食并不多，每年还进口一千多万吨。"③ 1985年，陈云在党的全国代表会议上发言，讲了6个问题，其中之一就是粮食问题。他说："现在有些农民对种粮食不感兴趣，这个问题要注意。……发展乡镇企业是必要的。问题是'无工不富'的声音大大超过了'无农不稳'。十亿人口吃饭穿衣，是我国一大经济问题，也是一大政治问题。'无粮则乱'，这件事不能小看就是了。"④ 由于主观上放松了粮食生产，致使1985年至1988年粮食连续四年减产，人均产量由1984年的786斤减为716斤，引起物价波动。陈云同当时主持中央工作的负责同志谈话，讲了8条意见，第一条就是要重视粮食问题。他说："十亿人民要吃饭，农民种地卖粮给国家，天经地义。现在相当大一批农民搞乡镇企业，买粮食吃，不能小看。"⑤ 1988年，他在同浙江省领导同志谈话时又说："我们这些人在世时，粮食过不了关。……下一代人如果在科学上没有突破，粮食也很难过关。"⑥我

---

① 陈云. 陈云文选：第三卷[M]. 北京：人民出版社,1995:280-281.

② 陈云. 陈云文选：第三卷[M]. 北京：人民出版社,1995:309.

③ 中共中央文献研究室. 陈云年谱（一九〇五——一九九五）：下卷[M]. 北京：中央文献出版社,2000:341.

④ 陈云. 陈云文选：第三卷[M]. 北京：人民出版社,1995:350.

⑤ 陈云. 陈云文选：第三卷[M]. 北京：人民出版社,1995:365.

⑥ 中共中央文献研究室. 陈云年谱（一九〇五——一九九五）：下卷[M]. 北京：中央文献出版社,2000:412.

理解，他所说的过关并不是指粮食一时够吃。中国的基本情况是耕地面积很难再扩大，人口却在不断增加，而且靠天吃饭的局面长时间内难以改变，靠进口粮吃饭根本不可能。因此，粮食人均占有量要提高很不容易。虽然有时也会出现"卖粮难"，但这绝不意味着粮食的过关。稍不小心，马上就会发生粮食紧张问题。

第二，资源特别是水资源的节约问题。早在新中国成立之初，陈云就指出："像中国这样大的国家，水灾可能每年都会有"，必须做好防涝工作，同时又要看到，"全国水量平均起来并不多，还缺水，有些地方就经常干旱。从总的看，从长远看，要以蓄为主，蓄泄兼顾"。因此，"要修水库、筑塘堰，山区更要注意种树种草、保持水土，对水一定要好好利用"①。从那时起，陈云就开始研究南水北调的问题。"文化大革命"后期，他没有具体工作，在去南方调研时，还专程去扬州察看了南水北调东线工程的枢纽江都抽水站。他对陪同人员说："南水北调是造福子孙后代的大事，在条件允许时应当进行。……目前财力有限，工程只能分段进行。"②

党的十一届三中全会后，陈云重新担任了党中央副主席，并出任国务院财经委员会主任。他给时任财经委副主任李先念和秘书长姚依林写信，提出经济建设必须尽早注意的两个问题，其中第一个便是水资源问题。他写道："有些地区水资源已很紧张，如天津、北京等地。今后工厂的设立必须注意到用水量。……即使有水资源的工厂，也应该有节约用水的办法。"③党的十三大后，陈云退居二线，担任中顾委主任，他看到水利专家张光斗、陈志恺两人写的文章《中国水资源问题及其解决途径》，立即批给有关领导同志，指出："要从战略高度来认识水的问题的严重性。各

---

① 陈云. 陈云文选：第二卷[M]. 北京：人民出版社，1995：141.
② 中共中央文献研究室. 陈云年谱（一九〇五——一九九五）：下卷[M]. 北京：中央文献出版社，2000：198.
③ 陈云. 陈云文选：第三卷[M]. 北京：人民出版社，1995：263.

级领导部门，尤其是经济、科技领导部门，应该把计划用水、节约用水、治理污水和开发新水源放在不次于粮食、能源的重要位置上，并列入长远规划、五年计划和年度计划加以实施。"①对于其他资源，陈云也提醒大家要注意节约。他针对实行承包责任制后出现的新情况指出："现在无论是农业生产，还是工业生产，都相当普遍地存在着一种掠夺式的使用资源的倾向，应当引起重视。"②

第三，人口的控制和劳动力的就业问题。在主持全国财经工作过程中，陈云深深感到，人口多固然为我国经济建设提供了丰富的劳动力，但同时也造成人均资源少、市场供应难、就业压力大等问题，如果不加控制，将是我国经济发展的严重制约因素。因此，他非常拥护计划生育的主张。他在1957年8月国务院常务会议上说："中国人多，必须提倡节制生育。这是有关经济建设的大问题。现在粮食、布匹、学校等紧张，都与人口多而且增长快有关。节制生育的措施，要十年、二十年以后才能见效。中央和各省市都要成立专门委员会，来抓这件事情。"③当时，国务院决定成立中央节育委员会，由陈云兼任主任，但因为随即而来的反右派斗争联系到批判马寅初的"新人口论"，致使这一机构未能正式成立，计划生育工作也受到严重干扰。党的十一届三中全会后，他大声疾呼"人口是个爆炸性的问题"，并为计划生育工作提出大造舆论、制定法令、加强避孕措施、优待独生子女、实行养老保险等措施。④他还提出，要把人口问题纳入国民经济发展的长远计划。在他的建议下，党中央和国务院于1979年9月发出致全体党员、团员的公开信，号召一对夫妇只生一个孩子。

---

① 陈云. 陈云文选:第三卷[M]. 北京:人民出版社,1995:375.
② 陈云. 陈云文选:第三卷[M]. 北京:人民出版社,1995:366.
③ 陈云. 陈云文选:第三卷[M]. 北京:人民出版社,1995:68.
④ 中共中央文献研究室. 陈云年谱(一九〇五—一九九五):下卷[M]. 北京:中央文献出版社,2000:246.

计划生育虽然被作为基本国策确定下来，但人口过多已是一个现实问题，是考虑任何工作时都必须面对的。陈云多次指出："我国社会经济的主要特点是农村人口占百分之八十，而且人口多，耕地少。计划机关和工商业部门的同志对此没有深刻认识，如不纠正，必然碰壁。"①当时，有些同志盲目攀比发达国家的现代化水平，主张多搞大企业，减少中小企业，还提出"人民生活现代化"的口号。对此，陈云指出："人口多，要提高生活水平不容易；搞现代化用人少，就业难。我们只能在这种矛盾中搞四化。这个现实的情况，是制定建设蓝图的出发点。"②"在我们国家，先进的企业、落后的企业并存的局面，要在一个相当长时期内存在。否则，容纳不了那么多就业人员，有人就要闹事。"③他还说："生活水平多数达到中等，少数可以先富起来。大体上差别不大，但是还有差别。要甘肃赶上江南，不容易。"④"四个现代化是一定能够实现的，要提高信心。但是现在往往把'人民生活现代化'也一起提出，这样恐怕不行。当四个现代化实现的时候，人民生活水平必有提高，而且提高的程度不会小，但还不能同美、英、法、德、日等国相比，因为我国人口众多，其中大部是农民，那样比是办不到的。"⑤他强调："我们是十亿人口、八亿农民的国家，我们是在这样一个国家中进行建设。香港、新加坡、南朝鲜等地区没有八亿农民这个大问题。欧美日本各国也没有八亿农民这个大问题。我们必须认识这一点，看到这种困难。现在真正清醒认识到这一点的人还不很多。"⑥正是基于对国情的这种清醒认识，他主张在解决工资水平与就业程度的矛盾问题上，还是采取低工资、高就业的办法好，他说："这是保持社会安

① 中共中央文献研究室. 陈云年谱(一九〇五——一九九五):下卷[M]. 北京:中央文献出版社，2000:238-239.
② 陈云. 陈云文选:第三卷[M]. 北京:人民出版社,1995:250.
③ 陈云. 陈云文选:第三卷[M]. 北京:人民出版社,1995:253.
④ 陈云. 陈云文选:第三卷[M]. 北京:人民出版社,1995:254.
⑤ 陈云. 陈云文选:第三卷[M]. 北京:人民出版社,1995:262.
⑥ 陈云. 陈云文选:第三卷[M]. 北京:人民出版社,1995:281.

定的一项基本国策。"①

二、关于经济的运行状态与增长方式

经济运行究竟平稳发展好，还是一起一落的跳跃式发展好？经济增长究竟围绕速度、数量、产值好，还是围绕质量、品种、效益好？对于这类问题，在改革开放前后都存在两种不同的思路。20世纪50年代有一种理论，叫"积极平衡"，说事物的平衡是相对的，不平衡是绝对的，因此不应当消极地维护旧的平衡，而应当积极地打破旧平衡，寻找新平衡。与这个理论相适应，发动了"大跃进"，也引出了"全民大炼钢铁"。陈云不同意这个理论，他说："究竟什么是积极平衡，什么是消极平衡，认识是不同的。"②他在制订"一五"计划时说过："我国因为经济落后，要在短时期内赶上去，因此，计划中的平衡是一种紧张的平衡。……样样宽裕的平衡是不会有的，齐头并进是进不快的。但紧张决不能搞到平衡破裂的程度。"③以后，他又多次重申这一观点。他说："经济建设和人民生活必须兼顾，必须平衡。看来，在相当长的一段时间内，这种平衡大体上是个比较紧张的平衡。建设也宽裕，民生也宽裕，我看比较困难。""但是，绝不能紧张到使平衡破裂。"④

在历史新时期，陈云针对反复出现的急躁冒进倾向说："人民向往四个现代化，要求经济有较快的发展。但他们又要求不要再折腾，在不再折腾的条件下有较快的发展速度。我们应该探索在这种条件下的发展速度。"⑤20世纪70年代末，钢的生产指标定得比较高，陈云主持经济调整

---

① 陈云.陈云文选:第三卷[M].北京:人民出版社,1995:376.
② 陈云.陈云文选:第三卷[M].北京:人民出版社,1995:210.
③ 陈云.陈云文选:第二卷[M].北京:人民出版社,1995:242.
④ 陈云.陈云文选:第三卷[M].北京:人民出版社,1995:29.
⑤ 陈云.陈云文选:第三卷[M].北京:人民出版社,1995:268.

时，把指标压了下来。他在中央政治局会议上指出："过去说，指标上去是马克思主义，指标下来是修正主义，这个说法不对。踏步也可能是马克思主义。""单纯突出钢，这一点，我们犯过错误，证明不能持久。……冶金部提出的引进设想，我都看了。他们是好心，想要多搞，可以理解。共产党员谁不想多搞一点钢？过去似乎我是专门主张少搞钢的，而且似乎愈少愈好。哪有这样的事！我是共产党员，也希望多搞一点钢。问题是搞得到搞不到。""一九八五年搞六千万吨钢根本做不到。我说二〇〇〇年搞到八千万吨钢，是冒叫一声，但也有点根据。……如果将来超过八千万吨，或者超过很多，阿弥陀佛！如果达不到，稍微少一点我也满意。我不光看你那个数目字，钢要好钢，品种要全。""冶金部要把重点放在钢铁的质量、品种上，真正把质量、品种搞上去。"①他还说："过去的经验不要忘掉了。过去要计委定多高的速度就能定多高，要百分之十就定百分之十，要百分之二十就定百分之二十。这怎么行呢！搞建设，真正脚踏实地、按部就班地搞下去就快，急于求成反而慢，这是多年来的经验教训。"②

后来，经过调整，严重失调的国民经济比例被理顺了。在这个基础上，党的十二大提出在20世纪末实现全国工农业总产值翻两番的奋斗目标。这时，有的同志头脑又有些发热，要求"提前翻两番"。对此，陈云强调，十二大提出翻两番，是"要在不断提高经济效益的前提下"，而且"要分两步走，前十年主要是打好基础，为后十年经济振兴创造条件。'六五'是前十年的第一个五年，发展速度不能搞得太快"。他告诫大家："如果急于求成，把本来应该放在后十年办的事也勉强拿到前十年来办，在'六五'和'七五'期间乱上基本建设项目，那末，经济又可能出现混

① 陈云．陈云文选：第三卷[M]．北京：人民出版社，1995：251-254.
② 陈云．陈云文选：第三卷[M]．北京：人民出版社，1995：310-311.

乱，翻两番的任务反而有可能完不成。"①

　　在"提前翻两番"的思想支配下，1984年国民生产总值比1983年增长15.2%；1985年1至7月的工业总产值又比1984年同期增长22.8%。陈云在党的全国代表会议上提醒说："这样高的速度，是不可能搞下去的，因为我们目前的能源、交通、原材料等都很难适应这样高速度的需要。"他说，如果不降下来，"造成种种紧张和失控，难免出现反复，结果反而会慢，'欲速则不达'"②。然而，陈云的话并没有能引起有关方面足够的重视，国民经济继续以两位数的速度增长。结果，经济出现了不稳定迹象，只得于1988年进行带有调整性质的治理整顿。第二年，国民生产总值的增长速度回落到4%。

　　从以上过程可以看出，过分突出经济发展速度、数量、产值的思路，并不仅仅存在于高度集中的计划经济时期。有人统计，迄今为止，1949年以来经济增长速度已发生过七次大起大落，其中改革开放之前三次，改革开放之后四次。这说明，陈云关于经济要平稳发展，要重质量、品种、效益的发展思路，无论在高度集中的计划经济时期，还是在实行社会主义市场经济时期，都是适用的。其实，即使在实行自由市场经济的西方国家，也有主张经济均衡发展、防止周期性波动的学说。可见，经济应当平稳发展，稳定发展，均衡发展，乃是人类关于经济发展方式的一种超越经济体制的理性选择。现在，国际上凡是与我国有经贸关系的国家、地区和跨国公司，都十分关注我国经济发展的预期，既担心持续过热导致泡沫，又担心抑制过热降低需求。这也从一个侧面说明，世界与中国联系得越广泛越紧密，人们越希望中国经济能够平稳发展。

　　怎样才能做到经济平稳发展呢？陈云认为，必须使经济建设做到"有计划按比例"。他指出："按比例发展的法则是必须遵守的，但各生产部门

---

①　陈云. 陈云文选:第三卷[M]. 北京:人民出版社,1995:318.
②　陈云. 陈云文选:第三卷[M]. 北京:人民出版社,1995:351.

之间的具体比例，在各个国家，甚至一个国家的各个时期，都不会是相同的。……究竟几比几才是对的，很难说。唯一的办法只有看是否平衡。合比例就是平衡的；平衡了，大体上也会是合比例的。"①他说："这一思想来之于马克思。""在社会主义革命还没有在一个国家胜利以前，马克思就设想过社会主义经济将是有计划按比例发展的，这个理论是完全正确的。"②

现在我们认识到，马克思所设想的社会主义经济，是在资本主义经济充分发展基础上所建立的经济，而现实生活中的社会主义经济，大都是在资本主义经济还没有得到充分发展或发展很不充分的情况下建立的。因此，实行高度集中的计划经济，除了在特殊时期，比如需要集中力量突击奠定工业化基础的时期，有其合理性外，在社会主义相当长的历史时期内，尤其是在社会主义初级阶段，都是超过生产力水平的，因而都是不适宜的。但是，正如陈云所说："按比例是客观规律。"③无论通过计划调节还是通过市场调节，经济只有"按比例"，才能平稳发展。他说："从长期来看，国民经济能做到按比例发展就是最快的速度。"④"不认真研究国民经济的比例关系，必然造成不平衡和混乱状态。"⑤1954年他甚至说过："资本主义在盲目中依靠自然调节，能够相当地按比例发展，而我们说要按比例发展是从长时间算的，在短时间内，只是力求建设与消费、重工业与轻工业之间不要脱节太远，实质上并不是按比例的发展。"⑥这说明，经济中的比例关系是客观存在的，无论使用计划手段还是实行计划经济不一定就能做到按比例发展，实行市场经济也不一定就不能做到按比例发展。

---

① 陈云. 陈云文选：第二卷[M]. 北京：人民出版社,1995:241-242.
② 陈云. 陈云文选：第三卷[M]. 北京：人民出版社,1995:244.
③ 陈云. 陈云文选：第三卷[M]. 北京：人民出版社,1995:211.
④ 陈云. 陈云文选：第三卷[M]. 北京：人民出版社,1995:248.
⑤ 陈云. 陈云文选：第三卷[M]. 北京：人民出版社,1995:56.
⑥ 中共中央文献研究室. 陈云年谱(一九〇五—一九九五)：中卷[M]. 北京：中央文献出版社,2000:210.

为了使经济做到按比例发展，陈云通过长期实践，摸索出了一套如何使计划符合客观经济规律的方法。这些方法贯穿的某些原则，我认为即使在社会主义市场经济条件下也是同样适用的。

比如，前面提到的关于"建设规模要和国力相适应"的原则。陈云说：建设规模的大小和国家的财力物力"适应还是不适应，这是经济稳定或不稳定的界限。……建设的规模超过国家财力物力的可能，就是冒了，就会出现经济混乱；两者合适，经济就稳定。当然，如果保守了，妨碍了建设应有的速度也不好。但是，纠正保守比纠正冒进要容易些"①。他在改革开放时期所提出的"一要吃饭、二要建设"的方针，既包含要端正生产目的意思，也包含要正确处理积累与消费比例关系的意思。他说："一、要使十亿人民有饭吃；二、要进行社会主义建设。只顾吃饭，吃光用光，国家没有希望。必须在保证有饭吃后，国家还有余力进行建设。因此，饭不能吃得太差，但也不能吃得太好。吃得太好，就没有力量进行建设了。这里就包含着一个提高人民生活水平的原则界限：只有这么多钱，不能提高太多。"②就是说，基本建设的规模不能超过国家的财力和物力。

今天情况和过去有了很大不同。在社会固定资产投资中，财政支出只是其中一部分，而且比重越来越少；物资有很多已不再为国家所掌握，而且大部分不再紧缺，即使紧缺，也可以从国外进口；城市居民的消费基金，也已经不完全取决于政府和国家企事业单位所发放的工资。因此，处理建设规模与国力、积累与消费的比例关系，已经不再像过去那样，只计算政府手中的钱和物，只注意控制政府的各项支出。但必须看到，土地、水、石油、铁矿石这类资源，也是国力中的重要组成部分，而且重要性越来越凸显。我国人均耕地、水资源和石油、铁矿石的储量本来就不多，随

---

① 陈云. 陈云文选：第三卷[M]. 北京：人民出版社,1995：52.
② 陈云. 陈云文选：第三卷[M]. 北京：人民出版社,1995：306.

着经济与社会的发展，各方面需求会越来越大。耕地和水不可能进口，即使能租种别国的耕地，对我们这样一个人口大国来说也是杯水车薪。石油、铁矿石虽然可以进口，但存在许多制约因素。据统计，如果按现在的发展速度，我国石油、铁矿石供应的对外依存度将大幅度增加，国际市场很难满足；即使能满足，石油和铁矿石价格一路攀升，生产成本也难以承受。因此，我们在制定经济建设的规划和社会发展的目标时，仍然不能不考虑与国力是否相适应的问题。如果各种开发区、工厂、城市建设的规模过大，人们对高档消费，尤其是轿车的需求过旺，势必进一步大量占用耕地，过度消耗水资源和石油、铁矿石，从而使"吃饭"与"建设"的矛盾加剧，建设与国力的比例失调，最终导致平衡破裂，经济出现新的不稳定。

再比如，关于"平衡要从短线开始"的原则。陈云在1962年领导第一次国民经济调整时，对于此前几年急于求成的经验教训进行了深刻总结。在谈到如何进行综合平衡时，他讲了两点意见：一是从制订计划时就要搞综合平衡，不要做计划时不按比例，等到执行计划出现问题时再来纠正；二是要按照短线搞综合平衡，不要按长线搞平衡，否则弄得建设项目长期拖延，工厂半成品大量积压，会造成严重浪费。他说："按短线搞综合平衡，才能有真正的综合平衡。所谓按短线平衡，就是当年能够生产的东西，加上动用必要的库存，再加上切实可靠的进口，使供求相适应。"[①]改革开放后，他又按照"短线平衡"的原则，提出国家要集中资金，加强国民经济中的薄弱环节，如农业、能源、交通、科技教育、环境保护、知识分子生活待遇等。陈云在这里所说的"短线平衡"的原则，当然是针对计划工作而言的。但在西方经济学中有一个"木桶定律"，讲木桶的实际容量不取决于木桶壁上最长的那条板，而取决于最短的那条板，凡高出最

---

① 陈云. 陈云文选：第三卷[M]. 北京：人民出版社，1995：211.

短板的水都会流掉，因而是无效部分。现在不少人把这个定律奉为金科玉律，写书讲话常常引用。殊不知，它与"短线平衡"的原则，意思完全一样。

在社会主义市场经济体制下，我们不需要也不可能再像计划经济时期那样去通过指令性计划平衡各种比例关系，但经济中的许多重大比例关系，仍然是宏观经济工作需要注意平衡的。例如，三次产业之间的结构，产业内部之间的结构，产品之间的结构，地区之间的结构，城乡之间的结构等等，都存在一定的比例关系，都需要我们通过经济的或行政的手段加以平衡。在进行平衡时，固然可以用"木桶定律"来指导，但"短线平衡"的原则是中国人自己通过实践总结出来的，比"木桶定律"更容易为中国人所理解所掌握，是完全可以也完全应当继续用来作为我们的指导原则。

三、关于对宏观经济的调控

无论是计划经济体制还是社会主义市场经济体制，都存在微观经济与宏观经济的矛盾关系。过去，陈云针对一度实行高度集中的计划经济体制，极力主张通过市场调节把微观运行搞活；同时，他又强调市场调节必须在国家统一计划的指导下发挥作用，以便使经济从宏观上得到控制。在陈云的话语中，市场与计划的关系在很大程度上代表的是微观运行与宏观控制的关系；他说的国家计划，往往指的就是宏观控制，而他说的宏观调控手段，往往也是指国家计划。现在实行社会主义市场经济，已经不再把国家计划等同于宏观控制，甚至不再把它当成宏观调控的主要手段。但是，只要我们不过多地拘泥于"国家计划"这样的提法，而是注重陈云关于计划与市场关系问题论述的实质，那么，其中蕴含的关于正确处理微观运行与宏观控制之间关系的道理，对于在社会主义市场经济条件下搞好宏观调控，仍然具有非常积极的认识价值。

早在 1956 年资本主义工商业社会主义改造胜利完成之后，陈云就提出，"市场管理办法应该放宽"。他说："现在从大城市到小集镇大部分都管得太死，放宽后，害处不大，好处很多。但这并不是说完全不要市场管理，不要社会主义计划经济的领导，而是说要改变过去对资本主义工商业利用、限制、改造的那一套办法。"他还主张，除粮食、布匹等重要物资和一些热销货继续统购外，其余可以自由选购。他说，实行这种办法后可能会有一些毛病，但我们只能一方面管好市场，另一方面不把市场搞死。"不走这条路，我们又找不到其他更好的路。"①接着，他在党的八大上提出了著名的"三个主体、三个补充"的经济体制构想。由于众所周知的原因，他的这一构想当时并没有能得到实施。

党的十一届三中全会前后，陈云再次提起计划与市场关系的问题。他在自己亲笔起草的一份提纲上写道："六十年来，无论苏联或中国的计划工作制度中出现的主要缺点：只有'有计划按比例'这一条，没有在社会主义制度下还必须有市场调节这一条。……因为市场调节受到限制，而计划又只能对大路货、主要品种作出计划数字，因此生产不能丰富多彩，人民所需日用品十分单调。"由此，他得出结论："整个社会主义时期必须有两种经济：（1）计划经济部分（有计划按比例的部分）；（2）市场调节部分（即不作计划，只根据市场供求的变化进行生产，即带有盲目性调节的部分）。"②以后，随着经济形势的变化，他对市场与计划的关系又有过多种提法，如"计划经济与市场调节相结合""以计划经济为主、市场调节为辅"等。无论哪种提法，他所要表达的意思都是：既要通过市场调节搞活微观运行，又要通过国家计划加强对宏观经济的控制。而加强宏观控制的目的正如他在 1985 年党的全国代表会议上所说：只有"搞好宏观控制，才有利于搞活微观，

① 陈云. 陈云文选：第二卷[M]. 北京：人民出版社，1995：335.
② 陈云. 陈云文选：第三卷[M]. 北京：人民出版社，1995：244-245.

做到活而不乱。"①

对于市场与计划，即搞活经济与宏观控制的关系，陈云还做过一个很形象的比喻，把它们比作"鸟与笼子"的关系。这个比喻一发表，立即引起两种截然相反的评论。一种认为，这个比喻反映陈云要把已经搞活的经济重新装回到"鸟笼"里，是反对市场取向的改革；而另一种则认为，这个比喻道出了微观运行与宏观控制关系的真谛，是为了有利于搞活经济，而不是为了搞死经济。一些西方学者对这个比喻产生了浓厚的兴趣，认为它提出了一个很有意思的问题，值得人们沿着这个思路来思考经济微观运行与宏观控制的关系。其实，陈云所说的"笼子"，是相对于把"鸟"捏在手里不让它飞而说的，而且这个"笼子"并不像一些人望文生义理解的那样，真的和"鸟笼"一样狭小，而是恰恰相反。他解释说，这个"笼子""可以跨省跨地区，甚至不一定限于国内，也可以跨国跨洲。另外，'笼子'本身也要经常调整，比如对五年计划进行修改"②。

今天虽然已经不实行计划经济了，但仍然有国民经济和社会发展的五年计划、十年规划，还有宏观调控的目标，有财政政策、货币政策、产业政策，有关于经济活动的各种法律法规，有党中央的决议和国务院的行政命令。这些一方面在保证着微观运行像"鸟"那样自由飞翔，另一方面也像"笼子"那样起着限制微观运行盲目发展的作用，使之不至于使各种重大比例关系失调，使经济发展失控。远的不讲，就拿2004年来说，第一季度固定资产投资增长幅度达到43%，其中制造业增长75.8%，钢铁业和水泥业的增长都超过了100%；同时，信贷投放增幅过大，突破了广义货币 M2 和狭义货币 M1 全年增长17%的宏观调控目标，造成煤电油运供应的全面紧张，全国20多个省、

---

① 陈云. 陈云文选：第三卷[M]. 北京：人民出版社，1995：350.
② 陈云. 陈云文选：第三卷[M]. 北京：人民出版社，1995：320.

区、市拉闸限电。针对这一情况，中央政治局及时召开会议，强调各地各部门要统一思想，抓好中央确定的各项宏观调控政策措施的落实，适度控制货币信贷增长，切实加强土地管理，严格控制新开工项目，坚决遏制某些行业中的盲目投资和低水平扩张。接着，国务院决定对全国在建和拟建项目进行一次全面的清理、审核，严格控制商业营业用房特别是高档写字楼、别墅、公寓的建设，清查清理前一年以来的土地审批和占用情况，整顿处理各种违法批地、非法占地行为。银监会还决定严格贷款的授权管理，对钢铁、电解铝、水泥等部分行业的贷款审批权上收至省行或总行。所有这些调控措施和清理、审核、清查、整顿、上收权限的办法，都可以理解为陈云所说的控制宏观经济的"笼子"。当然，用来做"笼子"的"材料"，不同经济体制下会有所不同。计划经济体制更多的是使用行政手段，社会主义市场经济体制更多的是使用包括经济政策在内的经济手段。但"笼子"的实质——对微观运行进行宏观控制这一点，则无论在什么经济体制下都是相同的。

陈云之所以反复强调加强宏观控制，一个重要原因在于，我们国家在计划经济时期，地方和部门都缺少横向的经济联系，小而全、大而全的自发倾向很严重，如果不注意宏观控制，很容易搞低水平的重复建设，给国家造成巨大浪费和难以处理的善后问题。早在1954年，陈云就说过："我们国家大，一不小心就会盲目发展。""以后看见某些行业有较大发展的时候，不要太高兴，要加强管理，否则，发展就会过头，生产就会过剩。"[1]为了防止重复建设，他曾提出过一个关于基本建设的重要原则，即"先生产，后基建；先挖潜、革新、改造，后新建"[2]。他说，实现四个现代化

---

① 陈云. 陈云文选：第二卷[M]. 北京：人民出版社,1995:266.
② 陈云. 陈云文选：第三卷[M]. 北京：人民出版社,1995:268.

建设，"着重点应该放在国内现有企业的挖潜、革新、改造上"①。"现有企业要提高折旧率，加快设备更新，引进先进技术，进行技术改造，这在多数情况下，比建新厂效益高"。这"应该是我们今后发展工业的一条新路子"②。

党的十一届三中全会后，实行了搞活经济的政策，进行了经济体制改革。对此，陈云高度评价，一方面，指出改革"产生了前所未有的好作用""农村人民生活改善了，市场搞活了"。另一方面，他也指出了改革带来的一些问题，例如"各地区盲目的重复建设"③。过去有一种看法，似乎重复建设只是计划经济的产物。其实，市场经济受价值规律支配，具有更大的自发性、盲目性、滞后性，更容易发生重复建设。只不过在发达的资本主义国家，投资主体绝大多数是私人资本，发生了重复建设，通过市场竞争优胜劣汰，被淘汰的企业损失在老板，工人自有各项社会保险负责。而在社会主义市场经济条件下，投资主体基本上还是国家和集体的企业，重复建设造成的损失仍然是全民和集体的。即使投资主体是私人，由于后面往往有政府的支持和参与，资金大部分来自国有银行，一旦出问题，必然使银行出现呆账、坏账、烂账，损害的照样是国家和老百姓的利益。另外，由于我们的社会保障体系还不健全，企业一旦垮台，工人失业、农民失地等善后问题，最终还是会成为政府的沉重包袱。2004年发生的"铁本"事件，便是一个很典型的例子。它再次说明，各经济管理部门如果不对微观经济进行严格的宏观管理，一旦形成重复建设，将会给国家和当地的经济与社会发展带严重后果。

对于国家宏观调控的途径和手段，陈云也做过许多论述。从这些论

---

① 陈云. 陈云文选：第三卷[M]. 北京：人民出版社,1995:267.
② 陈云. 陈云文选：第三卷[M]. 北京：人民出版社,1995:319.
③ 陈云. 陈云文选：第三卷[M]. 北京：人民出版社,1995:278.

述可以看出，当人们不大重视价值规律时，陈云比较强调经济手段。比如，新中国成立初期轻纺工业的原料供不应求，他提出提高皮棉与大米比价的建议，结果棉花产业大发展。而当人们任凭价值规律起作用时，陈云又比较强调行政手段。这些手段中有些随着形势的发展变化已不再适用，如冻结工资、奖金、物价，实行生猪派购等等；但有些即使拿到现在，仍然是顶用的，如国家手里一定要储备足够数量的粮食和外汇，货币发行权要归中央，必要时要紧缩银根，中央财政在国家财政中要占较大比重，不能从根本上取消国家财政补贴，等等。对于他在这方面的论述，我们可以归结为以下两点：一是必要时要进行国家干预。他说："按经济规律办事，这是一种好现象。"但"对许多方面，在一定时期内，国家干预是必要的。"①二是中央应该集中必须集中的权力。他说："中央的政治权威，要有中央的经济权威作基础。没有中央的经济权威，中央的政治权威是不巩固的。"②事实反复证明，在我们国家，只有经济手段而没有国家干预和中央权威，要想实施有效的宏观调控是很困难的。

江泽民同志在纪念陈云同志诞辰90周年座谈会上的讲话中指出，陈云同志"关于按照经济规律办事和进行必要的国家干预的观点，关于'无农不稳'、'无粮则乱'的观点，关于国民收入分配中积累和消费的比例要适当、一要吃饭二要建设的观点，关于中央应该集中必要的财力的观点，关于中央的政治权威要有中央的经济权威作基础的观点，关于要十分重视和认真对待社会上存在的各种消极现象、社会主义物质文明和精神文明一定要一起抓的观点，等等，对我国的社会主义现代化建设，都具有长期的重要指导意义"③。当前，改革开放正处

① 陈云. 陈云文选:第三卷[M]. 北京:人民出版社,1995:278.
② 陈云. 陈云文选:第三卷[M]. 北京:人民出版社,1995:366.
③ 《缅怀陈云》编辑组. 缅怀陈云[M]. 北京:中央文献出版社,2000:4.

于关键时期，我们应当把研究陈云经济思想与总结历史经验和研究新情况新问题更紧密地结合起来，像探寻和挖掘宝藏那样，从陈云经济思想这座丰富的思想宝库中尽可能多地汲取智慧和营养，以便使其发挥更加积极的作用。

陈云对计划与市场关系问题的思考①

计划与市场的关系问题是探索社会主义建设道路中的一个重大问题，也是社会主义经济体制改革中的核心问题。对于这个问题，陈云同志从20世纪50年代中期到90年代初，有过比较长期和比较深入的思考。我从1981年至1985年担任陈云同志秘书，那几年正是我国社会主义经济体制改革由酝酿到实行、由农村到城市、由局部到全面逐步展开的时期，使我得以就近观察和了解陈云同志关于这一问题的一些思考。下面，仅就我记忆所及和个人理解，谈一点有关情况和学习体会，供经济学界和党史国史界研究这个问题时参考。

一、关于"在计划经济下发挥市场调节作用"的提出

在我被调到陈云同志那里工作之前，就听说过"在计划经济下发挥市场调节作用"这一提法，而且知道这是由陈云同志首先提出的。例如，1979年4月中央工作会议上，李先念同志就是根据陈云同志的这个意见，在讲话中指出："在我们的整个国民经济中，以计划经济为主，同时充分重视市场调节的辅助作用。"② 1981年6月党的十一届六中全会通过的《关于建国以来党的若干历史问题的决议》中，也是根据陈云同志的意见，写上了："必须在公有制基础上实行计划经济，同时发挥市场调节的

① 本文是作者为纪念陈云同志诞辰95周年而写的文章，曾刊载于《党的文献》2000年第3期。收入本书时，作者略作修改。
② 李先念. 李先念文选[M]. 北京：人民出版社，1989：372.

辅助作用。"①然而，他曾就这一问题专门写过一份 2 000 余字共 6 条的提纲，却是在我调到他身边工作将近一年之后才知道的。

那是 1982 年 5 月的一天，陈云同志叫我到他办公室，把几张写满铅笔字的便条交给我，说这是他过去写的一个提纲，原来打算把它写成一篇东西，但现在没有精力写下去了，要我拿去收起来。我回去一看，讲的是计划与市场关系问题，便一口气看完。我看后感到非常兴奋，因为当时理论界、经济学界正在讨论这个问题，但还没有看到哪篇文章论述得像这份提纲这样透彻，理论和实际结合得像这份提纲这样好。我想，这么重要的东西不能压在我手里，要想办法把它发表出来，让它发挥作用。那时，中央书记处研究室正在编辑《陈云文选》，我便把复印件送给他们。他们经过研究，决定把它先拿到中共中央文献研究室专门发表党和国家领导人文稿的刊物《文献和研究》7 月出版的第 5 期上发表，题目就拟为"计划与市场问题"。中共中央文献研究室刚好在编辑《三中全会以来重要文献选编》一书，于是又决定把它收到那本书里。发表前，编辑部门要求注明文稿的写作时间，我问陈云同志，他说记不清了，反正是党的十一届三中全会前后写的。根据这一线索，我由那几张便条中夹着的一张也被用来当稿纸的台历判定，写作时间为 1979 年 3 月 8 日。后来听说，陈云同志在 1979 年初曾在小范围里讲过他这份提纲的意思，当时的中央办公厅研究室还内部做过传达。

这份提纲是我所知道的最早的以文字形式论述要在计划经济下发挥市场调节作用的文献，发表以后，果然在社会上引起了广泛关注和强烈反响。一位经济学家在文章中写道："（这）是新的历史时期关于计划与市场问题讨论的最初的重要文献。这篇重要文献，从一个重要方面，剖析了

---

① 中共中央文献研究室.三中全会以来重要文献选编:下[G].北京:人民出版社,1982:841.

原有经济体制的弊端，提出了经济体制改革的思路。"①

最近几年，我又从一些书刊中得知，李先念同志早在 1979 年 2 月 22 日听取中国人民银行工作汇报时就说，他同陈云同志谈过在计划经济前提下搞点市场经济作为补充的问题。他们的意见是："计划经济和市场经济相结合，以计划经济为主。市场经济是个补充，不是小补充，而是大补充。"②显然，这比陈云同志写那份提纲又早了一些时间。另外，李先念在 1978 年 9 月国务院务虚会上作总结讲话时说了一句："计划经济与市场经济相结合。"这句话虽然在会后印发的文件中没有写上，但当时在场的人听到了，而且记了下来，作了传达。有人写文章说，这个话"显然是从陈云 1956 年的三为主、三为辅脱胎而来的"③。据我分析，这个话本身就是由陈云同志提出、通过李先念同志讲出来的。由此判断，陈云同志提出计划经济与市场调节相结合这一概念的时间，比他写那份提纲至少要早 6 个月。

当然，正如前面所说，陈云同志对于计划与市场关系问题的思考，早在 20 世纪 50 年代中期就开始了。例如，他曾在 1954 年一次各大区负责人会议上讲到中国工业化特点时说："资本主义在盲目中依靠自然调节，能够相当地按比例发展；我们说按比例发展，是从长时间来算的；从短期看，只是力求建设与消费，重工业与轻工业之间脱节不要太远而已。"1956 年，他针对资本主义工商业社会主义改造后出现的新情况，在党的八大上提出了国家经营和集体经营为主、个体经营为辅，计划生产为主、自由生产为辅，国家市场为主、自由市场为辅的经济体制改革构想。这一构想虽然当时未能付诸实施，但却在 20 世纪 70 年代末 80 年代初发挥了作用。正如 1981 年第五届全国人民代表大会第四次会议通过的《政府工作

① 《陈云与新中国经济建设》编写组. 陈云与新中国经济建设[M]. 北京:中央文献出版社, 1991:376.
② 苏星. 论社会主义市场经济[M]. 北京:中共中央党校出版社,1994:57-58.
③ 谢春涛. 关于计划经济与市场经济的论争——吴敬琏访谈录[J]. 百年潮,1998(2):2.

报告》所指出的："陈云同志这个意见对于当前的改革仍然具有现实的指导意义。"①所不同的是，陈云同志在50年代用的是"自由生产""自由市场"这样的概念，而在70年代末用的是"市场调节"的概念。

　　这里还需要说明的一点是，"市场调节"和"市场经济"这两个词，陈云同志过去是混用的，都是指在计划经济下的市场调节。在前面提过的陈云同志那份提纲手稿中，这两个词都出现过。但提纲在发表前，党的十一届六中全会已经开过，十二大报告正在起草。六中全会通过的"历史决议"中用的是"市场调节"，十二大报告稿根据陈云同志后来的提法，也明确写上了"计划经济为主，市场调节为辅"②。所以，编辑部门为了统一提法，在征得他本人同意后，将手稿中的"市场经济"一词都改成了"市场调节"。以后，《陈云文选》（1956—1985年）在收入这份提纲时，也用的是"市场调节"。但提纲手稿的影印件却在1991年出版的《老一辈革命家手迹选》上发表了，那上面仍是"市场经济"。1995年《陈云文选》再版时，将改为"市场调节"的地方索性按手稿又改回了"市场经济"。为了说明这两个词在当时是混用的，还可举邓小平同志1979年11月26日与美国人吉布尼谈话的例子。在那次谈话中，邓小平同志说："社会主义为什么不可以搞市场经济，这个不能说是资本主义。我们是计划经济为主，也结合市场经济，但这是社会主义的市场经济。"③显然，邓小平同志在这里所说的市场经济，也是指在计划经济下的市场调节。它与我们现在正在建立的社会主义市场经济有联系，但并不是一个意思。

①　中共中央文献研究室. 三中全会以来重要文献选编：下[G]. 北京：人民出版社,1982:1029.
②　中共中央文献研究室. 十二大以来重要文献选编：上[G]. 北京：人民出版社,1986:22.
③　邓小平. 邓小平文选：第二卷[M]. 北京：人民出版社,1994:236.

二、关于"计划经济与市场调节相结合"的含义

在20世纪80年代初，我国经济学界通常将关于计划与市场关系问题的各种观点分为"板块说"和"渗透说"，而且一般倾向于把陈云同志的观点归于"板块说"。所谓"板块说"，是指把计划经济和市场调节视为整个经济中两个按照不同方式运行的部分，彼此之间像"板块"一样相互隔绝。所谓"渗透说"，是指把计划经济和市场调节视为经济运行中的两种调节手段，作经济计划时要运用市场经济中一些通行的原则，搞市场调节时也要依靠国家总的计划指导，彼此之间像水和土混在一起似的相互"渗透"。我认为，把陈云同志的观点理解为"板块说"是不错的，但只当作"板块说"也是片面的。应当说，在陈云同志关于计划与市场关系问题的思想中，既有"板块"的意思，也有"渗透"的意思；而且越往后，"渗透"的成分越多。

1956年资本主义工商业社会主义改造基本完成之后，陈云同志提出：在公私合营进入高潮的日子里，有些不该合营的合营了，不该合并的合并了，有些可以合并的也合并得太大了。小商店、摊贩、挑贩、修理服务行业中的个体户合营后，积极性会大为降低，给消费者造成很大不便，因此要让他们长期单独经营。工业、商业、服务业中的大厂大店，合营后没有了竞争，没有了利润刺激，只顾自己方便，不顾消费者需要，愿意生产大路货，不愿生产数量少而质量高的东西，因此，它们原有的生产经营方式要照旧维持不变。他还提出，对有些商品，要将过去的统购统销改为选购代销，工厂超产的部分允许自销，并且实行优质优价。他说："既要实行计划经济，管好市场，反对投机倒把，又不要把市场搞死。不走这条路，

我们又找不到其他更好的路。"①什么是好的出路呢？他在一次会上说过："苏联的生产无论大小一律纳入计划，我们可否来个大计划小自由，即在主要产品方面有计划，对次要产品搞自由市场。这种自由市场是国家市场的补充，不是资本主义无政府状态下的自由市场。总之，要适合中国的实际情况。"②到了党的八大，陈云同志将他的思考进一步系统化，完整地提出了超越苏联模式的适合中国情况的社会主义经济体制改革构想。从上述内容可以看出，在陈云同志当初的设想中，按计划的生产经营和按市场需求的生产经营虽然是两个部分，但按计划生产经营的部分必须充分考虑市场的需求；完全按市场需求生产经营的部分也不能离开国家总的计划，因为它"不是资本主义无政府状态下的自由市场"。

　　"文化大革命"中，陈云同志在下放江西和在家赋闲期间，重新阅读了《马克思恩格斯选集》《列宁全集》《斯大林文集》《毛泽东选集》，特别是逐字逐句通读了《列宁全集》中自1917年二月革命后至列宁逝世前的10卷，对社会主义社会计划与市场的关系问题有了更加深入的思考。这一思考的结晶便是1979年3月的那份提纲。从那份提纲中可以看出，陈云同志关于计划与市场关系问题的思想中，"板块说"的意思是非常明显的。例如，提纲中说："整个社会主义时期必须有两种经济：（1）计划经济部分（有计划按比例的部分）；（2）市场调节部分（即不作计划，只根据市场供求的变化进行生产，即带有盲目性调节的部分）。第一部分是基本的主要的；第二部分是从属的次要的，但又是必需的。"③这段话后面又写道："问题的关键是，直到现在我们还不是有意识地认识到这两种经济同时并存的必然性和必要性，还没有弄清这两种经济在不同部门应占的不同

①　陈云. 陈云文选：第二卷［M］. 北京：人民出版社，1995：335.
②　中共中央文献研究室. 陈云年谱（一九〇五——一九九五）：中卷［M］. 北京：中央文献出版社，2000：327.
③　陈云. 陈云文选：第三卷［M］. 北京：人民出版社，1995：245.

比例。"①但是，看过全文，计划与市场指两种手段的意思也是十分明显的。例如，他指出："六十年来，无论苏联或中国的计划工作制度中出现的主要缺点：只有'有计划按比例'这一条，没有在社会主义制度下还必须有市场调节这一条。所谓市场调节，就是按价值规律调节，在经济生活的某些方面可以用'无政府'、'盲目'生产的办法来加以调节。"②他举例说，解放初期，为了发展棉花，把1斤皮棉价定为8斤米价，结果棉花大发展。显然，这里讲的计划（发展棉花）就是通过价值规律的调节（1斤皮棉价定为8斤米价）来实现的。他还指出，不认识到社会主义时期存在计划经济和市场调节这两种经济的后果是：计划权力太集中；计划太死，包括的东西太多；计划时常脱节，计划机构忙于日常调度；地方对建设太热心，真正机动的财力太少；同志们对价值规律忽视，思想上没有"利润"概念，"是大少爷办经济，不是企业家办经济"③。这些论述表明，陈云同志所讲的计划经济与市场调节，同时含有"渗透说"的意思。

记得在陈云同志那份提纲发表前，一位领导同志给我打电话，说中央正组织一些人草拟新宪法，其中对于计划经济与市场调节的关系是这样描述的：国家计划要自觉利用价值规律，市场调节要在国家总的计划指导下进行。因此，他建议陈云同志将那份提纲中关于社会主义时期应当有计划经济和市场调节这两部分经济的提法修改一下。我向陈云同志报告后，陈云同志说他同意新宪法草案中对计划与市场关系的提法，如何把提法搞得更准确还可以继续研究，但是他那份提纲就不改了，因为提纲中虽然讲计划经济与市场调节是两个部分，但市场调节要在总的计划指导下进行，制订和落实计划也要运用价值规律的意思是明确的。以后，新宪法草案对这个问题的描述改为："国家在社会主义公有制基础上实行计划经济。国家

① 陈云. 陈云文选：第三卷[M]. 北京：人民出版社,1995:245.
② 陈云. 陈云文选：第三卷[M]. 北京：人民出版社,1995:244-245.
③ 陈云. 陈云文选：第三卷[M]. 北京：人民出版社,1995:246.

通过经济计划的综合平衡和市场调节的辅助作用，保证国民经济按比例地协调发展。"①党的十二大报告在谈到贯彻"以计划经济为主、市场调节为辅"的原则时，也使用了这一提法。此外，这个报告对于计划经济与市场调节的关系问题还有以下一些表述，即市场调节是"由国家统一计划划出一定的范围，由价值规律自发地起调节作用"；发挥市场调节作用"决不能忽视和放松国家计划的统一领导"；"无论是实行指令性计划还是指导性计划，都要力求符合客观实际，经常研究市场供需状况的变化，自觉利用价值规律，运用价格、税收、信贷等经济杠杆引导企业实现国家计划的要求"②。很清楚，这些表述既有"板块说"，也有"渗透说"。对此，陈云同志在事先审阅报告稿时都是同意的。

三、关于"以计划经济为主、市场调节为辅"的提法

"以计划经济为主，市场调节为辅"这句话，是陈云同志1981年底开始提出的。这一提法与陈云同志关于计划与市场关系问题的一贯思想完全一致，但与他过去提出的在计划指导下充分发挥市场调节的作用、把计划经济与市场调节相结合等提法相比较，显然有强调计划经济的意思。为什么在提法上会发生这种微妙的变化呢？要弄清这个问题，必须回到20世纪80年代初我国经济形势的大背景中。

党的十一届三中全会之后，中央根据陈云同志的建议，决定对国民经济采取"调整、改革、整顿、提高"的八字方针，用三年时间基本改变国民经济比例关系严重失调的状况。但到了1979年底，基本建设的总规模不仅没有压下来，相反财政收支逆差170.7亿元，出现新中国成立以来最大的赤字；外贸出口虽然比上年有所增加，但进口增加更多，逆差20亿

---

① 中共中央文献研究室. 十二大以来重要文献选编：上[G]. 北京：人民出版社,1986：222.
② 中共中央文献研究室. 十二大以来重要文献选编：上[G]. 北京：人民出版社,1986：22-23.

美元。到1980年底，财政、外贸继续保持巨额赤字，迫使两年增发货币130亿元，造成物价大幅上涨。正如邓小平同志在1980年12月中央工作会议上的讲话所说："十一届三中全会以后，陈云同志负责财经工作，提出了调整方针，去年四月中央工作会议对此作出了决定。但因全党认识很不一致，也很不深刻，所以执行得很不得力。"[1]而在妨碍调整的诸多认识中，有一种是没有摆正调整与改革的关系，在根据实际情况需要强调计划性和集中统一时，过分突出了市场调节和扩大自主权的作用。

针对这种认识，陈云同志在同一次会上指出："我们要改革，但是步子要稳。因为我们的改革，问题复杂，不能要求过急。改革固然要靠一定的理论研究、经济统计和经济预测，更重要的还是要从试点着手，随时总结经验，也就是要'摸着石头过河'。开始时步子要小，缓缓而行。这绝对不是不要改革，而是要使改革有利于调整，也有利于改革本身的成功。"[2]例如，经济体制改革的一个重要课题是如何发挥中央和地方两方面的积极性，陈云同志早在1978年底中央工作会议上《关于当前经济问题的五点意见》的发言中指出："要给各省市一定数量的真正的机动财力。"[3]可见，陈云同志是主张扩大地方财政自主权的。但是，一方面，在经济调整期间，中央财政有很大赤字，需要动用地方的财政结余予以弥补。另一方面，地方扩大自主权的改革不配套，缺少自我约束的机制，有了财政结余往往用于扩大基本建设投资，与压缩基建规模的调整目标相矛盾；更为严重的是，新中国成立初期中央财政占全国财政收入的百分之七八十，而1979年和1980年，这一比例下降为14%和16%，地方财政反而占到了80%多。因此，陈云同志提出，今后若干年，地方财政结余要冻结；一切机关、团体、部队、企业、事业单位当年的结余也不许动用，非

---

① 邓小平. 邓小平文选：第二卷[M]. 北京：人民出版社，1994：354.
② 陈云. 陈云文选：第三卷[M]. 北京：人民出版社，1995：279.
③ 陈云. 陈云文选：第三卷[M]. 北京：人民出版社，1995：237.

动不可的要经过批准。他说："像我们这样的国家没有这样一个集中是不行的，否则就会乱套，也不利于改革。"①

在那次会上，邓小平同志表示，他"完全同意陈云同志的意见，今后一段时间内，重点是要抓调整，改革要服从于调整，有利于调整，不能妨碍调整"。"在调整中实行高度的集中统一，是完全必要的。"②他还提出，1980年进行的扩大企业自主权的试点工作明年不再扩大；1979年7月决定在深圳、珠海等地试办经济特区的工作，在步骤和办法上服从调整，走慢一点。直到1989年政治风波之后，他在谈到要继续坚持计划经济与市场调节相结合时还指出："在调整时期，我们可以加强或者多一点计划性。"③

促使陈云同志强调计划的原因中，还有一个因素，就是在提出发挥市场调节的作用、为价值规律"恢复名誉"之后，一些同志产生了一些误解。一种观点认为，只要按照价值规律办事，就应当无条件地放开价格，使价格尽快符合价值，不必人为地搞什么补贴。另一种观点认为，只要按照价值规律办事，就不能再搞什么计划管理，对诸如农民种什么、企业发多少奖金、地方搞什么项目，统统不要管，否则就是"婆婆管媳妇"，就是"当顶门杠"。

针对第一种认识，陈云同志在1980年12月的中央工作会议上指出："现在的经济形势是开国以来少有的很好的形势。但要看到不利的一面。除了若干种国家规定的不准涨价的商品以外，许多商品都在涨价，涨价商品的面相当大，影响人民的生活。这种涨价的形势如果不加制止，人民是很不满意的。经济形势的不稳定，可以引起政治形势的不稳定。"④"按经济规律办事，这是一种好现象"，但是，"我们国家是以计划经济为主体

① 陈云. 陈云文选：第三卷[M]. 北京：人民出版社，1995：279.
② 邓小平. 邓小平文选：第二卷[M]. 北京：人民出版社，1994：362.
③ 邓小平. 邓小平文选：第三卷[M]. 北京：人民出版社，1994：306.
④ 陈云. 陈云文选：第三卷[M]. 北京：人民出版社，1995：277-278.

的。对许多方面，在一定时期内，国家干预是必要的。"①然后，他举了粮价、房价要补贴的例子。他说："从微观经济看，这是不合理的，似乎是不按经济规律办事。但我国是低工资制，如国家不补贴，就必须大大提高工资。""不补贴，大涨价，大加工资，经济上会乱套。从最后的经济结果看来，现在的办法，小的方面不合理，但是大的方面还是按经济规律办事的。"②1981 年 11 月，他在讨论五届全国人大四次会议《政府工作报告》稿的一次中央会议上又说："有些价格与价值背离了，应该符合起来。但在目前条件下，相当一部分产品的价格与价值不能不背离。比如，进口粮食要贴钱，这样可以换得市场稳定，给我们时间搞体制改革；又比如，我们解决了两千万人的就业问题，这样的事资本家绝不干，他们是用人越少越好，而我们必须这样做，这样做才能换来社会的安定团结。所以，补贴和广泛就业的办法是合乎实际的，从小的方面看不合理，从大方面看仍然是合理的。如果马克思活到现在，也会赞成这个办法。"后来，到了 1990 年，陈云同志在同中央负责同志谈话时，仍然强调："在我国，还是低工资、高就业、加补贴的办法好。这是保持社会安定的一项基本国策。""即使是发达的资本主义国家，对某些产品也是实行补贴的。""当然，通过改善经营管理，提高经济效益，可以逐步减少一些不合理的补贴，例如某些企业的亏损补贴，但要从根本上取消补贴是不可能的。"③

最近几年，我们根据变化了的情况，对国有企业提出了下岗分流、减员增效的方针，对粮食流通体制和医疗、住房制度也实行了力度比较大的改革。但是，在推动下岗分流、减员增效的同时，还实施了再就业工程，规定对复转军人和大学生仍由国家负责安置。这说明，下岗分流、减员增效目前所要解决的是产业结构不合理而造成的就业结构不合理的问题，是

①　陈云. 陈云文选：第三卷[M]. 北京：人民出版社，1995：278.
②　陈云. 陈云文选：第三卷[M]. 北京：人民出版社，1995：278.
③　陈云. 陈云文选：第三卷[M]. 北京：人民出版社，1995：376.

要改变人们传统的就业方式，并不是放弃了广泛就业的政策。粮食流通体制改革和医疗、住房制度的改革，一方面理顺了粮食购销价格，促进了各种福利的商品化货币化；但另一方面，对粮食收购却实行了保护价，对职工医疗、购房仍实行各种优惠，对下岗职工还规定了最低生活保障，也就是说，把过去对城市居民的补贴改为了对农民的补贴，把各种暗补改为了明补，并不是取消了补贴。要改变低工资、高就业、加补贴的办法，必须建立起完善的社会保障体系和高工资制度，把失业、养老、医疗保险和购房资金统统纳入工资，这在中国将会是一个很长的过程。因此，陈云同志说的一定时期内不可能完全按照价值规律办事，对某些产品和服务还需要国家财政补贴的意见，是从中国实际情况出发的，其精神至今并没有过时。

针对第二种认识，陈云同志着重说明改革开放与计划管理之间并不矛盾。他在 1980 年 12 月中央工作会议上的讲话中，从以下几个方面作了说明：

第一，引进外资要在国家基本建设投资计划许可的范围之内，如果突破，同样会造成收支不平衡，货币超量发行，物价上涨。他说："'资金不够，可以借外债'。这是打破闭关自守以后的新形势。""打破闭关自守的政策是正确的。今后在自力更生的条件下，还可以借些不吃亏的外债。"但是，外债中自由外汇很少，绝大部分是卖方贷款。"这种买机器设备的外债的使用，不决定于我们的主观愿望，而决定于国内有多少财政拨款用于配套。"[①]

第二，经济体制要解决中央统得过死的问题，要给地方一定的自主权，但一些较大的项目，上不上，在哪个地方上，必须放在全局下考虑，否则势必造成种种浪费和埋下隐患。他说："经济体制改革产生了前所未

---

① 陈云. 陈云文选：第三卷[M]. 北京：人民出版社,1995:276.

有的好作用，大大有利于经济形势的改善。""但是也出现了一些缺点：各地区盲目的重复建设，以小挤大，以落后挤先进，以新厂挤老厂。"①

第三，改革开放以后，国家既要搞建设，也要在人民生活方面解决一些属于"还账"性质的问题。例如，提高农产品收购价格，安排回城知识青年，提高职工工资，增加城市居民住房等。因此，必须区别轻重缓急，通盘考虑，统筹兼顾，不能想干什么就干什么。他说："好事要做，又要量力而行。""因为只能量力而行，所以有些好事不能一时就办到。有些好事，只能做，不登报。"②后来，他把这一原则概括为："一要吃饭，二要建设。吃光用光，国家没有希望。"也就是说，"人民生活改善的幅度不能大于生产增长的幅度。工资也好，奖金也好，对农民的补贴也好，都要有一定的限度"③。

第四，为了调动各方面的积极性，国务院改变了过去出口商品只能由国家外贸部门一家收购的办法，但各省区市、各部门为了有利于自己出口，不顾外贸部门的统一定价，竞相削价出口，造成中国货在国际市场上不正常的降价。他说："我们必须研究出一个既能出口又不贱卖的方案。总之一句话：'肥水不落外人田。'"④

第五，党的十一届三中全会提出要完整地执行"以粮为纲、全面发展"的农业生产方针，在经济上充分关心农民的物质利益，在政治上切实保障他们的民主权利，但这绝不等于农业发展可以不要计划，在作物种植面积上放任自流。他说："我们要发展经济作物，同时必须保证粮食的逐步增产。""不能因为发展经济作物而挤了粮食产量。粮食还是第一位。人不吃饭，牲口不喂料，是不行的。"⑤

---

① 陈云. 陈云文选：第三卷[M]. 北京：人民出版社，1995：278.
② 陈云. 陈云文选：第三卷[M]. 北京：人民出版社，1995：279-280.
③ 陈云. 陈云文选：第三卷[M]. 北京：人民出版社，1995：323.
④ 陈云. 陈云文选：第三卷[M]. 北京：人民出版社，1995：280.
⑤ 陈云. 陈云文选：第三卷[M]. 北京：人民出版社，1995：280-281.

关于农业特别是粮食生产问题，陈云同志后来又讲过多次。一次是1981年12月22日在省、自治区、直辖市党委第一书记座谈会上，他说："农业经济是国民经济重要的一部分。农业经济也必须以计划经济为主，市场调节为辅。""所以要提出这个问题，是因为实行各种生产责任制以后，似乎农业可以不要计划了。事实并不是这样。这个问题本来是清楚的，搞了生产责任制以后，包产到户以后，计划并不是不要了。"①接着，他举了大城市郊区必须种菜，养猪要规定任务，烟叶、棉花等经济作物的种植面积不能突破，粮食种植面积不能再减等几个例子。他指出："不能让农民自由选择只对他自己一时有利的办法。""总之，市场调节只能在这个范围内灵活灵活。""不这样做，八亿农民的所谓自由，就会冲垮国家计划。说到底，农民只能在国家计划范围内活动。只有这样，才有利于农民的长远利益，国家才能进行建设。"②

另一次是一个月之后，即1982年1月25日。那天是春节，按照惯例，中央领导人都要参加一项公开活动，以便新闻单位报道。陈云同志决定邀请国家计委的负责人到他家座谈，来的有国家计委主任姚依林、副主任宋平、柴树藩、李人俊、房维中。那次我也在场。陈云同志一开始就说："我今天要讲的是怎样坚持以计划经济为主、市场调节为辅的问题。"③在谈话快结束时，他又说："现在计划不受欢迎啊！所以今天大年初一，我就找计委几位主要负责同志来谈一谈这件事。""计委的工作难做呀！去年十二月我讲了那四点（指上文提到的在省、自治区、直辖市党委第一书记座谈会上的讲话——笔者注），主要强调计划经济，不强调不行。"④在谈话中间，他指出："农业搞了生产责任制以后，仍然要坚持上述原则，不能例外，如郊区要计划种菜，养猪要派任务，种烟叶的亩数不能增加了，

① 陈云. 陈云文选：第三卷[M]. 北京：人民出版社,1995:305.
② 陈云. 陈云文选：第三卷[M]. 北京：人民出版社,1995:306.
③ 陈云. 陈云文选：第三卷[M]. 北京：人民出版社,1995:309.
④ 陈云. 陈云文选：第三卷[M]. 北京：人民出版社,1995:310-311.

粮食播种面积不能减少了。人民的生活要提高，但国家只有那么多钱，这里摆多少，那里摆多少，都要有一个计划。"①

改革开放以后，粮食产量有了大幅度提高，但是由于流通环节不畅，丰收后往往出现卖粮难的情况。有的同志不加分析，误以为粮食问题过关了。针对这种认识，陈云同志多次指出："依我看来，中国的粮食并不多，每年还要进口1 000万吨。"1985年，他在党的全国代表会议上讲了6个问题，其中之一又是粮食生产问题。他说："现在有些农民对种粮食不感兴趣，这个问题要注意。""发展乡镇企业是必要的，问题是'无工不富'的声音大大超过了'无农不稳'。十亿人口吃饭穿衣，是我国一大经济问题，也是一大政治问题。'无粮则乱'，这件事不能小看就是了。"②

从以上情况可以看出，陈云同志在80年代初提出"以计划经济为主、市场调节为辅"，是有特定背景和一定针对性的。据我所知，他并不认为这个提法就是最合适的。1984年9月，当时的一位中央负责人给政治局常委写信，提出计划体制的四层意思：（一）中国实行计划经济，不是完全由市场调节的市场经济；（二）完全由市场调节的生产和交换，只限于小商品、部分农副产品和服务修理行业，它们在国民经济中只起辅助作用；（三）计划经济不等于指令性计划为主，指令性计划和指导性计划都是计划经济的具体形式；（四）指导性计划主要用经济手段来实现，指令性计划也必须运用价值规律。他认为"计划第一，价值规律第二"这一表述并不确切，今后不宜继续沿用。陈云同志给这位负责人回信，表示"关于计划体制的四层意思，合乎我国目前的实际情况"③。不久后，党的十二届三中全会召开，讨论通过写有这四层意思的《中共中央关于经济体制改革的决定》（简

---

① 陈云. 陈云文选：第三卷［M］. 北京：人民出版社，1995：309.
② 陈云. 陈云文选：第三卷［M］. 北京：人民出版社，1995：350.
③ 中共中央文献研究室. 陈云年谱（一九〇五一一九九五）：下卷［M］. 北京：中央文献出版社，2000：360.

称《决定》）。会前，陈云同志听到有人讲"以计划经济为主、市场调节为辅"的提法不太确切，还是用《宪法》上那句"国家通过经济计划的综合平衡和市场调节的辅助作用，保证国民经济按比例地协调发展"的表述好。他对我说，"这样可以"，并要我按照他的意思，起草了他在会上的书面发言稿。他在书面发言中明确指出，《决定》"对计划体制改革的基本点所作的四点概括，完全符合我国目前的实际情况。现在，我国的经济规模比五十年代大得多，也复杂得多。五十年代适用的一些做法，很多现在已不再适用。……如果现在再照搬五十年代的做法，是不行的。即使那时，我们的经济工作也是按照中国的实际情况办事的，没有完全套用苏联的做法"①。

以后，陈云同志在1985年9月党的全国代表会议上的讲话中又用过一次"计划经济为主，市场调节为辅"的提法。但我理解，这并不表明陈云同志改变了对计划经济体制改革那四点概括的看法，相反，就在那次讲话中他说："当然，计划包括指令性计划和指导性计划。两种计划方法不同，但都要有计划地运用各种经济调节手段。"②既然如此，他为什么又要使用"计划经济为主"的提法呢？我认为，这是因为当时又出现了建设项目乱上、货币发行过量、外汇储备下降、物价指数上涨、宏观经济失控的局面，财政收支、银行信贷、外贸进出口以及基础产业与加工产业、农业与工业之间的比例关系又有失调的倾向。他认为，这些都是由于忽视计划、不按计划办事造成的。而"计划是宏观控制的主要依据。搞好宏观控制，才有利于搞活微观，做到活而不乱"③。

有一次，陈云同志对我说："所谓有计划，就是要按比例。问题不在于计划是不是指令性的，而在于是不是做到按比例。不按比例，经济有计划也会搞乱。就计划按比例来说，资本家比我们搞得好。"所以，照我

---

① 陈云. 陈云文选：第三卷[M]. 北京：人民出版社,1995:337.
② 陈云. 陈云文选：第三卷[M]. 北京：人民出版社,1995:350.
③ 陈云. 陈云文选：第三卷[M]. 北京：人民出版社,1995:350.

看，每当陈云同志强调计划时，他所要表达的意思是要防止国民经济重大比例的失调，防止宏观经济的失控和混乱。我认为这是当时他强调"以计划经济为主"这句话的要点和实质。

陈云同志在强调计划工作重要性的同时，还十分重视计划工作本身的改进和计划工作人员自身素质的提高。他一向反对那种统得过死、包括东西过多的所谓"计划"。在他看来，计划不应当是凭主观意志去规定各种指标和速度，而应当按照客观经济规律和实际情况，把主要精力用于研究和管好工业与农业、先行工业与加工工业、钢铁工业与机械工业、钢铁工业内部、基本建设与财力物力、人民购买力与物资供应、货币需要量与实际流通量、财政收入在国民收入中的比重、中央财政收入在全国财政收入中的比重等国民经济的重大比例关系，使经济协调发展。他在 1982 年春节座谈会上的讲话中说："在我们的企业里头，应该是有计划的。产品有没有销路，原料从哪里来，都计算好了，才经营得好。……就这点讲，资本主义企业里头相当有计划。"[1]他还说："我过去讲，'瓜皮帽，水烟袋'，旧商人中有一种人专门考虑'战略性问题'。我们现在的经济机关，不大考虑这方面的问题。我们要有这样的战略家。计委就是要管这样的事情，有先有后，有重有轻。哪是重点，哪是轻点；哪些先办，哪些后办，这些问题计委要考虑。"[2]1984 年 3 月中国计划学会成立，他写信表示祝贺，指出："我们搞计划经济已经 30 多年，不能说没有经验。经验应该好好总结，肯定和发挥成功的方面，否定和改正失败的方面。以计划经济为主、市场调节为辅，这是总的原则，要具体化。形成有中国特色的社会主义的计划管理体制，还需要解放思想，实事求是，继续探索，扎实工作。"同月，陈云同志还约请时任电子工业部部长的江泽民同志和几位专业技术人员到他家，了解有关我国集成电路和电子计算机的生产应用情况，观看

---

① 陈云. 陈云文选：第三卷[M]. 北京：人民出版社,1995:309.
② 陈云. 陈云文选：第三卷[M]. 北京：人民出版社,1995:310.

用电脑处理文件的演示。他在谈话中指出：电子计算机的出现，其他领域新技术的出现，给财经干部包括计划工作干部提出了知识更新的任务。他说："大多数的财经干部还没有看到这个任务的紧迫性。"①现在，计划工作部门和财政、金融部门都已做到了电子计算机化，有的还已联网，这不能不说同陈云同志当年的呼吁有很大关系。

四、关于"鸟"与"笼子"的比喻

1982年11月，陈云同志针对在搞活经济中出现的摆脱国家计划的倾向，提出了"鸟"与"笼子"的著名比喻。这一比喻，是陈云同志关于计划与市场一贯思想的一个新的表述。消息披露后，引起了海内外的广泛关注。境外一些别有用心或望文生义的人借机鼓噪，说这是要走回头路，是反对改革，是保守，并给这一比喻起了个名字，叫"鸟笼经济"。境内有少数人不假思索，鹦鹉学舌，竟然也跟着批起所谓"鸟笼经济"来。但广大财经干部和严肃的经济学家，甚至一些海外的学者，却认为这一比喻生动而深刻地反映了计划与市场在经济发展中的应有的关系，从中受到了很大启发。正如刘国光教授在一篇文章中所说："党的十一届三中全会以后，陈云同志进一步阐发了计划经济与市场调节相结合的思想，把计划与市场的关系形象地比喻为笼子与鸟的关系，引起中外人士广泛的研究兴趣。"②高鸿业教授在一篇专门谈陈云同志"鸟"与"笼子"比喻的文章中也说，这一比喻"在世界上受到重视，外电曾多次加以报道，即使在报道他去世的消息时，有的外电也特别提到这一比喻"。③

其实，"鸟"与"笼子"的比喻并不是由陈云同志所发明的，而是黄

---

①　朱敏之,徐心华. 陈云同志指出要集中力量把电子工业搞上去 我国财经干部必须更新知识[N]. 人民日报,1984-03-04(1).
②　刘国光. 学习陈云同志的经济论著[N]. 人民日报,1990-09-14(5).
③　朱佳木. 陈云和他的事业:上[M]. 北京:中央文献出版社,1996:452.

克诚首先提出的。那是在党的十二大召开前夕，陈云同志请黄克诚等同志来谈有关中纪委工作的问题。谈完工作后，黄克诚向陈云同志反映了走私、逃税以及乱上项目、乱涨价等经济犯罪猖獗和经济秩序混乱的情况，表达了自己的忧虑心情。他说："要把经济搞活，不能再像过去那样搞死，但搞活不能没有秩序。这就好比一只鸟，不能捏在手里，捏在手里它就死了，要让它飞。但要让它在笼子里飞，否则它就飞跑了。"陈云同志当时没有说什么，但过了两个月，在听取宋平、柴树藩关于全国计划会议和当前经济情况的汇报时，用了这个比喻。他说：搞活经济是对的，但必须在计划的指导下搞活。这就像鸟一样，捏在手里会死，要让它飞，但只能让它在合适的"笼子"里飞，没有"笼子"，它就飞跑了。"笼子"大小要适当，但总要有个"笼子"。①

又过了半个多月，陈云同志出席中央政治局会议，就搞活经济问题作了长篇发言。他首先回顾了五六十年代，在公私合营和包产到户问题上的经验教训，充分肯定了改革开放以后在各方面实行的责任制，说打破"大锅饭"是一场革命，意义不下于公私合营，使各方面都搞活了。然后，他重复讲了在听取宋平、柴树藩汇报时提出的鸟与笼子的比喻，只是在讲到"笼子"大小要适当时，增加了"不一定一个省就是一个'笼子'，'笼子'也可以大到跨省跨地区"的话；还说："我们的'笼子'——五年计划和年度计划，也是要经常调整的。"

又过了一个月，也就是1982年12月，五届全国人大五次会议召开，上海代表团部分同志要与陈云同志座谈。事先，陈云同志要我起草一个谈话稿，我便根据他在此前几次内部谈话、批示、发言的精神，写成了一个初稿，其中包括鸟与笼子的比喻。审阅初稿时，陈云同志在"笼子"大小要适当，可以跨省跨地区这句话的后面，亲笔加上了16个字："甚至不一

---

① 中共中央文献研究室. 陈云年谱(一九〇五——九九五)：下卷[M]. 北京：中央文献出版社，2000：309.

定限于国内，也可以跨国跨洲。"①

上述情况说明，陈云同志对这一比喻是非常慎重的，在表述上也是力求准确和完善的。他所说的"笼子"，绝不像一些浅薄轻浮的评论家想象的那样，真的像鸟笼那样狭小而固定，相反，是有广阔天地的，是可以伸缩的。人们只要不带偏见便不难发现，这一比喻实际是陈云同志对计划与市场关系问题思考的进一步深化，比"以计划经济为主、市场调节为辅"的提法又有发展，是更加积极的而不是消极的。这一比喻虽然侧重点在于计划的指导作用，但它的出发点和归宿都是要搞活经济。

搞活经济，可以说是陈云同志一直寻求的境界，是他主持财经工作以来一直奋斗的目标。1983年，当时的中央书记处研究室要把他1956年6月在一届全国人大三次会议上提出对一部分商品由统购包销改为推销和选购的那篇讲话收入一本即将出版的书中，征求他的意见。陈云同志表示同意，但要编辑部门在这篇讲话前加一个按语，说明："采取'选购'的办法，在当时还只是个设想，实际上并没有做到。因为那时可供商品少，不像目前市场上许多商品供应充裕。只有出现了买方市场，才说得上真正的'选购'。"②就在前面提到的与上海代表团的那次谈话中，陈云同志高度评价了十一届三中全会以来所实行的搞活经济的政策后说："现在百货商店里的东西多得很，'卖方市场'正在变成'买方市场'。群众把票子拿在手里，好的就买，不好的就不买。这么好的形势，很久以来没有见过。"③在谈到外地一些轻纺企业学了上海的技术后，产品反过来进入上海市场，挤上海的产品一事时，陈云同志表示："这是好事，不要用行政措施去阻挡，上海要接受这个挑战，迎上去和它们竞争。"④他当时提出了两个竞争

---

① 陈云. 陈云文选：第三卷[M]. 北京：人民出版社，1995：320.
② 中共中央文献研究室. 陈云年谱（一九○五——一九九五）：下卷[M]. 北京：中央文献出版社，2000：327.
③ 陈云. 陈云文选：第三卷[M]. 北京：人民出版社，1995：320.
④ 陈云. 陈云文选：第三卷[M]. 北京：人民出版社，1995：319.

的办法，一是"加强技术改造，提高质量，降低成本"；二是"搞小批量生产，增加花色品种，使产品迅速适应市场变化的需要"①。在那次谈话中，他还指出："我们有些地方是大少爷办企业，没有时间概念，没有利润概念。……搞经济工作，没有时间概念，没有利润概念，是不行的。"②可见，陈云同志提出要有"笼子"，并不是不要搞活经济，相反，是要把计划与市场都作为实现搞活经济的手段。

关于陈云同志的这一思想，从他以往说过的话和写过的东西中也可以看得很清楚。例如，在1979年3月那份提纲中，陈云同志写道："在今后经济的调整和体制的改革中，实际上计划与市场这两种经济的比例的调整将占很大的比重。不一定计划经济部分愈增加，市场经济部分所占绝对数额就愈缩小，可能是都相应地增加。"③在那份提纲发表之后，有一天他叫我去，说他对计划与市场的关系问题又有了新的考虑，写出一个提纲，并把稿子拿给我看。他说："对这个问题，要站在历史唯物主义和辩证唯物主义的高度看。历史上的生产从来是盲目的、'无政府'的，直到进入了社会主义社会之后才有了计划。现在计划经济和市场调节都要向广度和深度发展，广要广到国外，深要深到每个人的劳动。实行岗位责任制，多劳多得，少劳少得，就是计划经济与市场调节深入到每个人劳动的体现。"他说，对这个问题他还要再想想，然后找人来谈谈。后来，他虽然没有专门就这个问题再找人谈过，但却提出过各方面都要大搞劳务出口；对外开放不仅要吸引外国人来投资，也可以到国外投资办厂；应该奖勤罚懒，对工作表现不好的，扣奖金不解决问题，还可以除名留用，发给最低的生活费等意见。特别是在1982年12月那次谈话中，他将"笼子"的范围已经扩大到"跨国跨洲"。我认为，这些都可以看作是他关于计划经济与市场

① 陈云. 陈云文选：第三卷[M]. 北京：人民出版社,1995:319.
② 陈云. 陈云文选：第三卷[M]. 北京：人民出版社,1995:319-320.
③ 陈云. 陈云文选：第三卷[M]. 北京：人民出版社,1995:247.

调节向广度和深度发展这一思想的具体化。

既然陈云同志对于"笼子"的解释大到了"跨省跨地区",甚至"跨国跨洲",那他为什么还非说得有个"笼子"不可呢?这个"笼子"指什么?起什么作用?我理解,所谓"笼子",就是人们常说的宏观控制。鸟要在笼子里飞,就是说经济搞活不能没有宏观控制。比如,党的十二大报告根据邓小平同志的意见,提出在到20世纪末的20年时间里,工农业总产值力争翻两番;又根据陈云同志的意见,提出为了实现20年的奋斗目标,在战略部署上要分两步走。前十年主要是打好基础,后十年要进入新的经济振兴时期。但会议开后不久,一些地方和部门就纷纷制订提前翻番的计划,出现了乱铺摊子的苗头。如果任其发展,国民经济各种重大比例关系肯定又会失调,经济想活也活不起来。试想,各地把产值高、利润高的钢厂、化工厂、电视机厂、啤酒厂等建得很多,但电跟不上,铁路、公路、通信跟不上,大家势必会挤来挤去,相互掣肘,谁也跑不起来。而且,这些企业今后一旦形成规模生产,很可能会出现产品过剩的问题。另外,对科学、教育不投资,也难以保证经济发展的后劲。所以,陈云同志在与上海代表团的谈话中指出:"急于求成,把本来应该放在后十年办的事也勉强拿到前十年来办,在'六五'和'七五'期间乱上基本建设项目,那末,经济又可能出现混乱,翻两番的任务反而有可能完不成。"[1]他说,由中央适当集中一笔资金,加强能源、交通、运输和科学、教育等薄弱环节,保证重点项目的建设,这是大革命、大建设。"地方上的小革命、小建设也要搞,但必须以大革命、大建设为主,这也就是局部服从全局。"[2]无疑,这些要求都是对经济建设的宏观控制,也可以说是"笼子"。要实现搞活经济,没有这样的"笼子"是不行的。

今天,计划在管理经济中的作用和过去不同了,但这不等于国家因此

---

① 陈云. 陈云文选:第三卷[M]. 北京:人民出版社,1995:318.
② 陈云. 陈云文选:第三卷[M]. 北京:人民出版社,1995:319.

就可以不再要宏观调控，可以放弃管理了。国家还有年度计划和长远规划，还有各种产业政策，重大项目还要拿到国家发展和改革委员会经过综合平衡后审批，这些不都是"笼子"吗？没有"笼子"，不合理的重复建设问题就永远解决不了。另外，市场经济也是法治经济，法律、法规严格说起来也是"笼子"。没有任何制约，想怎么干就怎么干，偷税漏税、假冒伪劣、欺诈贿赂和走私贩私就会成风，有人就会把国有资产包括国有企业在海外的投资化为己有，席卷而逃。那样，"鸟"是飞起来了，但却飞跑了，不是同样达不到搞活经济的目的吗？

20世纪30年代初期以来，西方资本主义国家开始对经济实行国家干预，运用财政和货币政策，从宏观上调控经济运行，以解决资本主义市场经济所带来的周期性危机。从那以后，政府与市场在资源配置上的关系问题便成为西方经济学界的热门话题。总之，既要把经济搞活，又要在宏观上管住，这是现代经济管理上的一门大学问，而鸟与笼子的比喻恰恰抓住了这门学问中最本质的东西。我想，这恐怕是一些西方学者对这一比喻如此感兴趣的原因所在吧。

党的十四大在总结经济体制改革14年的经验后，认为"原有经济体制有它的历史由来，起过重要的积极作用，但是随着条件的变化，越来越不适应现代化建设的要求"[①]。因此，大会确定把建立社会主义市场经济体制作为改革的目标，使市场在社会主义国家宏观调控下对资源配置起基础性作用。这是完全符合我国已经变化了的经济规模和物质基础的，也是符合改革开放以后出现的经济形势和人们的思想状况的。但与此同时，江泽民同志在十四大报告中也把十一届三中全会以来诸如"计划经济为主、市场调节为辅""计划经济与市场调节相结合"等提法，作为在认识和处理计划与市场关系问题上逐步摆脱传统观念、形成新的认识的过程，指出

---

① 中共中央文献研究室. 十四大以来重要文献选编：上[G]. 北京：人民出版社，1996：3.

它们都"对推动改革和发展起了重要作用"①。十四大报告中还强调:"要看到市场有其自身的弱点和消极方面,必须加强和改善国家对经济的宏观调控。"要"运用好经济政策、经济法规、计划指导和必要的行政管理,引导市场健康发展"。要"更好地发挥计划和市场两种手段的长处。国家计划是宏观调控的重要手段之一"。"计划与市场两种手段相结合的范围、程度和形式,在不同时期、不同领域和不同地区可以有所不同。"②另外,他还指出:"要坚持从实际出发,注意量力而行,搞好综合平衡,不要一讲加快发展,就一哄而起,走到过去那种忽视效益,片面追求产值,争相攀比,盲目上新项目,一味扩大基本建设规模的老路上去。"③这些都说明,陈云同志关于计划与市场关系问题的思考,虽然受到历史条件的限制,有些已经被突破,但其总的精神不仅具有历史意义,而且直到今天仍然具有很强的现实意义。

在建立和完善社会主义市场经济体制的过程中,我们面临种种问题,需要进一步探索。回顾陈云同志关于计划与市场关系问题的思考,对于我们进一步解决好在建立和完善社会主义市场经济体制中遇到的问题,肯定是有意义的。

---

① 中共中央文献研究室. 十四大以来重要文献选编:上[G]. 北京:人民出版社,1996:18.
② 中共中央文献研究室. 十四大以来重要文献选编:上[G]. 北京:人民出版社,1996:19-20.
③ 中共中央文献研究室. 十四大以来重要文献选编:上[G]. 北京:人民出版社,1996:17.

陈云的对外开放思想

当前，我国经济的对外开放度、依存度、融合度越来越高，全面提高开放型经济水平和抵御国际经济风险能力的紧迫性越来越强。在这个大背景下研究陈云对外开放思想，显得尤其必要，现实意义更加突出。下面，我仅就如何正确研究陈云对外开放的思想，谈几点意见。

一、要把陈云的对外开放思想放到陈云经济思想的整体中研究

陈云对外开放思想是陈云经济思想的一个组成部分，或者说是陈云经济思想在对外经济工作方面的体现。我们要认识陈云对外开放思想，首先要从总体上把握他的经济思想。

陈云经济思想有几个要点。第一，经济建设的最终目的是提高人民的生活水平和国家的综合国力。这个思想体现在对外贸易上，就是要以我为主，注重提高自主创新的能力。第二，经济建设的出发点是我国的基本国情，是各方面的客观实际。这个思想体现在对外经济交往上，就是要知己知彼，互通有无，量力而行。第三，经济建设的理想状态是综合平衡，按比例发展，做到稳步前进。这个思想体现在对外经济关系上，就是外贸要平衡，外汇要平衡，外债要平衡，引进和国内配套要平衡。第四，经济建设的基本原则是既要微观搞活，又要宏观控制，做到活而不乱。这个思想体现在对外经济工作中，就是既要调动各方面积极性，又要防止内部无序竞争和对外投资失控。

所以，我觉得研究陈云对外开放思想，不能就对外谈对外，而要把他的对外开放思想与他的经济思想联系起来研究。否则，有可能会把握不住

他的对外开放思想的全貌和真谛。

二、要把陈云的对外开放思想与它形成的历史背景和陈云的思想特点联系起来研究

陈云从陕甘宁边区到东北解放区，再到新中国成立，在党中央领导集体中长期分管财经工作，加上他一贯倡导和身体力行"不唯上、不唯书、只唯实，交换、比较、反复"的思想路线和思想方法，使他的主要精力从来是放在观察和解决每个时期经济工作中出现的实际问题，尤其是那些带有倾向性的问题和有可能成为倾向性的问题上。正是这个背景和特点，决定了他的对外开放思想具有很强的前瞻性、务实性和稳妥性。比如，当人们不大注意对外开放，甚至有人反对对外开放的时候，他会比较多地强调打破框框、解放思想，提倡研究世界经济，大胆进行对外经济交流；但当人们已经普遍认识到对外开放的意义，对外开放已经不再成为问题，甚至有人忽略对外开放中出现的负面影响时，他往往会比较多地强调要头脑清醒、处事谨慎，提醒人们注意对外开放中已经出现和可能出现的问题。如果不了解他思想形成的这个背景和他思想的这个特点，就有可能要么认为他在对外开放问题上不积极、不热情，思想偏于保守，要么总想在他的讲话中找出强调对外开放的言论，以为只有这些才是他的对外开放思想。所以，研究陈云的对外开放思想，首先要了解陈云的经历，了解他有关论述的具体背景和他的思想特点，把他的思想放在特定的历史条件下来分析。

20世纪50年代初，我国开始进行大规模工业化建设。由于当时没有经验，加上以美国为首的帝国主义国家对我们采取仇视态度和封锁政策，因此只能向苏联寻求援助，提出向苏联学习的口号。起初，陈云针对党内在这个问题上认识不足的情况，较多地强调要老老实实地学，虚心听取苏联专家的意见。但当全国掀起学习苏联的高潮后，他又强调学习一定要结

合中国的具体情况，不能照搬照套。比如，他主持的1954年新币发行工作，就和苏联的做法很不一样。毛主席就讲过，苏联关于"财经方面有些建议，陈云不学"。[①]

20世纪50年代末，我国国民经济发生严重困难，粮食供应紧张，需要进口一些粮食。但是，一来"大跃进"时期搞浮夸，对外宣布我国粮食过关了；二来我们同西方尚处于冷战状态，宣传"不吃嗟来之食""吃进口粮是修正主义"。在这个背景下，提出从西方国家进口粮食是一个敏感问题，是要冒政治风险的。那时，陈云因为反"反'反冒进'"和"大跃进"，已经被划入右倾保守一边，在政治上受到冷遇。然而，他不顾个人荣辱，于1960年底，通过粮食部向中央提出进口粮食的建议。粮食部很快给分管财贸工作的副总理李先念写出报告，李先念随即给毛泽东、周恩来等写信，提议进口12亿斤粮食。周恩来批示照办，毛泽东批示进口20亿斤更好。此后，陈云同周恩来商量，确定从加拿大、澳大利亚进口75亿斤。1961年8月，陈云又当面向毛泽东建议从法国转口购买美国小麦，在得到同意后，使我国1961年至1965年，平均每年进口粮食100多亿斤，为当时缓解粮食困难、保证市场稳定、恢复农业生产发挥了重要作用。后来，陈云鉴于农村粮食征购的压力太大，在很长时间里一直强调要进口粮食，而且主张尽可能多进口一些。党的十一届三中全会前的中央工作会议，他甚至提出今后三五年内，每年进口2 000万吨粮食（合400亿斤）的大胆建议，对十一届三中全会后农业的迅速恢复和市场的初步繁荣起了重要作用。

从西方国家进口粮食需要硬通货，这就涉及向西方国家出口的问题。为此，陈云十分关心外贸工作。他主张，要在国际市场取得竞争胜利，必须使商品有质量和价格的优势，并要允许有时先赔钱，要建立出口商品生

---

① 中共中央文献研究室. 毛泽东传（1949—1976）：上［M］. 北京：中央文献出版社，2003：474.

产基地，要有严格的质量检验制度，包换包退，树立良好信用和信誉。他指出，外贸要算大账，也要算小账，不能只想大进大出，该大则大，该小则小，打掉"官商"习气。

"文化大革命"后期，周总理要陈云协助他抓外贸工作。那时，"左"的指导思想仍占上风，把利用资本主义信贷、"三来一补"、进口国外先进设备等，统统说成是违背自力更生方针，大批所谓"洋奴哲学"；有人还把外贸中利用资本主义国家的交易所说成是参与资本家的投机买卖，把出口工艺品采用中国古代和西方历史文化题材说成是宣扬"四旧"和"封资修"。面对这种"左"的思潮，陈云指出，现在外贸已由过去75%面向苏东，变为75%面向资本主义国家，因此必须研究资本主义；不要把自力更生与利用资本主义信贷对立起来；资本主义的交易所有两重性，我们应当利用；"三来一补"的实质是利用国内丰富的劳动力，为国家创汇；进口设备附带进口零配件是为了减少损失，不是"洋奴"；出口工艺品是做生意，要适应客户需要，这与宣传什么无关。

粉碎"四人帮"后，国内"左"的思潮受到批判，但经济上又出现了急于求成的"洋跃进"，造成盲目同国外签约，急于进口设备和借贷。针对这种情况，陈云反过来强调，对外债要分析，自由外汇很少，而买方信贷则要考虑国内的配套能力和偿还能力。他指出，借外债是打破闭关自守以后的新形势，利用外资和引进技术是当前一项重要政策措施，现在谁也不反对借外债，但自1970年以来的基本建设战线已经太长，需要调整，如果继续靠买方贷款上新项目，势必扩大基本建设投资，进一步加剧经济比例的失衡。他提醒干部，国际市场现在是买方市场，只要国际关系不发生大变化，这种有利条件不会失掉；外国资本家也是资本家，对他们不要太天真，要在欢迎中有警惕。

20世纪80年代初，外贸实行体制改革试点，工业企业和各省区市都争外贸自主权，形成多头对外、削价竞销、只顾外汇、不计成本的局面。

当时的外贸部部长向陈云汇报，反映外贸工作内部打乱仗的情况。陈云听后说，改革的最终目的是给国家增加外汇，如果适得其反，就可以考虑"走两年老路，略加改良"①，看看哪种办法好。"肥水不落外人田"就是他在那次谈话中提出来的。后来，他在外贸体制改革的报告上批示："既要调动各方面的积极性，又要坚持统一对外，这是外贸体制改革必须坚持的一条原则。"②

1980年，中央决定在深圳等四个毗邻港澳台的沿海城市试办经济特区。陈云当时已是中央政治局常委，参与了这项重大决策。但当一些同志忽略了这几个城市的特殊条件，提出在其他城市，甚至整个省都要办经济特区的意见时，陈云明确表示不赞成，指出经济特区要办，但第一位的任务是总结经验；特区有有利的方面，也会带来一些副作用，如外币打击人民币等；其他地方可以搞来料加工、合资经营，但不要再搞特区，尤其不能把整个省都变成特区。后来，中央根据邓小平的建议，考虑开放14个沿海城市，并委托谷牧向正在外地休养的陈云汇报，听取他的意见。他表示同意开放这14个沿海城市，同时就特区建设的问题提出两点需要注意的问题。第一，要有"拳头"产品，不能总是来料加工；第二，要掌握好来料加工产品的内销比例。他说，特区现在还没有"拳头"产品；对来料加工产品，国内市场要让出一些，但一定要保护我们自己必须发展而且正在发展的东西，使自己的东西一步一步地进步，不要被外面进口的挤掉了，比如发电机组。他还用家乡话说，"癞痢头的孩子还是自己的好"。

那次谈话，陈云特别提到特区货币问题。当时特区一些同志考虑开发资金不足，强烈要求允许他们自己发行货币，学术界也有人造这种舆论。对此，陈云说，一个国家不能同时搞两种货币，否则势必扰乱金融秩序，

① 中共中央文献研究室. 陈云年谱：下卷[M]. 修订本. 北京：中央文献出版社，2015：390.
② 陈云. 陈云文集：第三卷[M]. 北京：中央文献出版社，2005：539.

"优币驱赶劣币"①是货币的客观规律，如果一定要发特区货币，发行权必须集中到中央，而且不允许特区货币在内地流通。后来，主张搞特区货币的同志觉得如果发行权在中央，又不能在内地流通，再搞特区货币的意义就不大了，所以撤回了原来的要求。

改革开放后，陈云除了把注意力放在纠正对外开放问题的偏向上，也从正面提出过一些重要的建议，"走出去"就是陈云最先提出的。那是1984年夏天，时任国家计委主任宋平、副主任柴树藩来向他汇报首钢打算从拉美国家进口美国二手设备建新基地的事。谈话中，他表示，开辟新基地要同老基地改建扩建进行比较，旧设备中有些跟水泥连在一起的东西不能用了，因此，可以考虑向国外要倒闭的企业投资，搞合营。接着，他指出："对外开放不一定都是人家到我们这里来，我们也可以到人家那里去。"②随后，他又在外贸部门的一个材料上批示，同意利用美国"加勒比海发展计划"的有利时机，向该地区投资办厂，以享受向美国出口免税的政策。他的这些主张，进一步打开了人们对外开放的思路，逐渐形成了后来被称作"走出去"的大战略。

总之，只要了解了陈云对外开放思想的历史背景和陈云思想的特点，就会看到陈云关于对外开放方面的论述，无论是从正面提出的，还是从反面提出的，都是积极的，都是以坚持对外开放为前提的，目的都是搞好对外开放，使对外开放朝着健康的方向发展。

三、研究陈云的对外开放思想要注重领会它的精神实质

陈云关于对外开放的论述，在不同时期、不同背景，针对不同问题，会有不同的侧重点。但论述重点无论怎么变化，都离不开一个核心、一条

---

① 这一规律最早是由16世纪英国财政大臣格雷欣提出的，当时的表述是"劣币驱逐良币"。
② 陈云. 陈云文集：第三卷[M]. 北京：中央文献出版社，2005：537.

红线，那就是解放思想、实事求是，就是内外协调、平衡发展，就是稳中求进、活而不乱，就是取长补短、做强自己。这是他对外开放思想的精髓，是最根本的东西。具体讲，我认为陈云对外开放思想的核心、精髓，主要表现在对以下四个关系的处理上。

（一）大胆开放与循序渐进的关系

改革开放初期，陈云反复强调引进外资要慎重。之所以如此，一是因为那时面临的主要任务是调整国民经济，在重大比例关系没理顺之前一味引进外资，只会使比例失调的状况进一步加剧；二是那时的干部绝大多数没有同外国企业打过交道，缺少国际经贸的知识和对外交往的经验，许多人仍然习惯于把来华投资的外国人都当成国际友人，在谈判中头脑不清醒，很容易上当受骗。另外，还有一个原因，就是陈云自己年轻时在旧上海当过店员、从事过地下斗争，对资本主义经济的运作方式比较了解。新中国成立后，他领导财经工作，又研究了世界资本主义经济，深知市场经济和国际经济的复杂性、周期性、风险性。今天，国际国内经济形势、干部队伍状况，与那时相比都发生了很大变化。但国际经济的复杂性、周期性、风险性依然存在，国内经济也面临加快转变增长方式的任务，干部队伍也有知识不断更新的问题。在这种情况下，陈云关于"既要大胆开放又要循序渐进"的思想，显然并没有过时。

（二）微观搞活与宏观管理的关系

陈云强调外贸工作要统一对外，是在计划经济的背景下，在外贸体制改革与整个经济体制改革尚未同步的情况下提出的。今天，经济体制已经由计划经济转变为社会主义市场经济，对外贸易由外贸部门、外贸企业一统天下的局面既无可能，也没必要了。但是，直到今天，外汇结算和管理仍然由国家银行统一控制，引进外资和对外投资仍然需要经过政府审批，人民币资本项目下的兑换业务仍然没有放开。所有这些，对于我国进出口总额的迅速增长，对于人民币地位的不断巩固和提高，对于我国在亚洲和世界金融危机中没有遭受太大损失，都起了至关重要的作用。

20世纪80年代初，陈云针对在搞活经济中出现的摆脱国家计划的倾向，提出"鸟"与"笼子"的著名比喻。这个比喻的意思是，微观经济就像鸟一样，捏在手里就死了，要让它飞，但又要让它在一定范围内飞，否则它就飞跑了。今天，我们的企业、资金已越来越多地走出国门，走到了亚洲、非洲、欧洲、拉丁美洲，甚至走到了北美洲。越是在这种情况下，越要加强有效监管，否则这些企业和资金就会像鸟飞出笼子一样，回不来了。那样就不叫搞活，而叫搞没。这在任何一个国家、任何一家跨国公司，都是不能允许的。正因为如此，陈云关于"鸟"与"笼子"的比喻，引起中外经济学家的广泛兴趣，直到今天对于我们处理微观经济与宏观经济的关系，仍然有重要的启示意义。

（三）使对方有利可图与坚持以我为主的关系

陈云一贯强调，在对外贸易中"要给推销商、中间商好处，在价格上使他们有利可图"。他还提出"可以冒点风险，准备万一有失。不要一有损失，就不敢做生意，束缚自己的手脚"[1]。另一方面，他又反复强调，在对外经济交往中，"必须得多失少"[2]"肥水不落外人田"[3]；要"买设备，同时也要买技术、买专利"，而且要重在吸收消化，把人家的技术变成自己的东西；要让出一些国内市场，"但自己必须发展而且正在发展的东西，不要被外面进口的挤掉了"[4]；要千方百计"增加外汇收入的来源"[5]，以增强外汇储备和支付能力。用今天的话说，就是要互利共赢。

1982年春天，陈云看到一个材料，说美国的耐克鞋在中国生产，原

---

[1] 陈云. 陈云文选：第三卷[M]. 北京：人民出版社，1995：226.
[2] 陈云. 陈云文选：第三卷[M]. 北京：人民出版社，1995：222.
[3] 陈云. 陈云文选：第三卷[M]. 北京：人民出版社，1995：155.
[4] 陈云. 陈云文集：第三卷[M]. 北京：中央文献出版社，2005：536.
[5] 陈云. 陈云文选：第三卷[M]. 北京：人民出版社，1995：254.

本要求全部返销，但不知为什么，国内市场上也出现了；另外，可口可乐原本只允许在涉外饭店里销售，不知怎么搞的，一般商店和大街上也有卖的了。他要求时任轻工业部部长的杨波，不要让耐克鞋和可口可乐在国内市场上销售，一双一瓶也不要卖。今天，情况发生了很大变化，我们已加入世界贸易组织，不可能不卖国外的消费品，不仅耐克鞋和可口可乐，其他各种牌子的鞋帽服装、饮料食品、化妆品都能在国内买到。那么，陈云当年的话是否说错了呢？我认为没有错。因为听他的话，要领会其中的精神。他那些话的实质在于，对日常生活用的、低端的、技术含量少的国外产品，要尽可能少进口，以保护国内的民族的产品，并把有限的外汇用在最需要用的地方。这个精神，即使今天也不能说过时。比如，美加净牙膏、回力球鞋、北冰洋汽水等，都曾经是我们自己的名牌，很受消费者欢迎。像这样的商品，就应当通过改进质量和营销手段加以保护。否则一旦被冲垮，要重新占领市场就难了。

1983年，陈云听到一种反映，认为我国外汇储备太多了，与其放在国外银行，不如进口商品，回笼货币，而且已经进口了一大批家用电器。对此，他很不赞成。那时，我国外汇只有120亿美元，他说，像我们这么大的国家，有这点外汇不算多，好钢要用在刀刃上，不要手里有一点钱就发烫。他这个话的精神实质在于，要搞好对外开放，自己必须有实力，包括要有足够的外汇储备。财大才能气粗，手里钱越多，腰杆越硬，信誉度越高，人家越愿意贷款给你；相反，钱越少，借钱越难。至于外汇储备多少合适，只能结合当时的实际情况来定。

（四）充分利用开放的积极成果与重视开放中消极后果的关系

任何事都有利有弊，对外开放也一样。正如人们形容的："打开了窗户，新鲜空气会进来，苍蝇、蚊子也会进来。"对于这个问题，陈云始终保持清醒头脑，一方面高度重视国外科学技术和经济管理方面的新动向，带头倡导向国外学习先进的东西；另一方面坚决主张严厉打击借开放之机损害国家利益的行为，大力加强思想政治工作，防范和抵制资本主义腐朽思想和作风的渗入。他指出："对外开放，引进国外先进技术和经营管理经验，为我国社会主义建设所用，是完全正确的，要坚持。但同时要看到，对外开放，不可避免地会有资本主义腐朽思想和作风的侵入。这对我们社会主义事业，是直接的危害。"①在这个问题上，邓小平同陈云的看法完全一致。邓小平一方面反复强调对外开放对我们追赶世界先进水平的重要意义，另一方面，从改革开放之初就一再提醒全党注意："对外开放，资本主义那一套腐朽的东西就会钻进来的。"②"开放以后，一些腐朽的东西也跟着进来了，中国的一些地方也出现了丑恶的现象，如吸毒、嫖娼、经济犯罪等。要注意很好地抓，坚决取缔和打击，决不能任其发展。"③

　　陈云对国外的先进技术从来是抱积极学习态度的。比如，他早在1984年就号召我国财经战线的干部要在新技术革命面前尽快完成知识更新的任务。他说："在工业比较发达的国家，现在计算机的应用非常普遍，使生产、工作和生活方式都发生了变化，有'工厂自动化'、'农业自动化'、'办公室自动化'和'家庭自动化'的说法，对经济发展起的作用很大。这些情况，对我们的国民经济，对我们的电子工业，都是一场新的挑战。"我国的电子工业起步晚，虽然进步快，但"与国际先进水平比，差距还很大"，因此一定要赶上去。④

　　与此同时，陈云对于开放过程中出现的消极腐败现象也毫不放过。20世纪80年代初，广东、福建等沿海省份的不法之徒，内外勾结，大搞走私活动，涉及不少党员干部，群众意见很大。于是，他将中纪委反映广东一些党员干部参与走私、贪污腐化的信访简报批给当时的政治局常委，指出："对严重的经济犯罪分子，我主张要严办几个，判刑

①　陈云. 陈云文选:第三卷[M]. 北京:人民出版社,1995:355.
②　邓小平. 邓小平文选:第二卷[M]. 北京:人民出版社,1994:409.
③　邓小平. 邓小平文选:第三卷[M]. 北京:人民出版社,1993:379.
④　陈云. 陈云文集:第三卷[M]. 北京:中央文献出版社,2005:533-534.

几个，以至杀几个罪大恶极的，并且登报，否则党风无法整顿。"①邓小平对此完全同意，还加了八个字："雷厉风行，抓住不放。"一场打击经济领域违法犯罪活动的斗争由此开展起来，保证了对外开放事业的健康发展。

陈云对外开放思想是在当时历史条件下形成的，带有鲜明的时代烙印。历史形成的东西不等于是过时的东西，相反，有些东西由于反映了客观规律，是屡试不爽、颠扑不破的，是经得起实践反复检验的，不仅今天适用，明天也适用，有些可能我们今天还没认识到。所以，对陈云对外开放思想的研究一定要采取正确的方法，从中提炼出反映基本国情、世情，符合客观规律，在长时间起作用的那些内容，用于指导我们今天乃至今后的工作。

党的十八大报告讲，"既不走封闭僵化的老路，也不走改旗易帜的邪路"。我理解这里说的"封闭僵化的老路"，是指改革开放前在对外开放问题上的"左"倾错误，特别是"文化大革命"中"四人帮"反对引进先进技术的错误，而不是指改革开放前整个历史时期所走的道路，否则，和十八大报告关于改革开放前"为当代中国一切发展进步奠定了根本政治前提和制度基础""为新的历史时期开创中国特色社会主义提供了宝贵经验、理论准备、物质基础"的总体评价就相矛盾了。如果说到改革开放前历史时期的"封闭"，我认为，首先是帝国主义封锁造成的，是被封闭，而不是自我封闭；其次，那个时期，我们与苏联等社会主义国家的经济交流同样是对外开放，而且仍然在千方百计寻求与西方国家做买卖的机会。再次，即使"文化大革命"时期，在周恩来主持、毛泽东批准下，仍然制订了用43亿美元从西方国家进口成套设备的"四三方案"。所以，把改革开放前都看成是"封闭僵化"，是不符合历史实际的。

---

① 中共中央文献研究室. 陈云年谱：下卷[M]. 修订本. 北京：中央文献出版社，2015：330.

陈云的对外开放思想是我们党和国家的宝贵精神财富，我们应当继续深入研究这一思想，注重吸取其中的精华，使之在经济全球化的新形势下，为我们转变对外经济发展方式、提高开放型经济水平、增强抵御国际经济风险能力，发挥更大的作用。

陈云的改革开放思想与中国改革开放的40年实践①

陈云同志作为以邓小平同志为核心的第二代中央领导集体的重要成员，经历了改革开放最初的17年，形成了与邓小平理论既高度一致又具有许多自身特点的思想。

当年开展的真理标准问题大讨论，是党的十一届三中全会的思想先导，为改革开放奠定了重要的理论基础。陈云同志晚年练习书法，最爱写的条幅中便有"实践是检验真理的唯一标准"这句名言。现在，改革开放已经40年，他的改革开放思想经受了实践检验，被证明符合中国的实际，并且被习近平新时代中国特色社会主义思想所借鉴和吸收。

陈云的改革开放思想可以从很多方面加以阐述。下面，我仅以处理好八个关系的角度，谈谈自己的学习体会，供大家参考。

一、既要搞活微观，又要管住宏观

"活而不乱"是陈云经济思想的一个基本点，也是他主持全国财经工作以来的一贯主张。这个思想的表述在党的八大期间是"三个主体、三个补充"，在党的十一届三中全会前后是"社会主义时期的经济必须有计划经济、市场调节两个部分"。后来，他把这个观点凝练为"计划经济为主、市场调节为辅"。再后来，他用"鸟与笼子"作比喻，形象地阐述了二者的关系。他说："鸟不能捏在手里，捏在手里会死，要让

---

① 这是作者在2018年12月25日中国中共文献研究会陈云思想生平研究分会庆祝改革开放40周年学术研讨会上的讲话。本文曾发表于《中国井冈山干部学院学报》2019年第2期。

它飞，但只能让它在笼子里飞。没有笼子，它就飞跑了。"他强调，这个"笼子"可大可小，可以跨省跨地区，甚至跨国跨洲。"但无论如何，总得有个'笼子'。就是说，搞活经济、市场调节，这些只能在计划许可的范围以内发挥作用，不能脱离计划的指导。"①他强调："搞好宏观控制，才有利于搞活微观，做到活而不乱。"②陈云同志的上述思想，被全党公认"对我们突破高度集中的计划经济体制的束缚，曾经产生过广泛而深刻的影响"③。

二、既要积极推动，又要稳步前进

"稳中求进"是陈云经济思想中又一个基本点。他对于经济建设持这种观点，对于改革开放同样持这种观点。他历来强调，经济建设"是脚踏实地的前进"④"欲速则不达"⑤"急于求成反而慢"⑥，主张探索"在不再折腾的条件下有较快的发展速度"⑦。同样，他在改革开放中也总是提醒大家，"既要积极，又要稳妥"⑧。他说："改革固然要靠一定的理论研究、经济统计和经济预测，更重要的还是要从试点着手，随时总结经验，也就是要'摸着石头过河'"⑨。他解释说，这是因为"工业、财贸的体制改革比农业复杂。内部的相互关系，外部的关系，都比农业复杂"⑩。"体制改革涉及范围相当广，广大干部还不很熟悉，在进

① 陈云. 陈云文选：第三卷[M]. 北京：人民出版社,1995:320.
② 陈云. 陈云文选：第三卷[M]. 北京：人民出版社,1995:350.
③ 胡锦涛.在陈云同志诞辰100周年纪念大会上的讲话[N]. 人民日报,2005-06-14.
④ 陈云. 陈云文选：第三卷[M]. 北京：人民出版社,1995:268.
⑤ 陈云. 陈云文选：第三卷[M]. 北京：人民出版社,1995:351.
⑥ 陈云. 陈云文选：第三卷[M]. 北京：人民出版社,1995:311.
⑦ 陈云. 陈云文选：第三卷[M]. 北京：人民出版社,1995:268.
⑧ 陈云. 陈云文选：第三卷[M]. 北京：人民出版社,1995:338.
⑨ 陈云. 陈云文选：第三卷[M]. 北京：人民出版社,1995:279.
⑩ 陈云. 陈云文集：第三卷[M]. 北京：中央文献出版社,2005:489.

行中还会出现一些难以预见的问题。"①所以，"不能要求过急。"②"因为试点而使改革的进度慢了，与为了加快改革的进度而不经过试点，以致改得不好，还要回过头来重新改，这两种损失相比，前一种比后一种要小些。"③

三、既要推行企业责任制，又要确保设备完好、成本下降、质量提高

早在东北解放区，陈云同志就指出："工厂不是机关，也不是部队，开工厂就要像开工厂的样子。"④改革开放后，他批评："我们有些地方是大少爷办企业，没有时间概念，没有利润概念。"⑤因此，他很赞成对企业的管理体制进行改革，实行各种责任制，称赞"现在搞的经济体制改革，打破了'大锅饭'、'铁饭碗'，它的意义不下于私营工商业改造"。⑥但当有人把农业包产到户的办法机械地搬到工矿企业，提出"包字进城、一包就灵"，导致设备和原材料耗损严重、奖金大幅度提高而成本上升、质量下降的时候，他又及时指出："企业实行承包责任制，有积极的一面，也要看到消极的一面，比如不少企业为了完成承包数，硬拼设备，带病运转。近年来安全事故增多，恐怕与此有关……现在无论是农业生产，还是工业生产，都相当普遍地存在着一种掠夺式的使用资源的倾向，应当引起重视。"⑦他强调，在企业推行责任制要抓住几个要点，如"搞平均先进定额""质量不能下降""单位成本只能降低，不能提高"⑧，等等。他还比

---

① 陈云. 陈云文选:第三卷[M]. 北京:人民出版社,1995:338.
② 陈云. 陈云文选:第三卷[M]. 北京:人民出版社,1995:279.
③ 陈云. 陈云文集:第三卷[M]. 北京:中央文献出版社,2005:529.
④ 陈云. 陈云文选:第一卷[M]. 北京:人民出版社,1995:366.
⑤ 陈云. 陈云文选:第三卷[M]. 北京:人民出版社,1995:319.
⑥ 陈云. 陈云文集:第三卷[M]. 北京:中央文献出版社,2005:488.
⑦ 陈云. 陈云文选:第三卷[M]. 北京:人民出版社,1995:365-366.
⑧ 陈云. 陈云文集:第三卷[M]. 北京:中央文献出版社,2005:489.

较早地提出，要把治理污染、保护环境、节约用水和开发新水源放在战略位置，作为"一项大的国策"①。

四、既要使价格变动遵循价值规律，又要照顾民生的承受能力

陈云同志历来主张经济建设要按经济规律办事，赞成价格符合价值规律。但他同时认为，运用价值规律制定价格，人民一时承受不了的，宁可由政府出钱补贴。他说："粮食的收购价高，销售价低，国家要补贴。房租很低，只能作修理费，甚至抵不了修理费。国家补贴一年共计有二百多亿元。从微观经济看，这是不合理的，似乎是不按经济规律办事。但我国是低工资制，如国家不补贴，就必须大大提高工资。究竟哪种办法好？我看现在还是国家补贴、低工资的办法好。"②他又说，西德的资本家对煤炭有补贴，在这里补，从别的地方收回来。如果马克思活到现在，"他也会赞成保持一种合理补贴的社会主义，即小的方面不合理，大的方面仍然是合理的"③。1988年，党中央酝酿更大幅度的价格改革，总体思路是5年内每年价格上涨10%，人均收入增加11%~14%。陈云同志明确表示不赞成，质问"物价上涨后不拿工资的农民怎么办？"由于当时中央主要负责人听不进这个意见，坚持"物价这一关非过不可"，结果改革方案一经公布，引起全国性抢购和提款风潮。1989年政治风波过后，陈云同志再次指出："国家补贴取消不了。暗补、明补，都是补贴。在我国，还是低工资、高就业、加补贴的办法好。这是保持社会安定的一项基本国策。"④

---

① 陈云.陈云文选:第三卷[M].北京:人民出版社,1995:364.
② 陈云.陈云文选:第三卷[M].北京:人民出版社,1995:278.
③ 陈云.陈云文集:第三卷[M].北京:中央文献出版社,2005:496.
④ 陈云.陈云文选:第三卷[M].北京:人民出版社,1995:376.

五、既要承认改革开放条件下的消极现象不可避免，又要力求把它控制在最低限度

党的十二届三中全会通过的《中共中央关于经济体制改革的决定》中有一句话："竞争中可能出现某些消极现象和违法行为。"陈云同志在大会发言中表示，对此"在文件里提一下很必要"。

他说："对这些现象，不必大惊小怪。"既然允许竞争，"必然会出现这些现象，这是不奇怪的"。但是，"如果我们不注意这个问题，不进行必要的管理和教育，这些现象就有可能泛滥成灾，败坏我们的党风和社会风气。""只要我们的头脑是清醒的，看到这些现象，并加强精神文明的建设，这些消极方面是可以受到一定限制的。"①他还指出："对外开放，不可避免地会有资本主义腐朽思想和作风的侵入。"②如果我们各级党委和党员特别是老干部有清醒的认识，高度的警惕，资本主义思想的侵入也是不可怕的。他作为中纪委第一书记，为此进行了不懈努力。他强调："执政党的党风问题是有关党的生死存亡的问题。"③"党性原则和党的纪律不存在'松绑'的问题。没有好的党风，改革是搞不好的。"④"对于利用职权谋取私利的人，如果不给以严厉的打击，对这股歪风如果不加制止，或制止不力，就会败坏党的风气，使党丧失民心。"⑤1982年初，当他看到中纪委反映一些沿海地区走私活动猖獗、少数党员领导干部不仅加以保护而且参与其中的信访简报，立即批转中央政治局常委，写道："对严重的经济犯罪分子，我主张要严办几个，判

---

① 陈云. 陈云文选:第三卷[M]. 北京:人民出版社,1995:338.
② 陈云. 陈云文选:第三卷[M]. 北京:人民出版社,1995:355.
③ 陈云. 陈云文选:第三卷[M]. 北京:人民出版社,1995:273.
④ 陈云. 陈云文选:第三卷[M]. 北京:人民出版社,1995:275.
⑤ 陈云. 陈云文选:第三卷[M]. 北京:人民出版社,1995:331-332.

刑几个，以至杀几个罪大恶极的，并且登报，否则党风无法整顿。"邓小平同志看到后加了八个大字："雷厉风行，抓住不放。"由此掀起的一场全国性打击经济犯罪活动的斗争，震慑了犯罪分子，遏制了歪风蔓延，保证了改革开放的健康进行。他顶住说情风，支持中纪委对一位违反外事纪律、给国家造成经济损失的副部长作出留党察看两年、撤销党内外一切职务的决定，开了处分高级干部的先例。1984年第四季度，一些党政机关、党政军干部和干部子女蜂拥经商，同违法分子、不法外商互相勾结，钻改革空子，买空卖空，倒买倒卖，行贿受贿，制造销售假药假酒。对此，他在1985年党的全国代表会议上呼吁全党要"认真注意""不可掉以轻心""各级领导干部，特别是高级领导干部要重视"。他说，希望所有高级领导人员，"在教育好子女的问题上，给全党带好头。决不允许他们依仗亲属关系，谋权谋利，成为特殊人物"①。针对一些高级干部向下属单位索要国外高级轿车的现象，他指出："做表率首先从中央政治局、书记处和国务院的各位同志做起。凡是别人（或单位）送的和个人调换的汽车（行政机关配备的不算），不论是谁，一律退回，坐原来配备的车。在这件事上，得罪点人，比不管而让群众在下面骂我们要好。"②针对国外利用宗教进行渗透日益猖獗的现象，他指出："利用宗教，同我们争夺群众尤其是青年，是国内外阶级敌人的一贯伎俩，也是某些共产党领导的国家丢失政权的一个惨痛教训。现在是中央应该切切实实地抓一抓这件大事的时候了。"③他还针对一些报纸刊登低级庸俗文章以求扩大发行量的现象指出："这不只是党的问题，还关系到我国青年的志向问题。把青年的思想和兴趣引向这些乌七八糟的方面，也会亡党亡国的。"④

---

① 陈云. 陈云文选：第三卷[M]. 北京：人民出版社，1995：352.
② 陈云. 陈云文集：第三卷[M]. 北京：中央文献出版社，2005：543-544.
③ 陈云. 陈云文选：第三卷[M]. 北京：人民出版社，1995：374.
④ 陈云. 陈云文集：第三卷[M]. 北京：中央文献出版社，2005：541.

六、既要反对过分强调"斗争哲学",又要反对怕矛盾怕斗争怕得罪人

1982年在审阅党的十二大报告稿时,陈云同志建议报告中不仅要从维护党纪的角度强调提倡坚持原则和是即是、非即非的精神,而且要把它提到全党思想建设和组织建设的高度。他说:"目前在我们的党风中,以至在整个社会风气中,有一个很大的问题,就是是非不分。有些同志在是非面前不敢坚持原则,和稀泥,做老好人,而坚持原则的人受孤立。这种情况,在'文化大革命'以前也有,但现在比那时要严重得多。过去受'左'的指导思想影响,过分强调斗争哲学,不该斗的也斗,动不动就上纲上线到路线是非。现在又出现了另一种倾向,即怕矛盾,怕斗争,怕得罪人。"他认为:"只有我们党内首先形成是非分明的风气,党的团结才有基础,党才有战斗力,整个社会风气才会跟着好转,才会使正气上升,邪气下降。"[1]他主张把敢不敢坚持原则,作为选拔中青年干部的一条标准,指出:"德才相比,我们要更注重于德,就是说,要确实提拔那些党性强,作风正派,敢于坚持原则的人。"[2]对于选择做纪检工作干部的标准,他更是严格要求,提出这些人"应当是有坚强的党性,有一股子正气的人;应当是能够坚持原则,敢于同党内各种不正之风和一切违法乱纪行为作坚决斗争的人;而不应当是在原则问题上'和稀泥',做和事佬、老好人的人"[3]。他强调:"纪委不能当'老太婆纪委',要做'铁纪委'。"[4]"无论是谁违反党纪、政纪,都要坚决按党纪、政纪处理;违反法律的,要建议依法处理。各级纪委必须

---

① 陈云. 陈云文选:第三卷[M]. 北京:人民出版社,1995:274.
② 陈云. 陈云文选:第三卷[M]. 北京:人民出版社,1995:317.
③ 陈云. 陈云文集:第三卷[M]. 北京:中央文献出版社,2005:511-512.
④ 朱佳木. 论陈云[M]. 北京:中央文献出版社,2010:185.

按此原则办事，否则就是失职。"①

七、既要充分发扬民主，又要切实维护和加强党中央的权威

陈云同志历来提倡发扬民主，主张领导干部要允许大家讲不同意见，而且要特别注意听取反面意见。他常说："在党内不怕有人说错话，就怕大家不说话。"②"有钱难买反对自己意见的人。"③"有不同意见，大家可以谨慎一些，把事情办得更合理一些。"④允许不同意见按照组织程序提出来，"这和同中央保持一致并不矛盾"⑤。但他同时又强调："民主集中制，是既要有民主，又要有集中。""少数服从多数，全党服从中央，否则什么事情也做不了，一事无成。"⑥他认为，"中央的政治权威，要有中央的经济权威作基础。没有中央的经济权威，中央的政治权威是不巩固的。"他主张："在经济活动中，中央应该集中必须集中的权力……权力太分散就乱了，搞活也难。"⑦就在逝世的前一年，他依然不忘告诫全党："如果没有中央的权威，就办不成大事，社会也无法稳定。"⑧

八、既要看到共产主义还很遥远，又要坚信共产主义必胜，加强共产主义思想教育

中国共产党自成立那天起，就把实现共产主义作为自己的奋斗目

---

① 陈云. 陈云文选:第三卷[M]. 北京:人民出版社,1995:356.
② 陈云. 陈云文选:第三卷[M]. 北京:人民出版社,1995:187.
③ 陈云. 陈云文选:第三卷[M]. 北京:人民出版社,1995:361.
④ 陈云. 陈云文选:第三卷[M]. 北京:人民出版社,1995:270.
⑤ 陈云. 陈云文选:第三卷[M]. 北京:人民出版社,1995:361-362.
⑥ 陈云. 陈云文选:第三卷[M]. 北京:人民出版社,1995:270.
⑦ 陈云. 陈云文选:第三卷[M]. 北京:人民出版社,1995:366.
⑧ 陈云. 陈云文选:第三卷[M]. 北京:人民出版社,1995:380.

标，同时提出首先要进行反帝反封建的民族民主革命。毛泽东同志指出，我们党有现在的最低纲领和将来的最高纲领，"这是有机构成的两部分，而为整个共产主义思想体系所指导"①。改革开放以来，邓小平同志一方面指出"社会主义本身是共产主义的初级阶段，而我们中国又处在社会主义的初级阶段，就是不发达的阶段"②；另一方面提出和坚持四项基本原则，强调"我们干的社会主义事业，最终目的是实现共产主义"③，说"某些人所谓的改革，应该换个名字，叫作自由化，即资本主义化……我们讲的改革与他们不同"④。对于这些观点，陈云同志完全赞成并且身体力行。他反复强调："我们是共产党，共产党是搞社会主义的。现在进行的社会主义经济体制改革，是社会主义制度的自我完善和发展。"⑤他认为，一些党员之所以忘记社会主义和共产主义的理想，丢掉全心全意为人民服务的宗旨，"一切向钱看"，甚至违法乱纪、贪污受贿，"同我们放松思想政治工作、削弱思想政治工作部门的作用和权威有关"⑥。因此，"应当把共产主义思想的教育、四项基本原则的宣传，作为思想政治工作的中心内容"⑦。他指出："民主革命时期，我们用共产主义思想教育党员和群众中的先进分子，才使党始终有战斗力，使革命取得了胜利。社会主义经济建设和经济体制改革，更加要有为共产主义事业献身的精神。"⑧针对有些人出国考察，看见外国的摩天大楼、高速公路，就以为中国不如外国、社会主义不如资本主义、马克思主义不灵了的现象，他在党的十二届二中全会上说，对于这些人，

---

① 毛泽东. 毛泽东选集：第二卷[M]. 北京：人民出版社，1991：686.
② 邓小平. 邓小平文选：第三卷[M]. 北京：人民出版社，1993：252.
③ 邓小平. 邓小平文选：第三卷[M]. 北京：人民出版社，1993：110.
④ 邓小平. 邓小平文选：第三卷[M]. 北京：人民出版社，1993：297.
⑤ 陈云. 陈云文选：第三卷[M]. 北京：人民出版社，1995：350.
⑥ 陈云. 陈云文选：第三卷[M]. 北京：人民出版社，1995：352.
⑦ 陈云. 陈云文选：第三卷[M]. 北京：人民出版社，1995：352.
⑧ 陈云. 陈云文选：第三卷[M]. 北京：人民出版社，1995：352-353.

"要进行批评教育；对其中做意识形态工作的同志，经过教育不改的，要调动他们的工作"。①他面对全体中央委员大声宣示："中国现在还很穷，但我们是社会主义国家。""资本主义必然要被共产主义所代替，这是无可改变的法则……我们可以充满信心，高呼：社会主义万岁！共产主义万岁！"②他还提醒全党："帝国主义的侵略、渗透，过去主要是'武'的，后来'文'、'武'并用，现在'文'的（包括政治的、经济的和文化的）突出起来，特别是对社会主义国家搞所谓的'和平演变'。那种认为列宁的帝国主义论已经过时的观点，是完全错误的，非常有害的。这个问题，到了大呼特呼的时候了。"③他希望全党同志"坚定地保持共产主义的纯洁性。要同一切违反共产主义理想的错误言行，进行坚决斗争"④。当他听到"共产主义遥遥无期"的议论后，当即表示："这个观点是不对的，应当说，共产主义遥遥有期，社会主义就是共产主义的第一阶段。"在纪念陈云同志诞辰110周年座谈会上，习近平总书记的讲话引用了他的这句话，并指出："我们纪念陈云同志，就要学习他坚守信仰的精神。"⑤

陈云的改革开放思想是邓小平理论的组成部分，是他的"不唯上、不唯书、只唯实，交换、比较、反复"十五字诀的具体运用，是党的宝贵思想财富。它之所以能够经受改革开放40年的实践检验，原因就在于坚持了马克思主义与中国的具体实际相结合。只要稍加注意就不难看出，习近平总书记在庆祝改革开放40周年大会重要讲话阐述的九条历史经验中，就有很多是陈云同志一贯倡导的主张。党的十八大以来，以习近平同志为核心的党中央，带领全党全国人民全面深化改革，同时不断比对改革开放

---

① 陈云. 陈云文选：第三卷[M]. 北京：人民出版社,1995:332.
② 陈云. 陈云文选：第三卷[M]. 北京：人民出版社,1995:332-333.
③ 陈云. 陈云文选：第三卷[M]. 北京：人民出版社,1995:370.
④ 陈云. 陈云文选：第三卷[M]. 北京：人民出版社,1995:348.
⑤ 习近平. 在纪念陈云同志诞辰110周年座谈会上的讲话[N]. 人民日报,2015-06-13.

的初心，校准改革开放的航向，使改革开放进入了一个新时代。我们只要在新的历史条件下，结合学习习近平新时代中国特色社会主义思想，重温和研究陈云同志的改革开放思想，就一定能使这一宝贵思想财富对新时代的改革开放发挥出更加充分的积极作用。

陈云把民生问题与执政党党风建设问题相联系的思想①

关于民生的话题，中国人讲过，外国人也讲过；中国近代资产阶级中有人讲过，古代统治阶级中也有人讲过，有的还形成了较系统的民生思想。但中国共产党所说的民生，与他们口中的民生有根本的不同；陈云的民生思想，与他们的民生思想更有本质的区别。这是因为，中国共产党说的民生，是从占人口绝大多数人的利益出发的；陈云的民生思想，是与他关于共产党执政后的党风建设思想紧密联系在一起的。

我们党在90多年的历史中，一定意义上处于两种状态，一种是非执政状态，一种是执政状态；在执政条件下也有两种情况，一种是局部执政，一种是全国执政。陈云在我们党局部执政和全国执政的条件下，都做过党的工作和经济工作，对党执政条件下的党风建设和民生问题有过长期、深入的思考，阐述过大量深刻而独到的见解，形成了具有自己特点的执政党党风建设思想和民生思想。他的民生思想既是他经济思想的一部分，也是他的执政党党风建设思想在经济工作中的鲜明体现。我们要理解他的民生思想，弄懂其中的真谛，需要同他的执政党党风建设思想联系起来学习和研究。

---

① 本文是作者2016年11月30日在中华人民共和国国史学会、陈云纪念馆和北京市一轻集团举办的"贯彻中共十八届六中全会精神暨学习陈云民生思想座谈会"上的发言，刊载于《党的文献》2019年第1期，题为《从党风建设角度看陈云的民生思想》。收入本书时，作者又略作修改。

一、处理好民生与政权稳固的关系应当是搞好执政党党风的核心问题

陈云的执政党党风建设思想博大精深，但其中围绕的一个主要问题或核心问题，我认为是党在执政后如何做到像执政前那样，依然密切联系群众，依然紧紧依靠群众，依然时时处处关心和维护群众的切身利益。

毛泽东在新中国成立之初讲过："仁政有两种：一种是为人民的当前利益，另一种是为人民的长远利益。"[①]从一定意义上说，民生问题主要是指关系人民群众当前利益、切身利益的问题。我们党无论领导革命还是建设，当然都是从人民长远利益、根本利益出发的，但如果不考虑人民的当前利益、切身利益，即忽略民生问题，革命和建设也是搞不好的。早在中央苏区时期，毛泽东就指出，我们党要得到群众的拥护，"就得关心群众的痛痒，就得真心实意地为群众谋利益，解决群众的生产和生活问题，盐的问题，米的问题，房子的问题，衣的问题，生小孩子的问题，解决群众的一切问题"[②]。在延安时期他又说："一切空话都是无用的，必须给人民以看得见的物质福利。"[③]陈云十分赞成毛泽东的这些思想，他在延安党的陕甘宁边区第二次代表大会上说："当权的党容易只是向群众要东西，而忘记也要给群众很多的东西。""我们要注意群众的切身问题，帮助他们解决困难，这是发动群众的关键。""不仅要帮助群众解决大的问题，也要帮助群众解决小的问题。""我们帮助了群众，群众就会积极、热情地来帮助党和政府的工作。"[④]不难看出，毛泽东和陈云所讲的要关心群众的痛痒，要给人民看得见的物质福利，要注意群众的切身问题，要关心和

---

① 中共中央文献研究室. 毛泽东年谱(1949—1976)：第2卷[M]. 北京：中央文献出版社，2013：163.

② 毛泽东. 毛泽东选集：第一卷[M]. 北京：人民出版社，1991：138-139.

③ 毛泽东. 毛泽东文集：第二卷[M]. 北京：人民出版社，1993：467.

④ 陈云. 陈云文选：第一卷[M]. 北京：人民出版社，1995：172-173.

解决群众的小问题，讲的统统是人民当前和切身利益的问题，也即民生问题。陈云主持财经工作后总是强调民生的重要性，始终要求把民生问题摆在经济建设的首要位置，固然有经济方面的考虑，但更深层的考虑，还在于党执政后如何做到像执政前那样，继续密切联系群众、紧紧依靠群众、时时处处关心和维护群众的切身利益。

1956年，陈云兼任商业部部长，提出做好商业工作一定要加强政治观点和群众观点。他说："商业工作，包括卖鸡、卖蛋，都有其政治意义。商业工作的好坏，直接关系到六万万人民群众的切身利益，关系到广大的城乡人民对我们是否满意。"[①]1957年，他在13个省市蔬菜会议上又指出："保证蔬菜供应，稳定蔬菜价格，是城市人民的普遍要求。购买力愈低的人，对这个问题就愈关心。""蔬菜和其他副食品的供应问题，其意义绝不在建设工厂之下，应该放在与建设工厂同等重要的地位。如果只注意工业建设，不注意解决职工的生活问题，工人就可能闹事，回过头来还得解决。"[②]

在人民公社化运动中，农村政策出现"左"的偏差，甚至把自留地、家庭养猪都当成是"资本主义尾巴"，要求割掉，严重挫伤了农民积极性。1961年，陈云通过在家乡青浦的调查，提出我国的集体耕地占全部耕地的90%以上，再增加一点自留地比重不会动摇社会主义的经济基础。他说："在当前农民口粮不足的情况下，农民最关心的不是'社会主义还是资本主义'，而是'吃饭还是吃粥'。多分一点自留地，可以使农民多得一点口粮，对巩固工农联盟和社会主义制度有好处，是社会主义经济的必要的补充。"[③]

三年困难时期，全国粮食紧张，人民营养不良，陈云虽然已不处在主

① 陈云. 陈云文选:第三卷[M]. 北京:人民出版社,1995:44.
② 陈云. 陈云文选:第三卷[M]. 北京:人民出版社,1995:64.
③ 中共中央文献研究室. 陈云年谱:下卷[M]. 修订本. 北京:中央文献出版社,2015:95.

持中央财经工作的位置上，但仍然积极献计献策，想方设法解决困难。1962年2月西楼会议后重新设立了中央财经小组，他在会上讲话，建议动用一些钢材制造机帆船出海捕鱼，压缩一部分生猪出口，以便使大中城市居民每人每月增加半斤鱼半斤肉。他说："目前，这样的问题，是国家大事。如果六千多万人身体搞得不好，我们不切实想办法解决，群众是会有意见的。人民群众要看共产党对他们到底关心不关心，有没有办法解决生活的问题。这是政治问题。"①他指出："农业问题，市场问题，是关系五亿多农民和一亿多城市人口生活的大问题，是民生问题。解决这个问题，应该成为重要的国策。"他还语重心长地对与会者说："同志们，我们花了几十年的时间把革命搞成功了，千万不要使革命成果在我们手里失掉。现在我们面临着如何把革命成果巩固和发展下去的问题，关键就在于要安排好六亿多人民的生活，真正为人民谋福利。"②

我国工业化建设是在经济尤其是农业十分落后的条件下起步的，带有很大的突击性，因此农业生产特别是商品粮供应，长期跟不上工业发展的速度，改革开放前一直处于紧张状态。要说民生，这是最大的民生。对此，陈云始终高度关注，提出过一系列行之有效的对策。三年困难时期，粮食库存锐减，许多地方出现浮肿病、非正常死亡和人口外流现象。他顶着被扣上修正主义帽子的风险，向中央提出从西方国家紧急进口粮食的建议，并得到了毛泽东的同意。为了尽快摆脱粮食供应的被动局面，进一步调动农民生产积极性，他又顶着风险，直接向毛泽东进言，提出在部分困难地区暂时实行包产到户、分田到户（即今天所说的集体经济下的土地承包——笔者注）的主张，果然受到了刮所谓"单干风"的批判。在1978年党的十一届三中全会前的中央工作会议上，那时他尽管只有普通中央委员的虚职，但面对粮食供应紧张局面仍然没有得到根本扭转、一些地方农

---

① 陈云. 陈云文选：第三卷[M]. 北京：人民出版社,1995:209-210.
② 陈云. 陈云文选：第三卷[M]. 北京：人民出版社,1995:210.

民还吃不饱的情况，仍直率建议，今后三五年每年进口两千万吨粮食。他说："要先把农民这一头安稳下来……摆稳这一头，就是摆稳了大多数，七亿多人口稳定了，天下就大定了。""如果老是不解决这个问题，恐怕农民就会造反，支部书记会带队进城要饭。"①后来，他又在一次会议上进一步解释说："延安时期就出现过这样的问题。你说不准要饭，他说共产党没讲过不准要饭，毛主席说过不准要饭吗？"②

党的十一届三中全会后，农村陆续实行了包产到户、土地承包的政策，加上国家大幅度提高粮食收购价、大规模进口粮食和化肥，农民种粮积极性得到极大激发，粮食连续4年增产。但由于种粮的比较效益下降，加上农村和农业工作在指导思想上发生偏差，误以为粮食问题已经过关，提出农民愿意种什么就种什么、政府不必再管的主张，结果出现上下都忽视粮食生产的倾向。针对这个问题，陈云反复提醒大家绝不能因为发展经济作物而挤了粮食生产，并在1985年党的全国代表会议上大声疾呼："现在有些农民对种粮食不感兴趣，这个问题要注意……发展乡镇企业是必要的。问题是'无工不富'的声音大大超过了'无农不稳'。十亿人口吃饭穿衣，是我国一大经济问题，也是一大政治问题。'无粮则乱'，这件事不能小看就是了。"③他的话声刚落，当年粮食就发生减产，而且连减4年，直到1989年秋收才恢复到1984年的水平。粮食价格的上涨，导致一系列生活必需品价格跟着上涨。这件事和后来搞的"物价改革闯关"一起，共同构成了1989年政治风波前通货膨胀的诱因。事实深刻说明，民生问题解决不好，必将影响党的执政地位的稳定。

---

① 陈云．陈云文选：第三卷[M]．北京：人民出版社，1995：236．
② 陈云．陈云文选：第三卷[M]．北京：人民出版社，1995：257．
③ 陈云．陈云文选：第三卷[M]．北京：人民出版社，1995：350．

二、处理好民生与基本建设的关系应当是搞好执政党党风的一个重要问题

社会主义的重工业建设，特别是其中的基本建设（即基础建设），不可能马上解决人民的当前利益、切身利益问题，但它关系到人民的长远利益、根本利益，如果不搞，人民的利益也会受到损害。然而，凡事皆有度，如果基建规模超过了一定限度，势必损害人民的当前利益、切身利益，影响民生。因此，陈云一向主张，基本建设和民生问题要兼顾，兼顾还是没兼顾的衡量标准：第一，看对民生必需品的生产是否安排在基建之前了；第二，看基建规模的大小是否和国家的财力物力相适应了。1957年，他在《红旗》杂志上发表文章，题目就叫《建设规模要和国力相适应》。文章指出："在财力物力的供应上，生活必需品的生产必须先于基本建设，这是民生和建设的关系合理安排的问题。""关于人民生活必需品的生产，我之所以说应该保证它们对原材料最低限度的需要，是因为今年的生产指标不可能在去年已经很高的基数上再增加多少。"[①]对于制订"二五"计划的指导方针，他提出："必须使人民有吃有穿""要从有吃有穿出发"。他说："经济不摆在有吃有穿的基础上，我看建设是不稳固的。"[②]

对于陈云的上述主张，毛泽东在经过"大跃进"的曲折后，表示了十分赞赏的态度。他在1959年一次中央会议上说："过去陈云同志提过，先市场，后基建，先安排好市场，再安排基建。有的同志不赞成。现在看来，陈云同志的意见是对的。"[③]1962年，中央针对严重的经济困难，决定实行国民经济调整，并恢复设立中央财经小组，由陈云任组长。陈云提出，为了照顾民生，要对年度计划作相当大的调整，对重工业、基本建设

---

① 陈云. 陈云文选：第三卷[M]. 北京：人民出版社，1995：53.
② 陈云. 陈云文选：第三卷[M]. 北京：人民出版社，1995：85—86.
③ 中共中央文献研究室. 毛泽东传（1949—1976）：下[M]. 北京：中央文献出版社，2003：963.

的指标要"伤筋动骨",再不能犹豫了。对此,周恩来总理表示坚决支持,还当场口占一副对联:"上联是先抓吃穿用,下联是实现农轻重,横批是综合平衡。"①

1979年,党中央同意陈云关于用两三年时间再次对国民经济进行调整的建议,并任命他为国务院财经委员会主任。由于调整初期党内认识不统一,行动不得力,致使1979、1980两年基本建设规模不仅没有压下来,相反财政收支出现严重赤字,导致货币大幅增发,物价大幅上涨。陈云在1980年12月中央召开的工作会议上指出:"这种涨价的形势如果不加制止,人民是很不满意的。经济形势的不稳定,可以引起政治形势的不稳定。"②他关于"搞经济建设的最后目的,是为了改善人民的生活"③的著名论断,就是在那次讲话中提出的。在讲话中他还指出:"开国以来经济建设方面的主要错误是'左'的错误。"④他这里所说的"左",主要就是指经济建设上要求过高、过急,因而忽视了民生。他后来曾说过,他那段时间的很大精力用在了"砍项目"上。

对于人民生活水平的提高要求过急,陈云也是不赞成的,认为这样会影响基本建设的投入,削弱经济发展的后劲,从长远看同样不利于民生。改革开放初期,一度出现提倡高消费、滥发奖金和随意提高福利的现象,严重影响了国家税收和企业折旧、技术改造资金的提留。针对这种偏向,他用形象的语言指出:"从全局看,第一是吃饭,第二要建设。吃光用光,国家没有希望。吃了之后,还有余力搞生产建设,国家才有希望。"⑤1988年,他在同中央负责同志谈话时再次强调:"提高人民生活水平,要掌握一定的幅度,不能过高、过快。还是那句老话:一要吃饭,二

---

① 陈云. 陈云文选:第三卷[M]. 北京:人民出版社,1995:210.
② 陈云. 陈云文选:第三卷[M]. 北京:人民出版社,1995:277-278.
③ 陈云. 陈云文选:第三卷[M]. 北京:人民出版社,1995:280.
④ 陈云. 陈云文选:第三卷[M]. 北京:人民出版社,1995:281-282.
⑤ 陈云. 陈云文选:第三卷[M]. 北京:人民出版社,1995:309.

要建设，好事要做，又要量力而行。"①他不同意提"人民生活现代化"的口号，他说："当四个现代化实现的时候，人民生活水平必有提高，而且提高的程度不会小，但还不能同美、英、法、德、日等国相比，因为我国人口众多，其中大部是农民，那样比是办不到的。现代化应以最先进的工业为标志，这毫无疑问是可以完成的。"②对于他的这个思想，很多人不理解。然而，今天社会上出现的很多问题，追根溯源，或多或少都与此有关。

三、处理好民生与经济改革的关系应当是搞好执政党党风的一条原则

社会主义社会的改革与民生，虽然在本质和方向上是完全一致的，但其中也有矛盾的一面。改革的一个目的是使经济工作尤其是金融、物价等等经济手段更加符合经济规律，这当然有利于人民群众的根本利益、长远利益。但金融、物价改革牵涉到千家万户，对低收入群众生活的影响尤其大，稍有不慎，就可能损害到群众当前利益、切身利益。因此，陈云历来主张，改革绝不能以牺牲民生为代价。

为消除旧中国通货膨胀造成的后遗症，新中国一成立就考虑进行货币改革，1950年中国人民银行就已根据陈云的指示着手发行新币的技术准备。当时正值全面学习苏联，陈云对苏联经验一向非常重视，但苏联1947年搞的货币改革，在新币换旧币的办法上，按照不同阶级、不同所有制，区别现款和存款，采取不同兑换比率，还规定几天时间换完，过期旧币作废，他认为"这个办法损害人民群众、尤其是广大农民和边远地区居民的利益"。因此，"我们没有学他们，而是不分阶级，工农一个比价，都是一万比一；不限时间，允许新币、旧币在一定时间内同时流通，收旧

---

① 陈云. 陈云文选：第三卷[M]. 北京：人民出版社,1995:367.
② 陈云. 陈云文选：第三卷[M]. 北京：人民出版社,1995:262.

发新，直到将旧币全部收回。"①为了做到慎之又慎，我国直到1955年3月才宣布货币改革。由于改革办法合情合理，受到各界群众热烈拥护，不仅物价没有波动，而且进展十分顺利，仅用3个月时间就在市场上完全收回了旧币。财政金融工作中的这一成功范例有力说明，改革只要把可能出现的问题设想周到，准备充分，照样可以不妨碍民生，不损害群众的当前利益和切身利益。

1982年，国务院鉴于棉花提价而棉布价格一直未动，使纺织企业亏损越来越严重，制订了纺织品价格调整方案，送给陈云征求意见，并派负责同志向他当面汇报。当了解到这个方案中既提高棉布价格，也降低化纤价格，因此纺织品价格总水平基本稳定、对人民生活影响不大后，他明确表示同意。1984年，国务院就价格改革提出整体设想，并再次征询他的意见。他指出：关于价格改革，现在确实是有利时机，应该稳步进行。上次化纤降价、棉布提价没有引起社会震动，是一个成功的例子，可以借鉴。②可见，陈云并不是不赞成价格改革，只是不赞成因为改革而破坏物价水平总体稳定、降低人民生活水平、引发社会动荡的那种改革。

改革开放初期，经济学界提出"按经济规律办事"，陈云认为这是"一种好现象"。但他同时指出："在许多方面，在一定时期，国家干预是必要的。"比如，"粮食的收购价高，销售价低，国家要补贴。房租很低，只能作修理费，甚至抵不了修理费。国家补贴一年共有二百多亿元。从微观经济看，这是不合理的，似乎是不按经济规律办事。但我国是低工资制，如国家不补贴，就必须大大提高工资。究竟哪种办法好？我看现在还是国家补贴、低工资的办法好。不补贴，大涨价，大加工资，经济上会乱套"③。1981年，他审阅五届全国人大四次会议政府工作报告稿，建议把

---

① 中共中央文献研究室. 陈云年谱：下卷[M]. 修订本. 北京：中央文献出版社,2015：338,339.
② 中共中央文献研究室. 陈云年谱：下卷[M]. 修订本. 北京：中央文献出版社,2015：412.
③ 陈云. 陈云文选：第三卷[M]. 北京：人民出版社,1995：278.

其中讲"物价与价值要一致"的话删去。他说："这个话写上去，会引起调高价格的猜测，弄得人心不安。价格与价值应当符合，但是现在有相当大的一部分不能不背离。比如，进口粮食是要贴钱的，即使按照粮食进口价卖，我们还要贴钱。然而，粮食赔了钱，市场稳定了，市民有肉吃，有菜吃，使我们有时间搞体制改革；另外，经济作物发展了。钱从那里赔了，又从这里拿回来。""如果粮食不补贴，市场就要大波动。"他还说，西德的资本家对煤炭有补贴，在这里补，从别的地方收回来。如果马克思活到现在，"他也会赞成保持一种合理补贴的社会主义，即小的方面不合理，大的方面仍然是合理的"[①]。

1988年，党中央酝酿更大幅度的价格和工资改革，总体思路是在5年时间里，每年价格上涨10%，人均收入增加11%~14%，以期初步理顺价格关系。陈云对此明确表示不赞成。他对中央有关领导同志说："物价每年上涨百分之十，连涨五年，我打个很大的问号。""物价连续上涨百分之十，影响的面很大……物价上涨后不拿工资的农民怎么办。"[②]"每年物价上涨百分之十，办不到。我是算账派，脑子里有数目字。理顺价格在你们有生之年理不顺，财政补贴取消不了。"[③]然而，当时的中央主要负责人听不进去这个话，坚持认为"物价这一关非过不可"，并主持中央政治局会议原则通过了价格、工资改革方案。方案基本内容在报上一经公布，立即引起居民恐慌，出现全国性抢购和提款风潮，物价指数猛涨百分之二十多，迫使国务院发出紧急通知进行解释，表示银行将开办保值储蓄。但这一切都晚了，事情已经闹大，一定程度上成为随之而来的1989年政治风波的起因之一。风波过后，陈云同刚刚担任党中央总书记的江泽民谈话，再次指出："国家财政补贴取消不了。暗补、

---

① 陈云. 陈云文集：第三卷[M]. 北京：中央文献出版社，2005：496.
② 中共中央文献研究室. 陈云传：下[M]. 北京：中央文献出版社，2005：1791.
③ 中共中央文献研究室. 陈云传：下[M]. 北京：中央文献出版社，2005：1792.

明补，都是补贴。在我国，还是低工资、高就业、加补贴的办法好。这是保持社会安定的一项基本国策。即使是发达的资本主义国家，对某些产品也是实行补贴的。当然，通过改善经营管理，提高经济效益，可以逐步减少一些不合理的补贴，例如某些企业的亏损补贴，但要从根本上取消补贴是不可能的。"[①]

现在，随着经济形势的好转，价格补贴在逐步减少，但无论消费环节还是生产环节，很多关系人民切身利益的物价和弱势产业的扶持措施仍然是包含补贴的，有的补贴还在增加。比如，粮食售价和居民的义务教育费、医疗统筹费、水电费、煤气费、取暖费、公交费、地铁票、火车票等等，都有财政暗补。近些年，为了鼓励农民种粮，保护生态环境，促进养老事业，政府还陆续出台了种粮补贴、农机补贴、良种补贴，退耕还林、还草补贴，环保产业和产品补贴，以及发放养老金、推广中小学生营养午餐等财政补贴。这说明，陈云关于价格改革要照顾民生、财政补贴不可能根本取消的思想，已为越来越多的政策制定者们所接受，成为考虑改革的一大出发点。我们无疑应当继续进行价格改革，减少各种不合理的补贴，使价格尽可能反映价值。但制订价格改革方案时，也要想到低收入群众的承受能力和弱势产业的发展，权衡经济与政治、社会等各方面的利弊得失。这同样是被实践反复证明的一条客观规律，违反了同样是要受到惩罚的。前些年，群众普遍反映住房贵、看病贵、上学贵，就很值得我们反思住房、医疗、教育改革中的教训。

四、从搞好执政党党风的角度关心民生问题

从20世纪80年代初起，陈云由于年龄原因，除担任党中央副主席

---

① 陈云. 陈云文选：第三卷[M]. 北京：人民出版社，1995：376.

兼中纪委第一书记外，不再负责其他日常工作。但他一如既往地关心人民群众日常生活中的困难，无论大事小事，只要发现或想到，随时给在第一线的中央领导同志写信函、作批示、打招呼。例如，当他了解到中年知识分子工资收入低、工作负担重的情况后，便给中央政治局常委各同志写信，提出中年知识分子是各条战线的中坚力量，改善他们的工作条件、生活条件是基本的基本建设，把钱用在他们身上是好钢用在刀刃上。当他在报上看到儿童看戏难的反映，便给中央书记处领导写条子，建议全国机关、企事业单位向儿童开放内部礼堂，并且由中央办公厅带头开放怀仁堂。当他想到前些年一些大城市发生冬储菜冻烂问题时，立即给中央有关领导写信，说"北京、天津烂菜问题是一个多次发生过的事情。霜降已过，十一月八日'立冬'，'烂与不烂'，只有几个小时的关键时刻。大白菜是北京市民当家菜类"，要赶在寒流之前把菜卖到老百姓手里。①他还让秘书给时任北京市委第一书记的段君毅同志打电话，提醒他们想办法让市民尽可能多买一些，不要让菜烂在街上。事后，他又在北京市委市政府的情况报告上批示："城市居民贮藏有困难，但春节后吃不到便宜的大白菜又有意见。这件事要由北京市委拟出一个妥善可行的办法才好。" 根据他的批示，北京市计划减少郊区大白菜的种植，改在河北邻县多定购，并写出书面报告。对此，他又批示："这一条必须由市委、河北省商量好。"②当他从报上看到大龄未婚青年多和师范院校招生难的情况，又给中央书记处领导写信，建议中央指定一个部门抓一下大龄未婚青年尤其是女青年的婚姻问题；并让秘书转告中央有关领导，要想办法提高中小学教师的待遇和社会地位，使教师成为社会上最受人尊敬、最值得羡慕的职业之一。

像这类事，在陈云晚年是家常便饭。我理解，这是他崇高党性的自

---

① 陈云.陈云文集:第三卷[M].北京:中央文献出版社,2005:513.
② 中共中央文献研究室.陈云年谱:下卷[M].修订本.北京:中央文献出版社,2015:391.

然流露，也是他在向处于第一线的领导同志有意识地传帮带，使他们也能像老一辈领导人那样，从端正执政党党风的角度来看待和处理民生问题。由于他经常过问这些其他领导同志不大过问的事，香港一家杂志把他称为"不管部长"。他听后很感兴趣，要秘书把杂志拿给他看。还有一位同志转来一封署名"北京一市民"的信，称陈云同志为"标准共产党员"。他听后哈哈大笑，并把这六个字端端正正地记在便笺上。他一向不喜欢听赞扬的话，唯独这一次，不仅接受了这个赞扬，而且显得十分高兴。

总之，在陈云看来，民生问题既是一个经济问题，又是一个执政党的党风问题；重视还是不重视民生问题，对执政党既是一个是否善于做经济工作的检验，又是一个是否坚持密切联系群众、紧紧依靠群众、时时处处关心和维护群众利益的检验。

2015年，习近平总书记在纪念陈云同志诞辰110周年座谈会上回顾了陈云伟大而光荣的一生，并着重指出："我们纪念陈云同志，就要学习他一心为民的精神。党同人民群众的关系，是陈云同志始终高度重视的问题。他说：'当权的党容易只是向群众要东西，而忘记也要给群众很多的东西。如果真是那样，群众就会把我们看成强迫摊派的命令机关。所以，我们不应该只知道向群众要东西，更应该时刻注意为群众谋福利。''党脱离了群众，就成了光杆子的党，这样的党也是不能存在的。'"①党的十八届六中全会公报指出："全党必须贯彻党的群众路线，为群众办实事、解难事，当好人民公仆。坚持问政于民、问需于民、问计于民，决不允许在群众面前自以为是、盛气凌人，决不允许当官做老爷、漠视群众疾苦，更不允许欺压群众、损害和侵占群众利益。"这些说明，以习近平同志为核心的党中央，同样是把民生问题和执政党党风问题联系在一起看的。我们

---

① 习近平. 在纪念陈云同志诞辰110周年座谈会上的讲话[N]. 人民日报,2015-06-13.

要把学习陈云的民生思想，同学习、贯彻习近平新时代中国特色社会主义思想结合起来，切实做到从端正执政党党风的高度看待民生问题，促进经济发展与民生改善的良性循环，从而使全国各族人民在民生逐步改善的基础上对中国特色社会主义理想的认同不断得到巩固；使党的执政地位在为人民谋福祉的过程中不断得到加强。

陈云金融思想的研究提纲①

陈云的金融思想起源于他领导陕甘宁边区和东北解放区的财经工作，以后又在他主持全国财经工作、参与新的历史时期的经济决策的过程中得到不断丰富和发展。它是我们党的金融思想的宝贵财富，也是陈云经济思想的重要组成部分。其内容，我理解主要有以下十点：

第一，市场物价稳定是从事经济建设的前提条件；

第二，市场稳定不稳定，主要看物资特别是粮食能不能保证需要；

第三，要稳定市场，关键在于通过财政、信贷、外汇收支和物资供应，以及工农业、轻重工业、积累消费等重大比例关系的综合平衡，达到社会供求总量与结构的平衡；

第四，在各种平衡中，最基本的是财政平衡，要量入为出，尤其是中央要适当集中财力，力求财政平衡；

第五，货币发行权必须高度集中，坚持"一支笔"，由总理或主持经济工作的副总理把关；

第六，货币发行必须有可以相抵的物资作保证；

第七，建设规模要与国力相适应，不能用多发钞票的办法弥补基本建设资金的不足；

第八，借外债要考虑国内资金的配套能力，外债要用得好，还得起；

第九，国家必须留有足够的外汇储备，以应付不测；

第十，境内货币必须统一，不能允许两种或变相的两种货币同时流通

---

① 这是作者于1999年为接受电视专题片《红色金融》摄制组采访而写的访谈提纲，后收入《论陈云》一书，题为《陈云金融思想的要点》。

（当然，香港特区是一种特殊的情况）。

上述陈云同志关于金融问题的所有观点，都经受了实践的反复检验，被证明是完全符合中国的实际情况，也是合乎社会主义经济发展客观规律的。

今天，金融事业随着经济全球化的进程和国内现代化建设的进展，出现了不少新情况新问题，党的金融思想也在继续发展。但是，形成陈云金融思想的许多重大因素并没有根本改变，相反，国家经济安全特别是金融安全的问题正日益突出。因此，陈云金融思想中的许多基本观点，对于我们今天抵御金融风险仍然有着重要的现实意义。